名师工程
《基础教育课程》丛书

教育部基础教育课程教材发展中心
《基础教育课程》杂志社组编

基于核心素养的高中语文教学

JIYU HEXIN SUYANG DE
GAOZHONG YUWEN JIAOXUE

总 主 编　付宜红
本册主编　刘　荣

西南大学出版社
国家一级出版社　全国百佳图书出版单位

图书在版编目（CIP）数据

基于核心素养的高中语文教学／刘荣主编. — 重庆：西南大学出版社，2021.11
（名师工程）
ISBN 978-7-5697-0619-2

Ⅰ．①基… Ⅱ．①刘… Ⅲ．①中学语文课-教学研究-高中 Ⅳ．①G633.302

中国版本图书馆 CIP 数据核字（2021）第 207153 号

基于核心素养的高中语文教学
刘　荣　主编

责任编辑：雷　兮
责任校对：郑先俐
出版发行：西南大学出版社（原西南师范大学出版社）
　　　　　　地址：重庆市北碚区天生路 2 号
　　　　　　邮编：400715　市场营销部电话：023-68868624
　　　　　　http://www.xdcbs.com
经　　销：新华书店
印　　刷：重庆升光电力印务有限公司
幅面尺寸：170mm×240mm
印　　张：17.75
字　　数：350 千字
版　　次：2021 年 11 月　第 1 版
印　　次：2021 年 11 月　第 1 次印刷
书　　号：ISBN 978-7-5697-0619-2
定　　价：53.00 元

若有印装质量问题，请联系出版社调换
版权所有　翻印必究

Preface 序

本套丛书是由教育部基础教育课程教材发展中心《基础教育课程》杂志社策划编辑的系列教师读本。丛书中提炼的主题以及精选的文章聚焦当前教育重点、热点话题，体现了《基础教育课程》杂志的办刊理念，浓缩了《基础教育课程》杂志近年来的出刊精华，汇聚了全国一流专家学者、特级教师，以及教育行政、教研人员的科研成果与实践智慧。

课程是国家意志的体现，基础教育课程承载着我国人才培养的目标与路径设计。2004年，由教育部主管、教育部基础教育课程教材发展中心主办的《基础教育课程》杂志创刊，时任国务院副总理李岚清同志亲笔题写刊名。当时的杂志从教育部为各课程改革实验区编发的《基础教育课程改革通讯》改编而来。十几年来，杂志秉承"专业引领、服务实践"的办刊理念，以全面贯彻新时期党和国家教育方针，坚守素质教育阵地，弘扬课程改革主旋律，落实立德树人根本任务为宗旨，聚焦基础教育课程改革的推进，记录、跟踪改革发展历程，权威发布并深度解读国家基础教育改革及课程教材建设相关政策文件，提炼报道地方及学校改革经验和动态，宣传推广基础教育课程教材、教学教研及评价领域最新成果。如今，《基础教育课程》杂志已成为国内一流的课程教学专业期刊,是国家课程教材专业研究机构——课程教材研究所指定期刊,全国中文核心期刊、中国人民大学复印报刊资料重要转载来源,为中国核心期刊(遴选)数据库、中国学术期刊网络出版总库全文收录。

近年来,《基础教育课程》杂志聚焦教育部主责主业,依托国家教材委员会、教育部基础教育课程教材专家咨询委员会,国家课程方案、各学科课程标准以及中高考命题改革等权威力量,在学生核心素养发展、国家课程方案、课程标准、新教材解读以及教学研究、考试评价制度改革、深度学习教学改进、高中育人模式变革等方面做了系列重点报道,已成为地方、学校执行国家课程方案,探索育人模式变革,落实立德树人根本任务的高端交流与展示平台。为使期刊近年来策划组织的相关重大选题和文章发挥更大的辐射作用,在西南大学出版社的支持下,我们策划编撰了此套丛书。

此套丛书共有两个系列,分别是"基于核心素养的课程建设系列"和"基于核心素养的教学改进系列"。"基于核心素养的课程建设系列"包含《新时代的劳动教育》《新时代的校本课程建设》《新时代的主题教育课程》和《新时代的教研工作》四个分册。"基于核心素养的教学改进系列"涵盖《基于核心素养教学改进的落地导引》《基于核心素养的大单元和大概念教学》《基于核心素养的深度学习》《基于核心素养的项目式学习》《基于核心素养的跨学科学习》《基于核心素养的任务驱动与问题解决式学习》及《基于核心素养、着眼未来的学习》等热点教学策略。此外,"基于核心素养的教学改进系列"还聚焦普通高中新课程标准(2017年版2020年修订)和新高考,涉及语文、数学、英语、思想政治、历史、地理、物理、化学、生物9个学科的新课标、新教材及其对应的新教学策略与教学设计和考试评价等内容。

有别于名家、名师的个人专著,本套丛书具有作者众多,研究视角多样,案例丰富、典型等特点,特别是导向前瞻,既有理论指导性又有实践操作性,希望能为广大教师在落实立德树人根本任务,构建"五育"并举的学校课程体系,开展基于核心素养的教学以及探索新中高考改革的路上提供切实的引导与帮助!

《基础教育课程》杂志社主编　付宜红
2020年8月1日

foreword 前言

为落实党的十八大提出的立德树人根本任务要求，解决新时期普通高中课程改革面临的问题和挑战，2017年底，教育部印发《普通高中课程方案和语文等学科课程标准（2017年版）》。2017年版的课程方案和课程标准体现了鲜明的育人导向，思想性、科学性、时代性、整体性等明显增强。作为一门学习祖国语言文字运用的综合性、实践性课程，语文课程承担着引导学生进一步提高语文素养，形成良好的思想道德修养和科学人文修养，为终身学习奠定基础的作用，并对传承和发展中华文化、增强民族凝聚力和创造力有着独特的功能，为培养德智体美劳全面发展的社会主义建设者和接班人发挥应有的作用。基于这样的任务要求和学科性质，2017年普通高中语文课程标准的修订，坚持语文课程学科内容与育人目标相融合的改革方向，突出落实立德树人根本任务，确定了"语言建构与运用""思维发展与提升""审美鉴赏与创造""文化传承与理解"四个方面的语文学科核心素养，提出了以"学习任务群"组织课程的综合方法。《普通高中语文课程标准（2017年版）》的颁布，使语文课程步入了一个崭新时代。2018年全国教育大会和2019年党的十九届四中全会的召开，对教育改革的体系建设和目标方向等又有了新的要求。2020年5月，《普通高中语文课程标准（2017年版2020年修订）》

发布，对前言、课程性质、课程理念，以及课程内容的"中国革命传统作品研习"任务群等部分做了微调与完善，体现了对全国教育大会精神和党的十九届四中全会精神的贯彻落实。

教材是课程实施最主要的载体。语文教材意识形态属性强，是国家意志和社会主义核心价值观的集中体现，具有特殊重要的育人作用。根据中央要求，2017年教育部启动普通高中三科教材统编工作。2019年9月，高中思想政治、语文、历史三科统编教材在北京、上海、天津、山东、海南、辽宁6个省（市）率先使用。高中语文统编教材全套共5册，其中必修教材分为上下两册，选择性必修教材分为上、中、下3册。普通高中语文统编教材编写坚持马克思主义指导地位，贯彻落实习近平新时代中国特色社会主义思想，突出正确政治方向和价值导向，注重发挥语文课程以文化人、以文育人功能，强化综合性、实践性，着力提升学生语文学科核心素养，增强文化自觉和文化自信。具体表现在：一是统筹安排教材内容，有机融入社会主义核心价值观；二是创新教材体例设计，以人文主题和学习任务群双线组织单元；三是强化语文实践活动，突出学生学习的主体性。

新课程和新教材呼唤新的教学方式。2017年版新课程标准在"教学建议"部分提出，"应该围绕核心素养，整合阅读与鉴赏、表达与交流、梳理与探究，引导学生积极参与丰富多彩的语文实践活动"，"创设综合性学习情境，开展自主、合作、探究学习……通过主题阅读、比较阅读、专题学习、项目学习等方式，实现知识与能力，过程与方法，情感、态度与价值观的整合，整体提升学生的语文素养"。在新课标、新教材的引领下，广大一线教师不断探索，任务型教学、情境教学、整本书阅读教学、项目式学习、专题学习等百花齐放，各美其美。

语文学科核心素养如何评价与测量？2017年版新课程标准明确了"语文学科核心素养是在具体的阅读与鉴赏、表达与交流、梳理与探究等语文实践活动中形成与发展，并通过具体、多样的实践活动表现、展示出来的。考试、测评题目应以具体的情境为载体，以典型任务为主要内容"。一时间，"情境""整合""思维过程""开放问题"等已经成为当前考试评价探索中的关键词和热词。

可以说，新的语文课程标准和教材为新时代语文课程发展绘好了蓝图，指明了方向。课标颁布几年来，广大语文教育工作者深刻的思考和丰富生动的教育教学实践，不断推进提高语文课程实施水平。自2017年新课程标准颁布以来,《基础教育课程》杂志聚焦新课标、新教材、新高考,走访语文课改名家、征集一线优秀语文教研员、特级教师等的科研与教学成果,刊发了大量针对新普通高中语文课程改革研究与实践的文章。本书遴选了其中精华部分,精心编排,奉献给读者。全书分为四章:第一章"走进新时代的语文课程改革",主要介绍2017年版普通高中语文课程标准的修订思路、亮点,阐述新时代语文"以文化人"的整体构架,提出基于标准的语文课程教学倡议;第二章"高中语文统编教材的理解与使用",重点介绍普通高中语文统编教材的编写背景、特点、课文价值及其使用等,并以革命文化教学、戏剧教学、单元整体设计教学等不同维度和角度为例,阐述如何去理解和使用统编新教材;第三章"指向语文学科核心素养养成的课堂教学",这一章中既有在语文新课程背景下对教学目标确定、教学内容选取、任务活动设计的重新思考,及在疫情场域下学生居家学习的语文整体课程构建,又有对高中语文教学方式的新探索,如专题教学、大单元教学、任务群教学、项目式教学等;第四章"语文学科核心素养的评与考",阐述了核心素养视域下对语文学科核心素养评价与测试的探索,精选了2017年以来语文学科的高考试题解析。

  本书的编写正是试图从课程、教材、教学、评价四个方面全方位呈现普通高中语文新课程的发展,从理论到实践,深入浅出,层层递进,既有理论内涵的介绍与剖析,又有实践应用的策略与方法,为指导广大教师教学实践、推动高中语文课程发展而服务。

刘 荣

2021年7月

Contents 目 录

第一章　走进新时代的语文课程改革

2017年版普通高中语文课程标准的修订思路与亮点／王　宁　1
以文化人的新境界
　　——新时代的语文课程建设／陆志平　7
谈基于标准的语文学习／闫存林　18
高中语文"学习任务群"：布局、特点与实施路径／刘　飞　24

第二章　高中语文统编教材的理解与使用

高中语文统编教材：价值维度、内容特征和教材使用／陈　琳　33
从"意图"到"实现"
　　——普通高中语文统编教材使用中思考的几个问题／陈兴才　39
学习任务群视域中课文的价值功能与单元教学设计／杨志宏　45
语文统编教材大单元分析框架构建及其运用／刘　飞　52
单元学习任务的设计特点和操作空间／刘生权　64
语文统编教材革命文化理解向度及其实践路径／刘　飞　69

高中语文统编教材戏剧单元教学内容及实施建议／鲍开恺　78

第三章　指向语文学科核心素养养成的课堂教学

第一节　重新认识高中语文教学／85

高中语文课堂教学"少目标"设计的探索／曹飞灵　叶卫平　85

小说阅读教学的变与不变

——指向学生核心素养养成的小说教学变革／徐思源　90

核心素养导向下的高中小说教学内容再确定／陈　琳　95

从两个课例看写作教学的价值取向／张根明　100

走向真实情境的写作教学／张春华　105

着力"树人"的高中记叙文写作教学／雷其坤　114

小说阅读对学生文学写作促进的策略研究／赵　楠　120

审辩式思维：使表达从"轻率鲁莽"走向"理性完善"／李智明　126

文言文阅读的"言"与"文"／徐思源　132

在语文活动中学习文言文／桑　苗　137

学生阅读思维典型问题与教学改进

——以"整本书阅读与研讨"任务群为例／许　艳　143

讲逻辑，把语文思维教育落到实处／徐　飞　149

高中语文学习任务设计的问题与建议

——以《边城（节选）》一文的教学为例／刘正旭　161

让语文课在灾疫场域中展开／唐江澎　166

疫情来临，语文课可以这样上／

　　杨　梅　袁晗毅　陆春建　朱正忠　王　哲　张丽娟　173

第二节　高中语文教学方式新探索／185

在语文专题学习中释放文本价值／张洪玲　185

语文专题教学的批判性思考和策略性建构／肖峰旭　189

指向语文学科核心素养发展的单元教学整体设计／纪秋香　192

微屏时代的经典阅读
　　——高中语文统编教材必修下册第四单元学习任务设计／满春燕　198
"跨媒介阅读与交流"学习任务的设计开发／满春燕　205
基于项目式学习的"当代文化参与"实践探究／朱再枝　何章宝　212
高中语文项目化学习设计探究／张学明　219

第四章　语文学科核心素养的评与考

核心素养视域下语文考试评价内容与方式的变革／李　倩　辛　涛　225
整本书阅读，如何评价？／赵　霞　233
高考与语文新课程改革同向同行／顾之川　238
高考文学阅读素养测评的探索
　　——以2019年高考语文全国卷小说阅读试题为讨论
　　　对象／郑桂华　244
语言文字运用在高考试卷中的考查研究
　　——基于2018年、2019年高考语文全国卷六套试题的
　　　分析／吴　璇　孔凡哲　251
如何在真实语境中考查学生的语用能力／张　芮　259
逻辑思维能力的考查与应对／马绪霞　263

第一章

走进新时代的语文课程改革

2017 年版普通高中语文课程标准的修订思路与亮点

王 宁[①]

一、普通高中语文课程标准的修订背景

本次普通高中课程修订工作,从国家整体方案修订开始,启动于 2013 年。但对语文课程来说,课程标准的修订更为迫切,所谓"箭在弦上,不得不发"。语文课程标准的修订是作为先行试点的学科之一,在 2014 年初先于大多数学科开始。

党的十九大召开前后,习近平新时代中国特色社会主义思想已经明确,立德树人成为新时代教育发展的根本任务。培养新时代的创新型人才,满足国家、社会高速发展的需要,是党和国家对教育的迫切要求和殷切期望。全面贯彻党的教育方针,落实立德树人根本任务,发展素质教育,推进教育公平,培养德智体美劳全面发展的社会主义建设者和接班人,这是党和国家意志的体现。

在这次课程标准的修订中,语文课程的改革面临着更大的挑战。近 30 年来,信息社会发展迅猛,激发了整个世界教育改革的热潮,而重视母语教育则成为世界各国特别关注的话题。这是因为,一个国家语言文字的发展和传播不但直接影响这个国家对外交流的软实力,而且与发展本国本土文化有密

[①] 王宁,北京师范大学教授,普通高中语文课程标准修订组负责人。

切的关系。在这种形势下，语文课程标准的修订必须具有国际视野；同时，母语教育在任何国家都必须有本国的特色。只有创建具有本国特色的语文课程，才是最具有世界性的，也才能与世界各国平等对话。

这次课程标准的修订并不是从零开始，普通高中课程标准的实验稿从2004年开始实施，到此次启动修订，已经整整十年。这十多年的课程改革取得了成绩，明确了一些重要的问题，曾经存在的"学科中心""知识本位""技能训练至上"等问题逐渐得到改善，也锻炼了一支具有改革意识的教师队伍。但是，面对经济、科技的迅猛发展和社会生活的深刻变化，面对新时代社会主要矛盾的转化，面对新时代对提高全体国民素质和人才培养质量的新要求，面对我国高中阶段教育基本普及的新形势，普通高中课程方案和课程标准实验稿还有一些不相适应和亟待改进之处。例如，改革力度和教学质量发展不平衡，一些省份和地区师资队伍跟不上形势，仍然习惯于依靠教科书和高考试卷进行教学，选修课程未能顺利实施，学生课业负担过重的问题仍然没有彻底解决……十多年的改革经验需要总结、反思、提升、巩固，新形势下面对的新问题必须正视，存在的问题需要进一步解决。语文课程标准的修订是形势的需要，也是语文教师迫切的要求和心愿。

二、修订工作的总体思路和主要任务

普通高中语文课程标准的修订工作是从调研起步的，首先需要弄清语文课程长期存在的问题，特别是课程改革十年来的进展与不足；同时也要了解、探讨其他国家课程改革的新思路。本次修订工作的总体思路，也就是主要任务可以概括为以下几点。

第一，坚持语文课程学科内容与育人目标相融合的改革方向，突出落实立德树人根本任务，充分体现社会主义核心价值观，加强中华优秀传统文化、革命文化和社会主义先进文化的教育。

第二，确定语文学科的核心素养，将高中学生核心素养的培养目标落实到语文课程中。语文课程标准实验稿早已将"语文素养"列为本课程的核心概念，虽然"语文素养"有外显的表现，但更多的是一种内隐的品质。语文核心素养究竟是什么，需要进一步提炼归纳，以便教师把握。

第三，在总结概括语文核心素养的基础上，要明确提出语文课程的特质，准确把握语文课程在基础教育中的定位。经过十余年的实验，语文课程"工具性与人文性统一"的特点已经进一步证实。语文课程技术主义、知识本位、文本为纲等片面的做法要进一步摆脱。这些问题，语文课程标准在修订时必须做出明确回答。

第四,根据语文课程的实践性、综合性特征和培养学生创新能力的需要,语文课程必须以学生为中心,走出知识本位、技术主义、文本为纲、讲解分析的传统教学模式,根据新的改革思路调整课程设计和实施路径,加强情境化、结构化和选择性,以及教材编写、教学内容的综合性,语文课程标准需要提出可行的方案。

第五,增强考试评价的指导性和可操作性,进一步与高考有机衔接。即体现新课程标准、新教材、新考试协调一致的思想。

上述五个方面的问题,在这次语文课程标准修订中,都作为重点问题进行了研究,但要真正解决,还要靠在今后的实践中共同努力。

三、语文课程标准修订的亮点

(一)学科核心素养及其内涵

此次普通高中语文课程标准修订的内容很丰富,凝练学科核心素养,是这次课程标准修订对每门课程统一的要求。

语文课程既然是一门学习祖国语言文字运用的综合性、实践性课程,它在落实立德树人的教育总目标下,必然要承担与自己特质密切相关的目标。在课程中教育学生继承和弘扬中华优秀传统文化,培育和践行社会主义核心价值观,增强民族自尊心,提升文化自觉和文化自信,培养热爱中华文明、热爱祖国、热爱人民、热爱中国共产党的深厚感情,以及热爱美好生活和奋发向上的人生态度,增强为中华民族伟大复兴而努力的历史使命感和社会责任感,这些都是语文课程必须做到的,也必须通过语文课的特质来实现。

这次课程标准修订,我们把语文核心素养凝练为四个方面,即语言建构与运用、思维发展与提升、审美鉴赏与创造、文化传承与理解。这四个方面的具体内容是互相关联的。语言建构与运用是语文课程独有的——要使学生在学习语言文字运用的过程中,加深对祖国语言文字的理解与热爱,建构语言运用机制,增进语文学养,努力学会正确、熟练、有效地运用祖国语言文字。其他三点都与语言文字的运用有关——要在发展语言文字运用能力的同时推进思维机制的发展,提高思辨能力,增强思维的严密性、深刻性和批判性;要激励学生在语文和其他学科的学习中,以及在生活中,坚持对美的追求,培养自觉的审美意识和高尚的审美情趣;要使学生在语文课程中进一步理解和尊重文化多样性,关注当代文化,学习剖析文化现象,积极参与先进文化的传播。这样明确的概括是第一次,对语文教学各个方面都有直接的指导作用。

（二）"学习任务群"的内容及价值

既然明确了语文核心素养，而素养是面对学生的，教学设计就必须以学生为主体。这次课程标准修订，提出了一个"学习任务群"的组织课程的综合方法。学习任务群涵盖学生生活、学习和日后工作需要的各种语言活动类型，除着力培养语言运用基础能力外，还充分关注跨文化、跨媒介等语言文字运用新视角、新手段，以及自主、合作、探究等学习方式。学习任务群是根据这次课程标准修订的主要精神，吸取十余年来优秀教师成功的创造性实践，将国外教学先进经验中国化的一种创造，应当是这次修订的又一个亮点。

所谓"学习任务群"，是在真实情境下，确定与语文核心素养生成、发展、提升相关的人文主题，组织学习资源，设计多样的学习任务，让学生通过阅读与鉴赏、表达与交流、梳理与探究的自主活动，自己去体验环境，完成任务，发展个性，增长思维能力，形成理解、应用系统。这种有人文主题的任务群，是在学校课程总体设计和实施的环境下由学校和教师组织并有计划地引导完成的。它与过去的教学模式有内在的区别——课程中有文本，但不以文本为纲；有知识，但不求知识的系统与完备；有训练，但不把训练当作纯技巧进行分解训练。教师是组织者，学生是主体，师生互动。

学习任务群分布在高中三个年级的三类课程（必修、选择性必修、选修）中，最大限度地达到核心素养的养成和增强的目的。课程标准设置了"语言积累、梳理与探究""整本书阅读与研讨""当代文化参与""跨媒介阅读与交流""文学阅读与写作""中华传统文化经典研习""外国作家作品研习"等18个学习任务群，有的分别落在这三类课程中，有的则贯穿三个学习阶段；有的单独做成单元，有的可以以同一个主题拼合不同的任务群来实施。18个学习任务群组成一个横向联系、纵向递进的课程系统，并且测算了各任务群所占课时的比例，特别是对中华优秀传统文化、革命文化、社会主义先进文化内容的比例做了必要的规定。这样就避免了课程实施中的随意性，增强了语文教学的科学性。语文课程将按照这些学习任务和相关的目标进行教学、评价的设计并开展学习活动。大家在新修订的语文课程标准的文本中，可以更全面地了解学习任务群的内容和结构。

学习任务群强化了学生的自主学习，体现了语文课程的实践性。为体现教育现代化的要求，学习任务群改变了传统的单元课文呈现方式和大量讲解分析的教学模式，落实了社会主义核心价值观通过语文学习活动的导引作用，有利于学生探索个性化的学习方法，鼓励学生根据个人兴趣和特长选择学习内容和学习方式。这对体现语文核心素养、提高实践能力和创新能力有很大的作用。这种教学模式具有更高的境界,比起学生被动地听命教师,教学组织和实施的难度是增加了,但既然这是语文改革的必经之路,又有前期实践做基础,相信广大教师不断地提高自己,坚持下去,必会产生意想不到的效果。

以"整本书阅读与研讨"学习任务群为例。整本书阅读,并不是这次普通高中语文课程标准修订首先提出来的。作为一种阅读策略,在义务教育阶段的课外阅读中已经提出。在语文课中如何指导整本书阅读,已经积累了一些成功的经验。在普通高中语文课程标准中把"整本书阅读与研讨"设计为一个任务群,它可以单独设置单元,也可以贯穿在其他任务群里实施,比之已经在课外阅读中提出的、作为阅读策略的整本书阅读,它有着更为明确的目的,做法上也有所突破。

互联网环境下,阅读容易走向实用主义甚至功利主义,浅尝辄止、断章取义地截取片段信息。强调阅读整本书,正是针对这种现象。要培养善于深入思考、具有创造思维的人才,养成良好的阅读习惯、学会全面归纳论点、辨析是非真伪是非常重要的。通过语文课程的学习,积累阅读整本书的经验,探索阅读整本书的门径,读懂文本,把握文本,重视学习前人的阅读经验,根据不同的阅读目的,综合运用精读、略读与浏览的方法阅读整本书,对提升运用语言能力和加深思想深度,学会在大量的文本中过滤和吸取多种信息,是非常有益的。

语文课程标准规定了"整本书阅读与研讨"的内容、目标和教学提示。其中特别提出"应以学生利用课内外时间自主阅读、撰写笔记、交流讨论为主,不以教师的讲解代替或限制学生的阅读与思考。教师的主要任务是提出专题学习目标,组织学习活动,引导学生深入思考、讨论与交流。教师应以自己的阅读经验,平等地参与交流讨论,解答学生的疑惑",这对教师的指导提出了很高的要求。教师首先要帮助学生选择好书,而且自己要读好选择的书,并且要关注不同学生的读书习惯和兴趣,才能达到课程标准提出的要求。

四、新课标实施中应注意的问题

这次普通高中语文课程标准的修订,针对迅速发展的新形势,面对党和国家对语文教学改革的更高要求,改革的力度是比较大的。在教材编写、教学和评价的实施中需要重点关注以下几个问题。

第一,把握好语文课程的定位。"语文课程是一门学习语言文字运用的综合性、实践性课程",这里面"学习语言文字运用""综合性""实践性"应当是语文课程实施不可偏离的关键点。"语言建构与运用"是语文核心素养的基础,思维、审美、文化的教育应该和它融合在一起。

第二,坚持语文课程的价值导向和基本学习方法。要坚持工具性和人文性的统一,要用恰当的方法把立德树人、社会主义核心价值观和文化自信自觉的教育贯穿语文课程实施的全过程。要坚持语文学习的基本方法,注重读书思考、积累梳理和运用实践,促进语文核心素养的综合发展。

第三,整合"学习任务",紧抓"语文实践"。提高学生语文核心素养的根本途径是语文实践。普通高中语文课程的实施要把追求语言、技能、知识和思想情感、文化修养等多方面、多层次目标发展的任务,通过情境化、结构化的设计,组合成"群",争取教学效益的最大化。"语文学习活动"是学生在教科书和教师引领下的自主的语言文字运用实践,活动内容应该紧扣学习语言文字运用的任务和语文核心素养。

第四,实实在在做好探究、创新的教育。语文课程要引导学生发现、创新,探究学习要从学生实际出发,要紧扣语文课程的目标,从贴近学生的课程内容和生活现实中的事例入手,培养学生的探究意识和发现问题的敏感性,探索解决问题的思路,同时要重视在探究中培养学生严谨求实的作风。

以文化人的新境界
——新时代的语文课程建设

陆志平[①]

一、以文化人、学以成人的传统

1. 以文化人与学以成人

我国语文教育以文化人、学以成人的传统,深刻影响着今天的语文教育。正如中共中央办公厅、国务院办公厅在《关于实施中华优秀传统文化传承发展工程的意见》中指出的那样,"中华优秀传统文化积淀着多样、珍贵的精神财富,如求同存异、和而不同的处世方法,文以载道、以文化人的教化思想,形神兼备、情景交融的美学追求,俭约自守、中和泰和的生活理念等,是中国人民思想观念、风俗习惯、生活方式、情感样式的集中表达,滋养了独特丰富的文学艺术、科学技术、人文学术,至今仍然具有深刻影响"[1]。

"以文化人、学以成人"突出了语文教育的目的是育人、成人。孔子时代的语文教育是文史哲不分的,似乎很难分离出其中属于语文的那部分来单独论述语文的育人功能。但我们至少可以说诗歌教育是属于语文的,因为孔子说"不学诗,无以言"(《论语·季氏》)。孔子又说"兴于诗,立于礼,成于乐"(《论语·泰伯》),可见诗、礼、乐各有分工。但是,孔子并不认为诗歌的教育价值就在于学习语言,他说:"诗,可以兴,可以观,可以群,可以怨。迩之事父,远之事君。多识于鸟兽草木之名。"(《论语·阳货》)诗歌教育的价值是多重的,教育的目标是综合的,中国古代几千年都是这样的传统,宋代的《千家诗》直接按照时令、节候、昼夜、百花、竹木、天文、地理、昆虫、人品等分类,诗歌教育的综合性可见一斑。

"以文化人、学以成人"突出了语文教育的过程是"化人",是"学"。"化"是潜移默化之化,春风化雨之化;文以载道,"道"是化入语文教育之中的,正如《孟子·告子下》所说,"有如时雨化之",而不是简单的说教。语文教育的过程强调的是学生的学,《论语·学而》开篇就说"学而时习之",《荀子·劝学》第一句话是"学不可以已",强调的都是"学",而不是

---

① 陆志平,教育部中小学语文课程标准研制组核心成员,江苏省教育学会副会长、研究员,中学语文特级教师。

教师的教。因此，正如巢宗祺老师指出的那样，我国几千年的语文教育都是"经典范例—诵读"的模型。学生学习语言文学，主要通过自己读书，诵读经典范例，含英咀华，获得大量的感性积累和体悟，逐步体会把握语言运用规律，提高语言文学修养，涵养品行人格。从孔子选编的《诗》《书》《礼》《易》《春秋》，到后来的《昭明文选》《唐宋八大家文钞》《唐诗三百首》《古文观止》，都是这个思路。

2. 我国语言文字的特点对语文教育的影响

以文化人、学以成人的语文教育传统的形成与我国语言文字的特点密切相关。尤其是单音节语和表意文字，独特的符号系统构成了认识世界、表现世界、相互交流的独特方式。单音节语一个音节对应一个概念，表意文字音形义的统一，单音节语和表意文字特有的形象性、音乐性，单音节语与表意文字结合所带来的一字多义、一音多字、一声之转，凝练精警内涵丰富的成语，方块字和以意义、顺序为主的语法规则[2]，字词句组合的灵活性和复杂性[3]，语法与修辞之间一种妙不可言的联系[3]，诸如此类的特点，都使我国语言文字极具表现的张力和创造的潜力，极富美感，不仅有助于人们精确地思考、叙事述理，还有助于生动地、富有诗意地表情达意，激发想象力、表现力和创造力，使人们能够自由、自如地运用比喻、象征、对偶、双关、含蓄、蕴藉、意象、声律等进行思维和表达。学习这样的语言特别需要重视意义、语序、语境、语感，重视诵读、积累、体悟、揣摩、思辨、领会，重视因声求情、以声传情。

3. 中华文化传统对语文教育的影响

以文化人、学以成人的语文教育传统的形成与祖国的文化传统也是紧密相连的。祖国文化历来就有"诗言志，歌永言""文所以载道"的传统。所谓"诗者，志之所之也，在心为志，发言为诗。情动于中而形于言，言之不足故嗟叹之，嗟叹之不足故永歌之，永歌之不足，不知手之舞之，足之蹈之也"，"情发于声，声成文谓之音"（《毛诗序》）。诗文就是人之心、人之志、人之情。而这些又与天地紧密相连，《诗品序》有云："气之动物，物之感人，故摇荡性情，形诸舞咏。""若乃春风春鸟，秋月秋蝉，夏云暑雨，冬月祁寒，斯四候之感诸诗者也。嘉会寄诗以亲，离群托诗以怨。至于楚臣去境，汉妾辞宫；或骨横朔野，魂逐飞蓬；或负戈外戍，杀气雄边；塞客衣单，孀闺泪尽；或士有解佩出朝，一去忘返；女有扬蛾入宠，再盼倾国。凡斯种种，感荡心灵，非陈诗何以展其义？非长歌何以骋其情？"于是，"登山则情满于山，观海则意溢于海"（《文心雕龙·神思》）。

这正是传统哲学中的天人合一、天人感应。感应在情感，在揣摩，是直觉，是理性思维与非理性思维的交互活动。因此，就有触景生情、情因景生、借景抒情、寄情于景、感时伤世、情景交融；同时也就有以情动人、以情感人，即使是思辨说理，也经常运用譬喻与寓言，借助于形象与情感。因此，"缀文者情动而辞发，观文者披文以入情"（《文心雕龙·知音》），阅读与写作都离不开情感的通道。学习语文重视感性、情感，重视学习者的情感体验、学习者与作者心灵的碰撞与交流，重视"化人""成人"，也根源于深厚的文化传统。

4. 古代教育传统对语文教育的影响

古代教育传统对语文教育的影响更加直接。古代教育重视学习者自己的学习与实践，如"虽有嘉肴，弗食，不知其旨也；虽有至道，弗学，不知其善也"（《礼记·学记》）。重视积累与感悟，如"积土成山，风雨兴焉；积水成渊，蛟龙生焉；积善成德，而神明自得，圣心备焉"（《荀子·劝学》）。重视学、思、行统一，如"学而不思则罔，思而不学则殆"（《论语·为政》）和"博学之，审问之，慎思之，明辨之，笃行之"（《礼记·中庸》）。重视复习、温习、习得，如"学而时习之，不亦说乎"（《论语·学而》）和"温故而知新，可以为师矣"（《论语·为政》）。重视师生之间交流切磋，如"相观而善之谓摩""独学而无友，则孤陋而寡闻"（《礼记·学记》）。重视教师在学生学习过程中的点拨指导，启发学生能够举一而反三，所谓"不愤不启，不悱不发，举一隅不以三隅反，则不复也"（《论语·述而》）。如此等等，既是古代教育的优秀传统，也是古代语文教育的优秀传统。

简言之，以文化人、学以成人的语文教育传统，不但有丰富的内涵、内在的必然，也有具体的实施方法和路径。

二、文化的冲突与重建

从清政府1902年拟订《壬寅学制》、1904年颁布实施《癸卯学制》，到2001年教育部印发《基础教育课程改革纲要（试行）》，整整一个世纪，中国基础教育始终坚持"民族的、科学的、大众的"方向，在民族文化与外来文化、传统文化与现代/后现代文化、人文主义与科学主义等多重文化的碰撞与冲突中，改革创新，建设了新的教育体系。在这激荡的百年中，语文独立设科，传统语文教育面对新的问题、迎接新的挑战，语文的定位、性质、任务需要厘清，语文课程、教材、教学、评价需要重建，特别是分科教学、班级授课，知识中心、教师中心与语文教育传统所产生的强烈冲突需要妥善解决。

其间，语文教育有过很多积极的、有意义的探索，也曾几度陷入多重矛盾的困境。有些问题总是非常纠结，往往左右为难，难以取舍，直至课程改革之前也没有很好地解决。突出的问题主要表现在以下三个方面。

1. 工具性与人文性

语文独立设科之后，修身、历史、科学等均有相应的课程，不再是文史哲不分。语文学科怎么定位？性质、任务是什么？由此带来语文学科教育目标的确定与内容、教学、评价等方面一系列问题。因此，怎样处理工具性与人文性的关系成为一个关键问题。其实，坚持纯工具或者纯人文的并不很多，比较多的是兼而有之，问题在于每个人心中对工具与人文内涵的理解不一样。这里关键之关键在于怎样理解语文的工具价值和人文价值以及二者之间的区别与联系，怎么划清语文人文性大体的边界以及实施的路径。这个问题说来话长，工具与人文之争也由来已久，我在《语文课程新探——〈全日制义务教育语文课程标准（实验稿）〉解析》[4]一书中也有所论述，这里就不再赘述。

需要进一步说明的有两点：第一，我们应该坚持大众化的方向。但是，有一个对"大众化"的理解问题——面向大众的语文普及教育，是提高国民素质的教育，并不是低水平教育，并非只要让大众掌握语言文字"工具"并将其用于日常交流就可以。明确这样的观点，我们就可以克服重语言轻文化、重工具轻人文的倾向，也可以理解时代与社会对语文教育的期待，可以妥善处理类似于文言文与白话文、实用文与文学作品、经典与时文之间的多种关系。第二，语文的工具性、人文性是融合在一起，很难区分开来的。正如王宁老师所说："中国传统的教育，从周代的国学教育，到汉代的经学教育，到宋代的理学教育，到清代的小学通经史，总是用语言文字来解读经书典籍，语言学习和思想教育相融合。所以我们面临着这种语文传统的回归，我们的语文课需要通过语言运用、文本感悟、审美文化的渠道来承担思想教育的内容。从言语作品中释放出审美和文化的要素，是貌似混沌其实有序的。因为语言里有文化、历史、审美、评价，这些人文性的东西融合进去以后，必然导致中国的语言不能非常精确。但是语言里有有序的东西，即语言文本自身的规律。"[5]

2. 知识本位还是以人为本

传统语文教育重视"人"，把学习者看成有血有肉、有思想有情感的活生生的人，把学习的内容也看成有血有肉、有思想有情感的人的作品，学习过程离不开学习者的实践体验，离不开感性与理性的交互作用。这样相对来说比较重视人的感性，虽然有诸多优点，也有过于"玄妙笼统"[6]的缺憾，比如，过于依赖教师的经验、内容选择比较随意、"化人"的过程过于笼统模糊等等。现代学校制度以学科知识体系为中心，组织教学内容，设计教学方法，偏重知识与理性。

强调知识的标准化、体系化、序列化，对学校课堂教学的组织，以及保障大面积基本的教育质量，都具有重要的意义。但是，科学主义技术理性在语文教育领域过度发展，过于关注语文知识，致使知识点、能力点越分越细，形成了字、词、句、篇、听、说、读、写、语（语法）、修（修辞）、逻（逻辑）、文（文体、文学、文章知识）等12条线和几百个知识点、能力点，并且将这些点分配到基础教育12个年级的每堂课里去，线性安排、逐点训练，以此组织教学，文本等语言材料只是用来说明知识点的例子，"知识—传授"和"能力—训练"的模型代替了"经典范例—诵读"。

阅读教学也成为围绕知识点进行的文本分析，也变得越来越细，以至于支离破碎，而且形成套路，将文本分析当成了学习某些文艺理论教条的工具和手段[7]，阅读教学的结果，是让学生得出了一个个知识点和一个个抽象的结论[8]。写作教学也偏重围绕知识点、能力点进行写作技能训练。围绕知识点的练习做得越多，血肉丰满的语文被肢解抽象得越甚，语文中的"人"被忽略，语文的综合性、整体性被削弱，多读多写、积累感悟，学习者自身的实践、体验与情感等便都不被认为是重要的因素。

语文学习是要学习人所运用的语言文字，学习人记录、创造的作品，学习人怎样表达和交流自己的思想和情感，而不是学习客观的科学世界的知识。中小学阶段应该学习哪些语文知识，应该怎样学习这些知识，都是难以厘清的问题。

3. 考试评价问题

怎样考查、评价学生的语文学习情况，也是长期困扰语文教育的问题。以科举考试为代表的传统考试方式，如考一篇作文（或者一首诗），直接考作文、间接考阅读，已经很难适应以知识为中心的学校语文教育，也很难适应大面积的考试。但是，语文考什么、怎样考才能考出学生的语文素养，才能得出科学的评价结论，确实是一个值得研究的问题。这里有考试评价的价值取向，有评价的技术，更有语文学科的特点。特别是引进标准化考试以来，围绕语文考试评价中的主观与客观、精确与模糊、定量与定性、标准与个性等问题的取舍，实在是一大难题。

三、融合创新的新境界

2001年教育部《基础教育课程改革纲要（试行）》颁行以来，语文课程改革的过程也是语文新课程建设的过程。语文课程的改革和建设以"为了每一个学生的发展,为了中华民族的振兴"为宗旨,从探索化解难题开始,从语文课程的育人价值、性质、任务与实施途径等重大问题的研究出发,立足现实,继承传统,面向未来;立足本土,放眼世界;立足语文,放眼整个教育、课程、教学、学习改革的大趋势与研究的新成果。尊重规律,迎接挑战,统筹兼顾,融合创新。教育部组织制定并颁发了《全日制义务教育语文课程标准(实验稿)》(以下简称2001版课标)、《普通高中语文课程标准(实验)》(以下简称2003版课标)、《义务教育语文课程标准(2011年版)》(以下简称2011版课标)、《普通高中语文课程标准(2017年版)》(以下简称2017版课标)四个课程标准,成为语文课程改革和建设的标志性成果,构建了素养型目标体系、整合型课程组织、实践性学习过程、发展性评价系统,达到了语文育人的新境界。

1. 素养型目标体系

2001版课标首先提出:"语文是最重要的交际工具,是人类文化的重要组成部分。工具性与人文性的统一,是语文课程的基本特点。""语文课程应致力于学生语文素养的形成与发展。"在肯定语文的工具性的同时,提出了语文的文化属性,同时,科学地阐明了工具性与人文性的关系——二者不是简单相加,而是统一的、不可分的。接着,顺理成章地从知识本位课程过渡到人本位课程,用语文素养代替双基(基础知识、基本技能),从知识和技能、过程和方法、情感态度和价值观三个维度,以及"识字与写字""阅读""写作"(1~2年级为"写话",3~6年级为"习作")、"口语交际""综合性学习"五个领域,构建了素养型目标与内容体系。

2003版课标提出,在义务教育基础上"进一步提高学生的语文素养",提出高中阶段要"注重应用、审美与探究能力的培养",提出了"积累·整合""感受·鉴赏""思考·领悟""应用·拓展""发现·创新"五个总目标,分别从"阅读与鉴赏""表达与交流"两个方面构建了必修课程五个模块和选修课程五个系列的目标与内容体系。

2011版课标进一步阐明了语文课程的性质、任务和特点,指出"语言文字是人类最重要的交际工具和信息载体,是人类文化的重要组成部分","语文课程是一门学习语言文字运用的综合性、实践性课程。义务教育阶段的语文课程,应使学生初步学会运用祖国语言文字进行交流沟通,吸收古今中外优秀文化,提高思想文化修养,促进自身精神成长。工具性与人文性的统一,是语文课程的基本特点"。目标与内容虽然沿用2001版课标的体系框架,但对具体的目标与内容加强了整合，突出了语文课程的综合性和实践性。

2017版课标在前三个标准的基础上取得了突破性进展，明确提出"坚持立德树人，增强文化自信，充分发挥语文课程的育人功能"，由此出发，提出了语文学科核心素养的概念，提出"以核心素养为本，推进语文课程的深层次改革"。2017版课标界定了语文学科核心素养的定义和内涵，将课程目标与课程内容分开，构建了语文学科核心素养统领的12条课程目标，以核心素养为纲构建了内容标准与质量标准。

2017版课标明确了核心素养的定义与内涵："语文学科核心素养是学生在积极的语言实践活动中积累与构建起来，并在真实的语言运用情境中表现出来的语言能力及其品质；是学生在语文学习中获得的语言知识与语言能力，思维方法和思维品质，情感、态度与价值观的综合体现。主要包括'语言建构与运用''思维发展与提升''审美鉴赏与创造''文化传承与理解'四个方面。"同时，分别阐述了四者的具体内涵以及内在的联系。特别指出："语文学科核心素养的四个方面是一个整体"，"语言建构与运用是语文学科核心素养的基础，在语文课程中，学生的思维发展与提升、审美鉴赏与创造、文化传承与理解，都是以语言的建构与运用为基础，并在学生个体言语经验发展过程中得以实现的"。

在此基础上，提出课程目标："学生通过阅读与鉴赏、表达与交流、梳理与探究等语文学习活动，在语言建构与运用、思维发展与提升、审美鉴赏与创造、文化传承与理解几个方面都获得进一步的发展；坚定文化自信，自觉弘扬社会主义核心价值观，树立积极向上的人生理想，为全面发展和终身发展奠定基础。"具体将四个方面的目标分述为12条：语言积累与建构，语言表达与交流，语言梳理与整合；增强形象思维能力，发展逻辑思维，提升思维品质；增进对祖国语言文字的美感体验，鉴赏文学作品，美的表达与创造；传承中华文化，理解多样文化，关注、参与当代文化。

简单梳理以后，可以发现，素养型目标体系发展完善的过程，其实是对语文育人功能、育人方式认识深化的过程，体现了在以立德树人为宗旨的基础教育课程体系中语文课程的准确定位和独特贡献，厘清了语文课程与其他课程的边界，统筹兼顾语文的工具价值与人文价值，又指出了语文课程的育人路径"是以语言的建构与运用为基础，并在学生个体言语经验发展过程中得以实现的"。这就基本化解了工具性与人文性之间难以取舍的难题，奠定了"以学生发展为本"的课程的基础，也基本解决了传统的"以文化人"带来的比较笼统玄妙、边界不清的问题。祖国语文"以文化人"的传统在立德树人背景下得以弘扬、丰富、完善和发展，不但有魂、有根、有核、有界，而且路径清晰。

2. 整合型课程组织

伴随着语文课程目标体系从语文"双基"到语文学科核心素养的转型，语文课程内容的组织形式也从知识点、能力点的线性安排，逐步加强整合，逐步探索素养本位的新的课程内容组织形式。2017版课标创设了"语文学习任务群"，取得了突破性进展，标志着语文课程转型的完成。

2017版课标在"课程结构"一章中的"设计依据"一节，对"语文学习任务群"有明确的论述。根据课程标准的论述，我们有这样几点认识。

第一，语文学习任务群是"从祖国语文的特点和高中生学习语文的规律出发，以语文学科核心素养为纲"，而不是"经典范例—诵读"模型中的以文本为纲，也不是"知识—传授""能力—训练"模型中的以知识为纲、能力为纲。

第二，语文学习任务群是"以学生的语文实践为主线"，而不是以知识点、能力点的线性排列为主线；是"以任务为导向，以学习项目为载体，整合学习情境、学习内容、学习方法和学习资源，引导学生在运用语言的过程中提升语文素养。若干学习项目组成学习任务群"。语文学习任务群实际上是以核心素养为纲的大单元设计，是以学习者为中心的真实情境中的深度学习。[9]每一个学习项目不仅是一个学习内容的单位，还是包含了目标、情境、任务、学习方法、学习资源、评价等因素在内的一个课程细胞。学习任务群中不仅有语文，而且有人，体现了"人文合一"的语文学科本质。[10]

2017版课标在必修、选择性必修、选修课程中设计了18个语文学习任务群，"学习任务所涉及的语言学习素材与运用范例、语文实践的话题与情境、语体与文体等，覆盖历来语文课程所包含的古今'实用类''文学类''论述类'等基本语篇类型。学习任务群的设计着眼于培养语言文字运用基础能力，充分顾及问题导向、跨文化、自主合作、个性化、创造性等因素，并关注语言文字运用的新现象和跨媒介运用的新特点"。学习任务群统筹考虑了各种因素，并且通过学习项目把这些高中阶段应该学习的内容有机整合在一起，整合的层次很高，呈现了多彩多姿、血肉丰满的语文。知识点、能力点线性安排的内容框架其实很难合理安排上述各项语文学习内容。也许有人会质疑学习任务群里知识组织的序列，或认为它是一团混沌，然而，如果我们仔细研究一下必修、选择性必修、选修课程中的18个语文学习任务群，研究一下其中的区别与联系，就会发现在三类课程各自内部的学习任务群之间，在横跨三类课程的学习任务群之间，既保持着合理的分工与密切的联系，又具有清晰的发展梯度。语文学习任务群体现了祖国语文清晰与模糊统一的特点，在混沌的深处又埋藏着一种更奇异的秩序[11]。

3. 实践性学习过程

语文课程改革一开始，就根据教育部《基础教育课程改革纲要（试行）》的精神，大力倡导自主、合作、探究的学习方式。四个课程标准中的"教学建议"既有原则建议，也有具体方法建议，课堂教学改革出现了百花齐放的生动景象。但是，还是有大量的语文课堂没有走出知识传授和能力训练的藩篱，原因之一是缺少一个既体现人的学习规律，又体现语文学习特点的实践模型。2017版课标从语文性质出发，提出"语文课程作为一门实践性课程，应着力在语文实践中培养学生的语言文字运用能力"，而且"语文学科核心素养是学生在积极的语言实践活动中积累与构建起来"的。这就从一个更高的层面指明了指向发展学生语文素养的教学过程不应该是教师大量讲解分析、学生被动接受机械训练的过程，而应是一个学生主动积极实践的过程。语文学习任务群设计也为实践模型的建构奠定了基础、开辟了道路。"学习任务群以自主、合作、探究性学习为主要学习方式，凸显学生学习语文的根本途径。这些学习任务群追求语言、知识、技能和思想情感、文化修养等多方面、多层次目标发展的综合效应，而不是学科知识逐'点'解析、学科技能逐项训练的简单线性排列和连接。学习任务群的设计，旨在引领高中语文教学的改革，力求改变教师大量讲解分析的教学模式。"

2017版课标还明确提出了学生语文实践的三种方式，即阅读与鉴赏、表达与交流、梳理与探究，并且指出大量的语文学习过程是这三种学习方式的综合运用。这是基于发展学生语文素养的学习方式，而不是简单围绕知识点、能力点的听说读写。2017版课标还针对18个学习任务群特定的内容与形式，提出了具体的教学提示。比如，"文学阅读与写作"要"运用专题阅读、比较阅读等方式，创设阅读情境，激发学生阅读兴趣，引导学生阅读、鉴赏、探究与写作"，并且强调"应以学生自主阅读、讨论、写作、交流为主"。"思辨性阅读与表达"要"以专题性学习为主要方式。选择日常生活和学习中、历史或当今社会中学生共同关心的话题"，让学生"通过阅读与鉴赏、表达与交流、梳理与探究等语文学习活动，阅读古今中外典型的思辨性文本，学习与梳理论证方法，学习用口头与书面语言阐述和论证自己的观点，驳斥错误的观点"。"实用性阅读与交流"要"以社会情境中的学生探究性学习活动为主，合理安排阅读、调查、讨论、写作、口语交际等活动"。每个学习任务群设计的具体建议，突出的都是情境、任务、学生的学习实践。

四个课程标准都非常重视信息技术在促进教学方式转变过程中的作用，提出需要重视和研究数字化环境和工具为学生的创造性学习提供的新的机会与可能，不断提高学生学习语文的能力。同时，四个课程标准也十分重视教师角色的转变——"提高课程开发与设计的能力，实现教师与课程同步发展"。实践性学习过程是真实情境中的深度学习，是综合运用多种学习方式的学习，是探究性、创造性的学习，不但理念先进、方向明确，而且操作性强。祖国语文"学以成人"的传统在新时代进入了更高的层次。

4. 发展性评价系统

2001版课标、2003版课标、2011版课标都提出了很好的评价理念和评价建议，但一直到2017版课标才可以说语文新课程构建了一个完整的发展性评价体系。主要表现在三个方面。

一是制定了学业质量标准，并且成为课程标准的重要组成部分，这可以说是标志性的成果。学业质量标准以语文学科核心素养及其表现水平为主要维度，依据不同水平学业成就表现的关键特征，明确将学业质量划分为五级不同水平，并描述了不同水平学习结果的具体表现。同时还对学业质量水平的应用做了具体说明，明确了学业质量水平与考试评价的关系。

二是坚持和进一步完善了前几个标准所倡导的评价理念、评价原则、评价方法和技术。比如，"着眼于核心素养的整体发展""倡导评价主体的多元化""选用恰当的评价方式"等，在处理标准与个性、过程与结果、定量与定性、评价与反馈等诸多关系上也有比较清晰的思路和举措。

三是专门提出了"学业水平考试与高考命题建议"。明确指出"测评与考试是语文课程评价的重要组成部分，应真实反映学生语文学科核心素养的发展过程与现有水平，准确判断学生核心素养发展过程中的问题及其原因，对高中语文教学改革发挥积极引领和导向作用"。同时还明确了"命题思路与框架"及"命题和阅卷原则"。特别提出"考试、测评题目应以具体的情境为载体，以典型任务为主要内容"；"以综合考查作为命题导向，通过综合性语言实践活动，考查学生语文学习的能力和水平。避免以单纯的知识点和能力点设计考题，避免死记硬背"。

发展性评价系统的构建，真正实现了语文学科核心素养统领下的教学评一致，超越了传统语文评价方式，也突破了知识本位的考试评价方式的束缚，为促进学生语文素养的发展，为"以文化人、学以成人"创设了很好的环境与机制。新时代语文课程的改革与建设取得了令人瞩目的成绩，在中国语文教育史上揭开了新的一页，必将对提高中华民族素质产生深刻而又长远的影响。

参考文献：

[1] 中共中央办公厅，国务院办公厅. 关于实施中华优秀传统文化传承发展工程的意见［EB/OL］. http://www.gov.cn/zhengce/2017-01/25/content_ 5163472.htm，2017-01-25.

[2] （德）威廉·冯·洪堡特. 论人类语言结构的差异及其对人类精神发展的影响［M］. 姚小平，译. 北京：商务印书馆，1999.

[3] 郭绍虞. 汉语语法修辞新探［M］. 北京：商务印书馆，1979.

[4] 陆志平. 语文课程新探——《全日制义务教育语文课程标准（实验稿）》解析［M］. 长春：东北师范大学出版社，2002.

[5] 王宁. 通向语文核心素养的学习任务群［J］. 七彩语文（中学语文论坛），2019（3）：7-13.

[6] 夏丏尊，叶绍钧. 国文百八课［M］. 北京：人民教育出版社，1985.

[7] 王富仁. 文本分析略谈［J］. 语文建设，2014（7）：4-10.

[8] 方智范. 我对语文核心素养的理解［J］. 七彩语文（中学语文论坛），2017（1）：6-8.

[9] 陆志平. 语文学习任务群的特点［J］. 语文学习，2018（3）：4-9.

[10] 方智范. 高中语文课程"学习任务群"价值刍议［J］. 七彩语文（中学语文论坛），2019（6）：3-6.

[11] （美）詹姆斯·格莱克. 混沌学——一门新科学［M］. 张彦，等译. 北京：社会科学文献出版社，1991.

谈基于标准的语文学习

闫存林①

一、语文学习不是教课本

叶圣陶先生说，语文不外乎要做两件事，一是从文字上理解他人的思想感情以及评判他为什么这样说，二是通过文字能够合乎逻辑且艺术地表达自己的思想与情感。我以为，即使到现在，语文教师所做的工作也跳不出叶先生所说之领域。

简单说来，从文字上理解他人思想感情即是阅读，用文字表达自己的思想感情就是写作。在中学语文课堂上，两者错综交织，互为促进。而"阅读"的主要依托便是文字，我们是从无数的文字之中提升了阅读能力，浸润了语文素养。

那么，文字从哪里来呢？实际上，从叶圣陶先生那会儿开始，我们中学语文学习所依托的文本基本都来源于教材。叶圣陶先生说："知识不能凭空得到，习惯不能凭空养成，必须有所凭借，那凭借就是国文课本。"所以，课本无论对于学生还是教师来说，都是非常重要的，它不仅是学习的凭借，在当时也是考试的重要依据之一。此外，叶先生接着又说了这么一段话，"语文教材无非是例子，凭这个例子要学生能够举一反三，练成阅读和作文的熟练技能"，"如果能够了解语文课本里的这些篇章，也就大概能阅读同类的书，不至于摸不着头脑，所以语文教本不是一个终点"。然而，在很多语文课堂中，这个"例子"我们是如此重视，以至于迷失了方向，将语文教材变成了一个终点。重新咀嚼叶先生的话语，我觉出了语文教师自觉意识的慢慢消失。这大约也是语文教师教到一定程度的时候经常会出现的瓶颈期吧。

于是，我们就会教课本，课本是由一篇篇文章构成的，而那一篇篇文字又是经典文字，我们的目光自然就会放到这一篇篇精美文字的解读上。这样，学语文从某种意义上来说，就变成了学课文。而事实也证明，当我们的学生回首往事，问他们语文学了什么的时候，涌现在他们脑海中的往往是《荷塘月色》《故都的秋》等经典篇章。我们会对每一篇文字精心解读，从思想到感

---

① 闫存林，北京十一学校语文特级教师。

情，从词语到修辞，各种表现手法，各种深刻内涵。我们早已忘记这只是一个例子，尽管它是一个重要的例子，具有其他文本不可替代的文本价值。如果我们仅以解读文章为目的，不断挖掘其微言大义，欣赏其绝妙手法，那么语文教学便异化了，与语文教学的本质渐行渐远。

梁启超先生曾说过："语文应该一束一束地教，而不是一篇一篇地教。"其实质便是利用好"例子"，向学生渗透阅读的方法。一篇文字重要的不单单是你以为你读懂了，而更应该是你是如何读懂的。

而且，我们聚焦了课本上的每一篇文章，导致语文教学上初中语文与高中语文的最大不同就只是篇章的不同，其他就是不断地重复，学生很难从中获得挑战感、成就感。当我们在初中讲古代诗歌的时候，所引导学生鉴赏的方面与将来他要读高中的时候别无二致，唯一的不同就是篇目不同了。

当然，课程的制订者与教材的编写者的本意并不是这样。他们会将若干文字组合成一个单元，而单元的背后呈现的就是一种学习规律，虽然这规律有时并不清晰。我们的教师也不断在尝试突破，试图从单篇教学的狭隘中走出来，寻找一条更加符合语文学科本质的路。于是我们有了各种各样的专题教学、模块教学等，学诗歌会有"李白杜甫专题""江南诗歌专题"，学现代文会有"女性文学专题""外国文学专题"等。但为什么在这个时段安排这样的专题？这些专题之间有怎样的逻辑关系？基于什么将这些专题贯穿起来？我们并不清楚。若干个专题、无数篇文字，就像一个黑洞，我们看不见里边究竟发生了什么，但学生的语文素养好像也在慢慢提升。

实际上，我们希望学生的学习看得见，我们憧憬看得见的学习。我们不希望语文学习糊里糊涂，只可意会不可言传。如果过去靠不断地涵泳咀嚼，靠长时间地悟，那现在至少还要寻求科学的方法。约翰·杜威说："如果我们还像当年我们被教授的那样去教学的话，那么我们就掠夺了我们的儿童的未来。"

二、语文学习需要明晰课程标准

要使学科清晰化，必须有清晰的学习目标与学科标准。我们的教学不是依据经验，也不是依据文本的价值，我们依据的是标准，进而依据标准确定学习目标。

美国的课程论专家拉尔夫·泰勒在其《课程与教学的基本原理》一书中指出，一个学校的有效发展，必须回应四个问题。

1. 学校应该达到什么样的教育目标？
2. 为了达到这些教育目标，应该提供怎样的学习经验？

3. 怎样有效组织这些学习经验？

4. 如何确定这些教育目标正在得以实现？

实际上，作为一门课程，要有效地实施教学，也必须回答上述四个问题，这四个问题的核心便是"目标"，而清晰、有层次的目标源于课程标准。

我们将语文课程抽象出三个名词：课程标准、学习资源、语文素养。

语文素养的不断提升是课程的期望，它是有序的，呈不断递进的阶梯形；课程标准在一段时间内恒定不变，它应该是清晰的、可操作的，是课程实施的依据；而学习资源是动态变化的，它是课程实施的依托。如果我们将语文素养定义为 y，学习资源定义为 x，课程标准定义为常数 k，那么三者之间的关系就形成一个函数：

$$y = kx$$

x 与 y 的变化只有在 k 的存在下才有意义，即语文素养与学习资源的变化只有在课程标准的确定下才有意义。

所以，我们在设计专题教学之前，应该先考虑本年级本学段的语文课程标准，进而确定本专题（单元）的学习目标。我们要考虑学生三年乃至六年的语文学习进程，而不是如一盘散沙一般，散落在学生有限的语文学习活动中。这也就是我们之前努力做了许多专题，到最终还是一个黑洞，学习了很多课文，但并不清楚这些课文背后究竟产生怎样的功用的主要原因。因为，我们不是在基于标准学习，而是在基于文本学习。而基于文本的学习永远摆脱不了无限循环重复的尴尬境遇。

于是，我们首先应该确立适合本年级的课程标准，并且与其他年级形成恰切的递进关系。比如，关于古代诗歌的学习，我们应该明确初中的标准是什么，高一、高二的标准是什么。假如初中学习古代诗歌，我们的标准就是能够大量地积累背诵，并且能够对古代诗歌的内容进行基本的分类，那么到了高中，再切入语言的鉴赏、思想感情的评析等，是不是就会清晰很多呢？当然，我们应该细致地列出各个年级的课程标准，而不是笼统地罗列。各个年级的课程标准必须依据国家的课程来制订。我们必须依据义务教育语文课程标准与普通高中语文课程标准来细化我们的年级课标，作为我们课程实施的指南。

其次，依据细化的标准进而确立专题或者学习任务群的学习目标。图1说明了学习目标的重要意义。

因为有了明确清晰的学习目标，教师的教学才可能是有效教学，学生的学习才可能有意义，而有效的教学与有意义的学习最终才可能提升学生的语

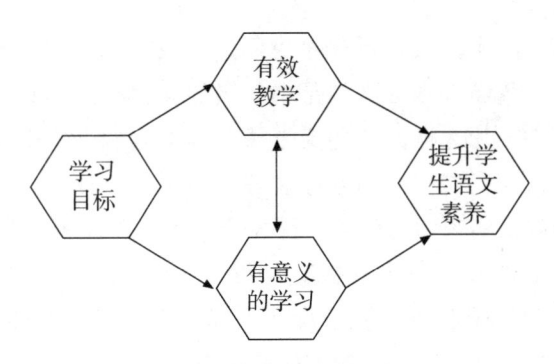

图1　学习目标的意义

文素养。我们过去常常忽视了学习目标，或者在教学中教学目标仅仅是写给教师自己看的，学生并不清楚一节课或一个专题的学习究竟要达成怎样的目标，也并不清楚这个专题的学习目标与下一个专题的学习有怎样的联系，他们只是按照教师的要求按部就班地学习，并不知道自己最终会走向哪里。那么，学生的学习永远是被动的，他们的自我系统永远处于沉睡状态，就像一个行车依赖导航的人，一旦没有了导航，他就找不着目的地。

我们总在说，教学的实质是授之以渔而不是授之以鱼，但有多少时候我们是沉浸在一条条斑斓的小鱼之中呢？

假如我们有了十分清晰的标准，并依据标准确立了可操作的学习目标，而这个学习目标又是教师与学生共同明确的，那么我们的教学流程就会变成这样（图2）：

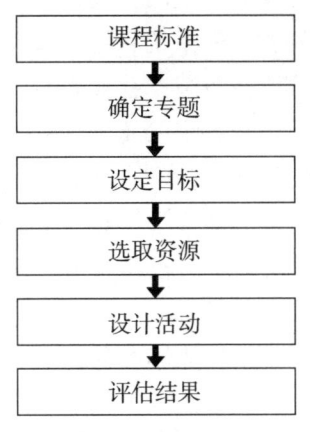

图2　教学流程

这里，资源已经不是我们最先考虑的了，或者说，首先映入我们眼帘的已经不是课文了。我们首先考虑的是本年级的课程标准是什么，为了达成这样的标准我需要一个什么样的专题或者任务群来实现，这个专题或者任务群的学习目标是什么，我如何证明自己能够实现学习目标，然后才是我要选取什么样的学习资源来实现学习目标，我将设计怎样的学习活动来进入学习。

而且，我们重点考虑的就不是怎样去解读文本，文本有哪些深刻含义，而是为了展开学习达成目标，我要准备怎样的资源包，搭建怎样的脚手架，提供怎样的支持学习的工具，创建怎样的评价量规。

这样，语文慢慢会由教学变成学习，课堂真正会变成学生学习的地方。因为语文核心素养的养成，必须经由学生自己来获得，而不是教师单方面地传授。而且以教为主的语文课堂，其内容是抽象的，其过程是碎片化的，学生的学习基本是被动的。长期以来，学生习惯了听教师讲，他们的思维停滞不前，也不愿意再去主动思考与探究。

三、语文学习要将课堂交给学生

《普通高中语文课程标准（2017年版）》指出："语文学科核心素养是学生在积极的语言实践活动中积累与构建起来，并在真实的语言运用情境中表现出来的语言能力及其品质；是学生在语文学习中获得的语言知识与语言能力，思维方法和思维品质，情感、态度与价值观的综合体现。"其中"积极的语言实践活动"的目的就是开启学生的自我系统。马扎诺认为，学生的思维系统应该包含这样三个层级：认知系统、元认知系统以及自我系统。关于认知系统，其理论与布鲁姆的认知系统没有很大的差别。马扎诺的理论突出的一点就是他关注了学生的元认知系统以及自我系统。学习者的自我系统得不到开启，学习便很难展开，即使有学习，那学习也是被动的，而被动者的学习很难有创新。自我系统得以开启，学生有了主动探究的欲望，学习成为他有意义生活的一部分，他就会设计自己的学习，寻求适合自己的学习方式与学习路径。

从这个层面上讲，为了使学生能够参与到积极的语言实践活动中，我们应该营造一种真实的语言运用情境。学习应该是带着解决问题的目标去学习，而且这个目标一定是现实中的某个目标，而不是纯粹存在于教科书上。所以我们应该在尽可能真实的情境中构建学习任务，最终在任务达成中学会学习。

这样，基于项目的学习（Project Based Learning）应该成为语文学习的常态。当然，这个项目不一定非要跨学科，但它一定是一个接近真实情境的任务。比如，春节来临，可以让学生编辑一本关于春节的书；学习祭文悼词，可以结合某个文化名人为之写一篇祭文悼词；学习古代诗歌，可以根据自己的分类方式编辑一本别样的唐诗选；学习非虚构文学，可以用"用5000字描述身边的陌生人"写作项目来推进；等等。学习真正变成了看得见的学习，学生收获的不仅是语文知识，还有他们的合作意识、自我规划意识。正如学生在总结中所言："同学们在直升高一的语文课程学习与初中时期有着天壤之别。初中时还是老师手把手地教我们，按照常规的流程让同学们标自然段、读课文，课上又是带着同学们将文章理一遍，批注字音、讲解重难点词句。而这两个学段我们就好像是从一座小丘倏忽穿过峡谷到一座高山上，是一个大跳跃。这一跃，雏鹰初微微舒展开翅膀，我们几乎成为语文课堂学习的管理者、主宰者，本着自主学习的主旨站到了曾只属于学识渊博的师长的舞台的绚丽灯光下。而我们新学段语文的自主学习万万离不开这些关键词句：自我学习规划、量规的使用、工具的使用、核心问题、学习目标的引领、学习结果的多样化……"

过去，教师常常把控了课堂，不敢留一点空间给学生，学生没有自由呼吸的空间，何谈培养创造力？教师为什么不敢放手？因为大家都担心放手之后产生混乱。其实，假如真的产生了混乱，其一是我们的学习目标不明确，学生并不知道走向哪里；其二，项目没有集中在一个核心问题上，而核心问题没有一个真实情境下的任务来驱动；其三，没有恰切的工具与量规来引导学生进行自我评估。

所以，一个好的项目学习流程应该是图3这样：

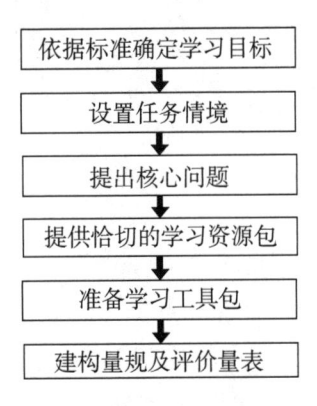

```
┌─────────────────────┐
│  依据标准确定学习目标  │
└─────────────────────┘
┌─────────────────────┐
│     设置任务情境     │
└─────────────────────┘
┌─────────────────────┐
│     提出核心问题     │
└─────────────────────┘
┌─────────────────────┐
│  提供恰切的学习资源包  │
└─────────────────────┘
┌─────────────────────┐
│     准备学习工具包    │
└─────────────────────┘
┌─────────────────────┐
│  建构量规及评价量表   │
└─────────────────────┘
```

图3　项目学习流程图

然后就将课堂交给学生，他们会创造一个新的世界。

高中语文"学习任务群":布局、特点与实施路径

刘 飞[①]

一、"学习任务群"的布局呈现

《普通高中语文课程标准(2017年版)》(以下简称"新课标")中的"学习任务群"是新课标最为核心的概念术语之一。新课标在"课程结构"下的"设计依据"中指出,语文课程"从祖国语文的特点和高中生学习语文的规律出发,以语文学科核心素养为纲,以学生的语文实践为主线,设计'语文学习任务群'",一共包括"整本书阅读与研讨""当代文化参与""跨媒介阅读与交流""语言积累、梳理与探究""文学阅读与写作""思辨性阅读与表达""实用性阅读与交流"等18个学习任务群。这些学习任务群不是杂乱无章地堆砌,而是整体设计、统筹安排于必修、选择性必修、选修三类课程之中。这18个学习任务群的设计,可以说搭建起了普通高中语文课程内容形态与结构体系的基本框架。

上面罗列的7个学习任务群是必修课程需要完成的;"整本书阅读与研讨""当代文化参与""跨媒介阅读与交流""语言积累、梳理与探究""中华传统文化经典研习""中国革命传统作品研习""中国现当代作家作品研习""外国作家作品研习""科学与文化论著研习"这9个学习任务群是选择性必修课程需要完成的;"整本书阅读与研讨""当代文化参与""跨媒介阅读与交流""汉字汉语专题研讨""中华传统文化专题研讨""中国革命传统作品专题研讨""中国现当代作家作品专题研讨""跨文化专题研讨""学术论著专题研讨"这9个学习任务群是选修课程需要完成的。从中不难看出,有些任务群在不同课程类别中反复出现,如"整本书阅读与研讨""当代文化参与""跨媒介阅读与交流";有些任务群只在相应的课程类别中出现,如必修课程中的"文学阅读与写作""思辨性阅读与表达""实用性阅读与交流",选择性必修课程中的"外国作家作品研习""科学与文化论著研习",选修课程中的"汉字汉语专题研讨""跨文化专题研讨""学术论著专题研讨"。由此可见,不同学习任务群具体的学习内容有所区别,体现不同的学习要求[1]。

[①] 刘飞,南京师范大学课程与教学研究所博士研究生,淮阴师范学院教师教育学院讲师。

换言之,"必修课程的学习任务群构成高中课程目标和内容的基本框架,体现共同语文素养要求;选修课程的学习任务群在必修课程的基础上延伸、拓展、提高和深化,满足学生个性化的语文素养发展诉求"[2]。新课标"教学建议"第二条也明确要求我们要"充分理解学习任务群的特点,处理好学习任务群之间的关系"。这条建议下的解说文字是:"普通高中语文课程设计了18个学习任务群,每个任务群都有各自的学习目标与内容,彼此之间又渗透融合、衔接延伸。教师可根据学习任务群的特点、学生的学习程度,结合自身的专业优势、教学风格,有规划、创造性地实施教学。教学中应统筹考虑各个学习任务群的特点,要明确不同学习任务群的定位和功能,妥善处理各个学习任务群之间的关系,避免遗漏缺失;要关注共同任务群在必修、选择性必修、选修课程中学习重点、呈现方式和深度广度的差异,避免简单重复。"[1]

总之,新课标中的这18个学习任务群是一体化设计、科学而有序地安排于三类课程之中的,它们基本涵盖了高中学生生活、学习和日后工作所需要的听说读写各种语言活动类型。同时,每项学习任务所涉及的语言学习素材与运用范例、语文实践的话题与情境、语体与文体等,也几乎覆盖了历来语文课程所包含的口头和书面,以及古今实用类、文学类、论述类等基本语篇类型。[3] 最为重要的是,它们共同担负或承载了培养学生语文核心素养的课程目标或课程期待。

二、"学习任务群"的基本特点

新课标修订组负责人王宁教授解读:"所谓'学习任务群',是在真实情境下,确定与语文核心素养生成、发展、提升相关的人文主题,组织学习资源,设计多样的学习任务,让学生通过阅读与鉴赏、表达与交流、梳理与探究的自主活动,自己去体验环境,完成任务,发展个性,增长思维能力,形成理解、应用系统。这种有人文主题的任务群,是在学校课程总体设计和实施的环境下由学校和教师组织,并有计划地引导完成的。它与过去的教学模式有内在的区别——课程中有文本,但不以文本为纲;有知识,但不求知识的系统与完备;有训练,但不把训练当作纯技巧进行分解训练。教师是组织者,学生是主体,师生互动。"[4] 结合王宁教授的观点,我们可以得出以下三点认识。

1. "任务群"学习是一种指向核心素养、基于真实情境的学习

新课标提出"语文核心素养"的概念并将之作为语文课程目标的主要体现与核心诉求。因此,今后的语文教育教学必然要走一条指向学科核心素养

的路。无论是目标的确定,还是内容的选择,抑或是教学的实施与评价,都必须以"语文核心素养"为纲来设计。情境学习理论认为,知识是蕴含于情境之中的,离开了特定的境域,就不存在任何的学习主体与学习行为。学科核心素养作为三维目标的升级版,对它的发展与培育工作自然也离不开情境。新课标中"学习任务群"的设计,既体现了语文学习的情境性和综合性,又体现了学习任务的多样性与目标性。

2. "任务群"学习是一种整合诸多语文要素的主题式学习

主题学习主张围绕一个具体的任务情境,凭借一系列的言语实践活动学得知识,习得技能,并能在反复体验与问题解决中将其凝结成素养。可以说,每一个任务群都是有着明确指向的主题学习,这与现行的大多数版本高中语文教材主题组元式编写体例相吻合,无疑可让学习内容变得更加聚焦,有指向性,教学过程自然也会变得更加清晰,有针对性。新课标指出:"学习任务群追求语言、知识、技能和思想情感、文化修养等多方面、多层次目标发展的综合效应,而不是学科知识逐'点'解析、学科技能逐项训练的简单线性排列和连接。"[1]这里面体现的是一种整合思想,不仅是内容和情境上的整合,也是方法和资源上的整合,旨在规避传统的按照"字词句篇语修逻文听说读写"组织而成的知识能力体系的教学和考试模式。各种语文学习要素在学习任务群中不再彼此封闭、相互脱节,而成为共生共融、契合一体的关系,语文核心素养的四个主要方面"语言、思维、审美、文化"也在"任务群"的学习中得以综合性地发展与提升。

3. "任务群"学习是一种以学生语文实践为中心的多样化学习

语文课程是一门综合性、实践性课程。新课标中也明确强调了要"通过阅读与鉴赏、表达与交流、梳理与探究等语文实践,积累言语经验,把握语文运用的规律,学会语文运用方法,有效地提高语文能力,并在学习语言文字运用的过程中促进方法、习惯及情感、态度与价值观的综合发展"[1]。所以,新背景下的任务群学习必然是多种实践交织互动的学习,不仅有传统的阅读与鉴赏、表达与交流,还有新提出的梳理与探究,最大限度地彰显了语文学习形式的多样性,同时也反映了语文学习内容的丰富性。另外,这三种语文实践并非彼此孤立、毫无关系,相反,它们之间有着密切的联系。根据刘勰《文心雕龙·知音》中"夫缀文者情动而辞发,观文者披文以入情"的观点,有阅读就会有表达,而有阅读和表达后,自然就会有梳理;同理,有鉴赏就会有交流,而有鉴赏和交流后,自然就会有探究。梳理与探究离不开阅读与鉴赏、表达与交流,反之亦然。

总之，以语文学科核心素养为纲的高中语文课程体系给学习者呈现的是18个学习任务群，每个学习任务群都整合了学习情境、学习内容、学习方法、学习资源，以学生的语文活动为主线，主要通过阅读与鉴赏、表达与交流、梳理与探究等具体学习活动完成项目任务的学习。[3]

三、"学习任务群"的实施路径

下面，我们聚焦"学习任务群12 科学与文化论著研习"，并以社科类著作《如何阅读一本书》（莫提默·J.艾德勒和查尔斯·范多伦著）的教学设计为例，分五个步骤尝试探索学习任务群的一般实施路径。

（一）明确任务群的价值定位

新课标指出，本任务群研习自然科学和社会科学论文、著作，旨在引导学生体会和把握科学与文化论著表达的特点，提高阅读、理解科学与文化论著的能力，开阔视野，培养求真求实的科学态度和勇于探索创新的精神。据此，围绕语文核心素养的四个方面可得出本任务群的价值所在：第一，学习并运用科学与文化论著那种观点明确、逻辑严密、简洁精练、表述准确的语言表达（语言建构与运用）；第二，理解并懂得科学与文化论著所具有的逻辑、推理和实证等科学思维方式（思维发展与提升）；第三，体会并感悟科学与文化论著所折射的求真务实的科学态度和勇于探索创新的精神（审美鉴赏与创造）；第四，加强和提升科学与文化论著所包含的对自然、社会以及人类的深入认识（文化传承与理解）。

（二）思考学习内容的选择依据

本任务群的学习内容可采取多种方式。例如，可以选择一本自然科学论著和一本社会科学论著，可以选择若干科技论文和社科论文组合，可以将自然科学论著和若干社会科学论文组合；也可以围绕自然科学和社会科学的内容、发展历史设计"主题"，围绕"主题"选择相关内容；还可以依据学生兴趣，选择适宜内容进行比较阅读……[3]而笔者拟以《如何阅读一本书》的研习为例，理由如下。

一是必修课程中学习过"整本书阅读与研讨"，学生对如何阅读整本书已有了一定的经验和认识；二是自然科学论著也有很多，如《科学的历程》《超越时空》《宇宙的起源与归宿》等，但学科属性稍弱些，很可能会将语文任务群学习变成诸如科学、物理等通识课的学习；三是新课程与新高考要求学生进行海量阅读，这也是提升学生语文素养的良药，而《如何阅读一本书》作为一本有关"指导读者如何阅读"的经典之作，自然成了不二之选；四是《如何阅读一本书》语言凝练，内容翔实，层次明确，逻辑清晰，操作性很强。

（三）择定任务群的学习目标

新课标对本任务群的"学习目标与内容"及其"教学提示"做了相关规定及说明，如领会不同领域科学与文化论著的内容，培养科学态度和创新精神；撰写内容提要和读书笔记，学习体验概括、归纳、推理、实证等科学思维方法，把握科学与文化论著观点明确、逻辑严密、语言准确精练的特点，选择适合高中生阅读的有关科学技术和社会发展的论文和著作（节选）；引导学生结合所学的其他学科知识，借助工具书、资料，了解文本中的基本概念和观点，厘清文本结构脉络、论证逻辑；还可以通过撰写读书笔记，加深对论著的理解，以及组织交流和讨论，分享学习成果，研讨学习中遇到的问题；等等。根据这些规定及说明，结合《如何阅读一本书》的特点，可以将本任务群的学习目标设计如下。

（1）自主阅读《如何阅读一本书》，在阅读过程中可凭借工具书或查阅资料等手段弄明白书中的基本概念。（指向"语言"素养）

（2）遇到陌生主题或不易理解的句段，能够运用概括、归纳、推理和实证等方法去把握作者的主要观点或基本倾向。（指向"语言""思维"素养）

（3）阅读过程中，撰写大纲提要或笔记心得，进而厘清本书的结构脉络与论证逻辑。阅读完毕，能够说出本书的主要内容，并能掌握科学的阅读方法的基本原则与步骤。（指向"语言""思维"素养）

（4）阅读过程中，体会本书的语言特点和表达方式，感受科学论著的与众不同，进而形成良好的阅读态度与阅读素养。（指向"语言""审美"素养）

（5）梳理阅读过程中的困惑和思考的问题，班内组织交流会进行阅读分享与研讨后，积累并梳理本次学习的相关材料，形成一定的阅读文化与阅读氛围。（指向"语言""思维""文化"素养）

（四）设计落实目标的情境任务

1. 学习活动一：自主学习（2学时）

在阅读前请思考以下问题：你平时阅读吗？阅读的目的是什么？一般是怎么阅读的？有思考过自己的阅读方式吗？

《如何阅读一本书》正是一本指导人们阅读的名作，全面介绍了阅读的方法、技巧，阅读所应具备的广阔视野等。该书自1940年问世以来，在世界范围内好评甚多，再版多次，至今已出版40余万册；作者是莫提默·J.艾德勒和查尔斯·范多伦。现在请同学们采取课上与课下相结合的形式自主阅读本书,并完成以下任务。

(1) 自读过程中,遇到不认识的字词进行圈画,记录在积累本上,查找词典并掌握生字词。

(2) 请根据本书(莫提默·J. 艾德勒,查尔斯·范多伦著,郝明义,朱衣,译,北京:商务印书馆,2004年)第7~17页的内容,梳理阅读的类型与目标,并完成表1。

表1 阅读类型与目标

阅读类型	典型案例	对作者要求	阅读后的作用
娱乐消遣	网络小说、小报	一般水平即可阅读	愉快的体验不费脑筋

(3) 思考:我们需要的是一种什么样的阅读?本书的写作目的是什么?

(4) 作为一个有自我要求的读者,应当做到以下两点:第一点,主动提出四个基本问题,并且在阅读书籍的过程中尽可能地找到答案。请写出是哪四个基本问题。第二点,做笔记。笔记一共有三种类型,是哪三种?分别是什么意思?

(5) 阅读完毕,请梳理本书的结构脉络与行文逻辑,也可以边阅读边梳理。

2. 学习活动二:合作学习(4学时)

本书按照由浅入深的顺序,阅读水平的提升需要经历四个层次:第一个层次的阅读,称之为基础阅读(elementary reading);第二个层次的阅读,称之为检视阅读(inspectional reading);第三个层次的阅读,称之为分析阅读(analytical reading);第四个,也是最高层次的阅读,称之为主题阅读(syntopical reading)。阅读的四个层次并不完全独立,上一个层次包含在下一个层次中,而下一个层次总是以上一个层次为基础。

(1) 请用自己的话分别对上述四种阅读做一个概念化解释。

(2) 请通过小组合作,完成对上述四种阅读的具体分析。

①基础阅读:请根据本书第22~29页的内容,完成以下问题。

A. 请厘清基础阅读的阶段与层次。

B. 请指出基础阅读的问题,并尝试提出2~3条解决策略。

②检视阅读:请根据本书第30~41页的内容,完成以下任务。

检视阅读可以让你在限定时间内读完一本书,并获得整体认识,检视阅读包括"系统地略读或粗读"和"粗浅地读"两种。面对不同的情境可采用具体的检视阅读方法。请完成表2。

表2　阅读方法

情　　境	适用检视阅读类别	采取的相应方法
不知道自己想不想读这本书；不知道这本书是否值得读；时间非常有限		
非常难读的书		

③分析阅读：请根据本书第55到147页的内容，完成以下问题。

A. 第一阶段

分类：我们所阅读的书可以怎么分类？

概括：用一句话来概括本篇内容。

梳理：为本篇内容拟一个大纲。

总结：作者在本篇中想解决什么问题？

B. 第二阶段

定义：本篇内容一共七章，你认为有哪些关键字词？你能诠释它们吗？

理解：你能找出本篇内容每一章的主旨句吗？（请用自己的语言组织主旨句，非原文复制）

逻辑：请你梳理、比较并分析每章的主旨句，有何发现？

答案：确定作者已经解决了哪些问题，哪些尚未解决。在未解决的问题中，确定哪些是作者认为自己无法解决的问题。

C. 第三阶段

评论：如何公正地评论一本书？应采取什么样的步骤或要问哪几个问题？

批评：如果作为读者你不同意作者的观点，可以依据哪些方面来批评作者？

④主题阅读（比较阅读）：请根据本书第267~289页的内容，完成以下问题。

A. 进行主题阅读的目的是什么？

B. 主题阅读的一般步骤是怎样的？

3. 学习活动三：探究学习（2学时）

（1）请根据第167~254页的内容，完成表3。先自我思考，然后组内交流讨论。

表3　名著阅读学习简表

读　物	读物类型	阅读目的	阅读方法和阅读设计（简答，100字内）
华罗庚《华罗庚科普著作选集》			
斯蒂芬·霍金《宇宙的起源与归宿》			
傅雷《傅雷家书》			
朱光潜《谈读书》			
冯天瑜《中华文化史》			

（2）梳理出组内无法解决的困惑或疑问，可以是语言表达方面的，也可以是文本内容方面的，还可以是论著结构和思路方面的，等等。遴选3~5条班内交流讨论。

（3）本次学习结束后，请以"阅读小组"为单位整理好关于《如何阅读一本书》的研习材料（电子版与纸质版、文字与图画等），等待老师收取存档。等到18个学习任务群都学习结束后，将每次的任务群学习材料整合起来，集中装订，作为班级课程资源中的材料，也可通过多媒体或报纸杂志等其他途径交流传播。

（五）说明任务群学习设计意图

一是坚持基于课程标准的教学设计。根据新课标"科学与文化论著研习"任务群的价值定位，以及学生已学习过"整本书阅读与探讨"的学情分析，选取学习内容《如何阅读一本书》，并以此为载体进行"科学与文化论著研习"任务群的第一次学习。然后基于该任务群在新课标中"目标、内容及教学提示"的要求，确定研习《如何阅读一本书》的学习目标，并基于目标设计相应的情境任务。所以，无论是本次学习的目标还是内容，抑或情境任务的设计，都直接依据新课标，源于新课标。

二是坚持并落实"学习任务群"的情境化学习要求。"指向核心素养的教学设计，起点应在于如何去创设真实情境、真实任务，引发学生的言语行为表现，而不是将经典文本、必备知识当成教学的起点。"[5]所以在具体的阅读活动前，笔者就尝试询问学生："你平时阅读吗？阅读的目的是什么？一般是怎么阅读的？有思考过自己的阅读方式吗？"这样一下子就将整个学习内容、学习进程放到了一个具体的主题情境之中，形成了一种开放性、综合性并具有一定挑战性的任务氛围。另外，在这一学习过程中，要始终坚持为学生提供一种问题情境和任务驱动，让学生学有方向，直指学习目标的达成与落实。

三是坚持"阅读与鉴赏、表达与交流、梳理与探究"三位一体的语文实践活动形式。学习任务群视角中的语文学习强调真实情境中的实践活动和学生的参与、体验及亲历。所以,在整个学习过程中,我们有意识地设计了阅读、表达、积累与梳理、交流与讨论等听说读写思全覆盖的语文活动,以确保学生在综合性的实践中去学习知识,习得技能,形成素养。

四是坚持主题导向的"自主、合作、探究"的语文学习方式。新课标在"教学建议"中明确提出语文教学需要"创设综合性学习情境,开展自主、合作、探究的语文学习",所以我们首先明确了学习主题"《如何阅读一本书》研习",并依此整合学习情境,设计问题任务,提供学习资源,引导学生在一系列或自主(活动一),或合作(活动二),或探究(活动三)的语言实践活动中来提升语文素养。

五是坚持将语文学科核心素养的培育渗透到整个学习过程中。王宁教授指出,核心素养是个体在解决复杂的现实问题的过程中调取知识与技能和满足特定现实需求的综合性表现,是学科知识育人价值的集中体现。[3]换言之,新课标中学习任务群追求的正是知识与技能、过程与方法、情感态度与价值观等多方面、多层次目标发展的综合效应。因此,无论是学习目标与内容的确定还是情境任务的设计,我们都应努力将其纳入语言、思维、审美与文化四项学科核心素养的提升与发展范畴中,比如,分析作者的主要观点、赏析论著的语言特色、挖掘阅读中的主旨句、撰写读书心得笔记等等,以期学生的语文素养能在丰富多彩的语文实践活动中开花结果,茁壮成长。

参考文献:

[1] 中华人民共和国教育部. 普通高中语文课程标准(2017年版)[M]. 北京:人民教育出版社,2018.

[2] 徐鹏. 语文学习任务群的学理探寻[J]. 中学语文教学,2018(6):4-7.

[3] 王宁,巢宗祺. 普通高中语文课程标准(2017年版)解读[M]. 北京:高等教育出版社,2018.

[4] 《基础教育课程》编辑部. 走进新时代的语文课程改革——访普通高中语文课程标准修订组负责人王宁[J]. 基础教育课程,2018(Z1):21-26.

[5] 蔡可. 基于"学习任务群"的语文教学设计[J]. 语文学习,2018(1):17-22.

第二章

高中语文统编教材的理解与使用

高中语文统编教材：价值维度、内容特征和教材使用

陈 琳[①]

过去，语文教材的立场习惯于强调学科中心，强调语文知识的系统性，这种基本判断是长期以来形成的，且影响深远。2019年秋季开学，6省市开始使用高中语文统编教材，至2022年秋季开学，全国所有省市均将启动统编教材的使用，这意味着语文教材"一纲多本"时代的终结，同时也意味着学科中心、知识中心的教材立场必须转变。

使用好统编教材，要关注、把握好以下几个重点。如教材在宏观层面如何体现文化自信与社会主义核心价值观？从中观层面来说，语文统编教材如何反映《普通高中语文课程标准（2017年版）》（以下简称"新课标"）的期待？单元设置如何承接新课标的学习任务群？从微观层面来说，如何用教材牵引课堂教学改革，探索学科育人的模式，使教学转向人的发展，转向促进学生核心素养的发展？可见，正确处理好新课标与教材使用之间的关系，研究教材建设的价值维度、内容特征，探究教材在课堂中的影响，有着深刻的意义。教材使用应该在统一要求和教学灵活性之间发挥桥梁作用。

一、价值维度：体现国家意志

教材的统编是国家行为，体现了国家意志，体现了国家对未来人才与建

[①] 陈琳，福建师范大学附属中学、福建教育学院语文教师，高级教师。

设者的前瞻思考和现实需求。"有什么样的教材，就有什么样的国民。"[1]从这个高度来说，教材的统编有别于以往任何一次教材的修订改版、改编，它要担负起塑造几代人的责任，因此，教材内容的选取就要承载起国家和民族对未来人才的期待。具体到语文学科，其工具性与人文性相统一的学科特点，决定了语文教材建设的价值取向至关重要。

从国家意志角度来说，统编教材应该是一种标准化了的公共知识产品，公共知识产品的价值取向不仅是国民达成共识的前提，也是教材内容选择的基本标准。因此，教材建设的首要目标就是反映国家意志——树立社会主义核心价值观，培养合格的社会主义建设者和接班人。基于这一目标来选择教材内容，就要选择促进文化认同、增强文化自信、树立社会主义核心价值观的各类作品。例如，高中语文统编教材必修上册中的《登高》《百合花》《喜看稻菽千重浪——记首届国家最高科技奖获得者袁隆平》等课文，它们是中华优秀传统文化、革命文化、社会主义先进文化的载体，能够凝聚共同理想与共同文化，将社会主义核心价值观转化为学生的情感认同与行为习惯，是教材建设的内在逻辑主线。

教师对教材的认识，要上升到"凝聚共同理想与共同文化"的高度，就要有一个相对稳定的统编教材，打好文化底色，培养文化认同感与自豪感。如果对教材的认识没有达到这个高度，就会仅仅把教材当作教与学的工具，把教材矮化为传递知识与技能的载体。在实际操作中，这种理解大有市场，且贻害深远。

语文教材是青少年最早接触而且每天相伴的叙事文本，语文统编教材更是中华民族发展进步的正式的叙事文本，是建构中华民族文化认同的教育主渠道。语文教材通过四种叙事类型来讲好文化叙事："一类是历史与传统叙事，一类是语言文化艺术叙事，一类是政治与经济叙事，一类是科学探索叙事。"[2]它们共同组成一个总体叙事：中华民族从哪里来，现在处在什么位置，将来走向何方。以高中语文统编教材必修上册第二单元为例，《喜看稻菽千重浪——记首届国家最高科技奖获得者袁隆平》《"探界者"钟扬》《以工匠精神雕琢时代品质》，这些课文属于科学探索叙事，这类叙事有的以通讯报道的形式呈现，书写了农业科学家袁隆平、植物学家钟扬的光辉事迹；有的以新闻评论的形式呈现，结合时代精神阐述了工匠精神，点明了其在当代的价值。教材的使用不能仅仅拘泥于以往的文体教学，还要凸显教材内容的文化意识——这些课文极大地充实了语文教材中的社会主义先进文化。

文化诉求是中国发展实现伟大梦想的必然选择。教材必须成为落实立德树人根本任务最重要的载体，教材的使用必须凸显习近平新时代中国特色社会主义思想、中华优秀传统文化、革命传统教育，这样才能为下一代筑牢中华文化底色、植入红色基因，教材的使用也才有明确的方向。

二、内容特征：价值引导下的净化性内容

教材是公共文本，它受到政治正确、知识正确、教育正确三种因素的共同制约。政治正确即符合国家的政治要求，在政治上没有偏差和争议；知识正确是指教材的知识内容没有科学性错误，内容都应该是经过验证的、成熟的、公认的；教育正确则是指教材应该遵循教育的基本规律。因此，教材建设必须弃用那些容易引起学生价值观混乱的内容。以《喜看稻菽千重浪——记首届国家最高科技奖获得者袁隆平》为例，文章由四部分构成：第一部分"曾记否，到中流击水"，记录了袁隆平发现"天然杂交稻"的经过，以及他的思考和后续的研究方向；第二部分"创新是科学家的灵魂和本质"，侧重写袁隆平对遗传学权威结论的挑战，以及对我国杂交水稻的优势利用；第三部分"事实是科学家的空气"，用袁隆平给《人民日报》的来信，驳斥贬低杂交稻"高产不优质"的说法；第四部分"饥饿的威胁在退却"，记录袁隆平在杂交水稻的理论和实践上的一系列突破，以及在解决饥荒方面的巨大贡献。

通观四部分的内容，可以发现，教材均选用了正面、积极的典型事件，佐证的观点为：劳动者的勤劳付出（第一部分）、独立思考（第二部分）、实事求是（第三部分）、责任担当（第四部分）。也就是说，不论是典型事件还是作者立场，均立足于新时代劳动价值观的渗透，这就是净化教材内容的需要。有人认为，这种做法是人为地构建"无菌实验室"，不利于学生了解真实世界的复杂性与黑暗面。但是，从教育的接受规律来说，学习者通过教材了解世界，有其基本的规律和特定的过程。教材是学习者最亲近的影响文本，学习者对这种影响有时候会不自觉地表现出叛逆与排斥，以此体现自我的存在，标榜自己的"成熟"。即便学习者会排斥净化性的内容，但是在学习的过程中，教材的文化影响已经深入学习者的生命底层，随着时间的推移，被排斥的教材内容会逐渐重归。所以，教师要正确看待教材建设的净化内容，不能将其等同于编者对教材的简单化、幼稚化处理。

三、教材使用：单元的变革与学习方式的转变

教材的情感培育与价值引导要通过单元学习来实现。学科知识蕴含在单元内容当中，单元编排体例的变化直接影响到教学方式的转变，教师只有深

入理解单元设置背后的编写意图,才能更好地贯彻落实价值取向与育人目标。

(一)"双线组元"的分析

高中语文统编教材围绕人文主题和学习任务群两条线索组织单元内容。"人文主题的设计……聚焦在三方面:'理想信念''文化自信''责任担当'"[3],每个单元都体现了其中的一个方面。例如,高中语文统编教材必修上册第一单元的人文主题为"青春的价值",对应的是"理想信念";第二单元的人文主题为"劳动精神",是社会主义先进性文化的体现,第三单元的人文主题是"中华优秀传统文化",第二、三单元均对应"文化自信"。以人文主题组织单元,会让部分教师,尤其是习惯了人教版旧教材以文体组织单元的教师感到困惑。实际上,以人文主题为单元名,本身就是教学点,因为单元名称的表达方式都有着鲜明的价值取向原则;以人文主题为单元名,是为了学科内容与教育维度的均衡。

在现行分科教学体系下,教材也相应地分科编写,这让不少教师误以为教材内容就是学科内容。实际上,教材内容大于学科内容,前者不仅包括学科内容,还包括单元任务、学法指导、评价手段等教育内容。教育内容与学科内容不是并列关系,而是教育内容统摄学科内容,也就是说,学科内容的使用要服从于教育内容的精神。

以高中语文统编教材必修上册第一单元为例,教育内容包括三个方面:单元导语、学习提示、单元学习任务。"单元导语"由三段构成,第一段交代本单元的主题:青春的价值;第二段介绍本单元选取五首诗歌和两篇小说的意图;第三段提出教学目标:思考作品意蕴,理解诗歌运用意象抒情的手法,把握小说叙事和抒情的特点,获得审美体验,尝试写作诗歌。"学习提示"放在每一课的后面。以第一课《沁园春·长沙》为例,该课的"学习提示"设定了学习情境:"阅读时注意领略毛泽东以天下为己任的胸怀,品味其中意象的活泼灵动、意境的丰盈深邃";提示学习方法:"要反复诵读,仔细揣摩,体会这首词炼字选词的精妙之处";指引相关的课外阅读篇目:毛泽东《水调歌头·游泳》、周恩来《赤光的宣言》、朱德《太行春感》、陈毅《赣南游击词》》。

"单元学习任务"设置了四个活动。第一个活动要求"认真阅读、欣赏这些作品,从你最有感触的一点出发,与同学就'青春的价值'这一话题展开讨论",这一活动是为了凸显单元主题。第二个活动和第三个活动分别围绕诗歌和小说的文体来设置:第二个活动要求围绕"意象"和"诗歌语言"探讨欣赏诗歌的方法,揣摩作品的意蕴和情感;第三个活动要求结合特定的历史背景来理解作品的内涵。围绕诗歌和小说分别设置活动，显然充分考虑了教师对旧教材的使用习惯，依据文体确定教学内容是教师较为熟悉的做法，这也体现了统编教材与旧教材之间的延续性。但是，即便在传承的部分，也体现了创新的细节，例如，第二个活动"建议阅读埃德加·斯诺的《毛泽东自传》，了解毛泽东青年时期的革命经历，加深对这首词主旨的理解"，显然是"1＋X"阅读理念的体现。

综观第一单元的教育内容，可以发现，它既包括了学法指导，也指明了价值导向；它涵盖了学科内容，同时还将学科内容提升到文化育人的高度。解读"双线组元"，是为了在使用过程中可以两头兼顾，不可偏废。

（二）综合活动单元

高中语文统编教材必修上册第四单元"家乡文化生活"比较特殊，它不同于以往以阅读为主的单元，是综合活动单元。以阅读为主的单元指向间接经验（教材选文）的学习，以综合活动为主的单元则指向"采访、考察和查阅文献"等直接经验的建构。为此，该单元的设置突出了学生学习的主体性，改变了以往的教材编写思路，注意将学习情境、学习内容、学习方法整合为一个单元，引导学生在参考框架下自主、合作、探究。深刻领会第四单元的设置意图，才能更好地促进教与学方式的转变。

第四单元包括三项学习活动：记录家乡的人和物、家乡文化生活现状调查、参与家乡文化建设。三项学习活动名称中的动词分别为"记录""调查""参与"，可见，这个单元旨在"用适当的方式关注和参与家乡的文化生活，学习剖析文化现象"。要达到这一目标，就不能把学生封闭在教材里，而是要用教材辅助学生去探索家乡文化，参与家乡文化建设。这就需要为具体的学习者预留进入教材的入口和通道。第四单元为学习者预留的入口和通道主要是"学习活动"中附带的三个表格：访谈记录表、历史建筑登记表、调查报告结构表。这三张表格为学生探索家乡文化提供了参考框架，但参考框架本身不是目的，以参考框架为参考去探索家乡文化建设才是目的。在三张表格搭建的参考框架下，每一个具体的学习者完成的表格都不尽相同，为他们参与教材的建构留出了空间。换言之，这是教材开放性的体现。

好的教材，从来都是确定性和开放性兼备的。确定性，侧重在前文所述的价值维度；开放性，则体现在教师和学生的教材使用上。教师的教材使用，学界关注得多，研究得深；学生的教材使用，则相对地被忽视了。教材的开放性，首先要求转变学生观，如果将学生定位为受教育者，那么教材就会倾向于包办一切，学生的教材使用就只能是被动接受，完全没有参与、创造、建构的可能与空间。如果转变观念，将学生定位为学习者，那么教材就会有"桥梁"的意义，学生的教材使用就能够通过教材迈向真实、复杂、变化中的现实世界。学习是学生进行探究、问题解决、与他人合作、观念协商的过程，在这一过程中，知识需要浸润在非良构的复杂情境中。因此，教材的功能不仅仅是传播陈述性知识，还要肩负起支持和鼓励学生学习与思考的责任，要为学生设计充满挑战的、多功能的开放性与交互性空间。从学生理解的视角研究教材的变革与转型，符合新课程改革的精神。

第四单元在"学习活动"后面还提供了"学习资源"，由三篇文章构成：《调查的技术》《访谈法》《节日与文化》。这三篇文章似乎与"学习活动"没有直接的联系，可能容易被忽视，但它们或指引调查、访谈的方法，或补充传统节日文化知识，都是在为学生甚至教师能力、素养的提升和发展提供有效的支撑。

教材是教育青少年最经济、最有效的教育工具，教材质量是教育质量的重要保障。统编教材体现国家意志，指明主流价值导向，发挥正本清源的作用，它帮助学习者打上中国底色，植入红色基因。教师在教材使用的过程中，应该以立德树人为先，研究统编教材的使用方式，思考单元编排体例的多功能性，研究教材中学科概念、学习任务、内容序列三者的表征，并要努力提升自身识别、分析、解构这些表征的能力和结合学生的实际情况整合这些表征的能力，促进教与学方式的转变。

参考文献：

[1] 温儒敏."部编本"语文教材的编写理念、特色与使用建议[J]. 课程·教材·教法, 2016, 36 (11): 3-11.

[2] 高德胜."文化母乳"：基础教育教材的功能定位[J]. 全球教育展望, 2019, 48 (4): 92-104.

[3] 温儒敏. 统编高中语文教材的特色与使用建议[J]. 语文学习, 2019 (9): 4-10.

从"意图"到"实现"
——普通高中语文统编教材使用中思考的几个问题

陈兴才[①]

与过去的语文教材相比,普通高中语文统编教材(以下简称"新教材")在编写理念、体例结构以及相应的教学指引上都有较大的变化,教师必须以新理念、新方式用好新教材,否则,这一轮新课程改革和新教材建设的意义就会大大减弱。就一线教学来说,几个直接的现实问题需要思考和把握。

一、研究与关注教材的重点应从选文转移到"学习任务"

一直以来,对语文新教材的关注和议论多停留在"哪些新文章入选、哪些老篇目落选"上,甚至讨论热度很高。这说明教师对新教材的关注点主要落在了选文篇目上,而非课程理念和教材理念上。过去的几套语文教材,无论是依据文体、知识体系编排,还是依据人文主题编排,都更像一个独立的选文系统,编写者考虑或花费最大精力之处在于选文的典范性、时代性以及文质兼美,其出发点更多在于"古今中外有哪些好文章要给学生读",而对于课程内容、学法和教法的引导相对不足。而《普通高中语文课程标准(2017年版)》(以下简称"新课标")从过去的"阅读、写作、口语交际"等内容表述中走出来,将语文课程内容设定为"以学科核心素养为纲,以语文实践活动为主线"的18个学习任务群。如此一来,教材的意义就不再是笼统地为阅读而存在的"选文",而是要为18个学习任务群中的阅读与鉴赏、表达与交流、梳理与探究活动提供"语料"和资源,进一步体现了"用教材教"的思想。顺着这个思路思考不难发现,新教材的体例结构与过去相比有着显著的特点与变化。

一是情境和目标表述。每个单元最前面有一段话,虽然不长,但它设定了人文主题、学习情境(提供与学生成长、学科核心素养相关的学习的必要性)和相应学习任务群的目标、内容、任务(过去的教材,在单元选文前也可能有类似表述,但它更看重文本本身包括文本内容信息和人文主旨、文体知识等),单元选文的文本价值更多地体现了服务于本单元学习任务群的情境、目标、内容及任务。如新教材必修上册第六单元中《拿来主义》一文,

---

① 陈兴才,西安交通大学苏州附属中学教师,语文特级教师。

在过去的教材中，或以人文主题为出发点放在"文明、文化的碰撞、对话中"，或从文体角度考虑放在"议论文阅读"中，而新教材将之放入"思辨性阅读与表达"学习任务群，并且将本单元主题定为"学习之道"，设定了学习目标和内容。

学习本单元，以"学习之道"为核心，通过梳理、探究和反思，形成正确的学习观，改进学习方法，提高学习能力。要准确把握作者的观点和态度，关注作者思考问题的角度，学习他们有针对性地表达观点的方法；学会发现问题，从合适的角度以恰当的方式阐述自己的看法。

这一切，瞄准的是核心素养，教材选文在这完全是学习资料或教学凭借。

二是学习提示和单元学习任务。新教材最不应该被忽视的，也是本套教材最大的创新之处在于学习提示和单元学习任务的功能区分。

"学习提示"附在每篇选文后面，其实是对文本的关注，是对学生阅读文本做出的提示，包括阅读选文的重点和难点，需要思考的地方和问题，等等。

"单元学习任务"的设计是新教材的精华与特点所在。按照新课标的要求，新教材是以"学习任务群"来整合单元教学的。使用新教材最明显的教学变化是，教师突破了单篇阅读精讲细析的固定模式，更加放手让学生自主学习，让学生在语言实践中建构语文学科核心素养。把过去单篇的课文教学组合为"学习任务群"，并且以任务群来组织单元教学，这样做，教学的目标更加集中且清晰，教学不需面面俱到，也可避免什么课都大致是那一套程式的"同质化"弊病。

学习任务群是基于问题解决的语文学习活动（阅读与鉴赏、表达与交流、梳理与探究）的组合，它有自己的线索（中心任务），而不是文本里有什么重要的东西，就成为教和学的重点。中心任务会包括多个子任务（或称为"活动"），它们都为解决一个中心问题而存在。

依然以新教材必修上册第六单元为例，这一单元的中心任务是"形成自己的学习之道"，教材中给出了一系列活动建议：（1）把握各选文的中心议题或观点、主张，摘录或积累名言警句，谈自己的体会。（2）分享读书或求学故事、经历。（3）分析对比和比喻的方法在阐发观点上的作用。（4）分析作者是如何针对性辩驳、剖析和开"药方"的。（5）考察与发现新时代"学习"中的新问题、新话题，写作《"劝学"新说》。

关注教材的这个结构特点，把关注点从"选文里有什么"转移到"学习任务"上来，是新教材使用中首先要解决的问题。

二、学习内容和目标从文本中心转向素养中心

过去常说一句话："教材（选文）是例子，语文教学是用教材教而不是教教材。"这个观念很多人会说，却在实施中走样——语文教师日常话语最常见的是"教到哪篇课文了""还有几篇文章要教"，这些话语反映的是语文教学一直难以转变的"文本中心"观，包括过去多少年到现在还在论争的"教言语形式还是文本内容"，也是文本中心的产物。无论是教言语形式还是文本内容，其上位观念都是将文本作为学习的中心，而新课标确立的教学总目标是"核心素养"，文本只是一个凭借、一个载体。"素养目标"的确定，决定了教师将如何用好文本教材。

仍以新教材必修上册第六单元为例，笔者为这个单元确定如下学习目标和内容。

【学习目标】

1. 阅读本单元古今中外探讨学习问题的名篇，能联系作者的思想主张和写作背景，把握作者的观点、态度，能分析作者的论说依据、方法与思路，辨识论证逻辑。

2. 阅读与分析本单元各类选文，理解作者提出的学习之道、从师之道、改造学风、借鉴吸纳、开放与创新等重要的学习命题，在此基础上，结合自己的学习体验，形成自己的学习之道。

3. 通过本单元的学习实践，能获得思辨性阅读与表达的初步经验，并形成有效的思维方法和良好的思辨品质，理性、宽容、平等地参与讨论和辩论。对学习话题，能表达和阐发自己的观点，并能做到有理、有据、有针对性。

【学习内容】

1. 阅读与鉴赏：阅读本单元的六篇文章，把握作者的观点、态度，辨识其论述的方法和逻辑，并做出自己的评价。

2. 表达与交流：依据课文，就学习的意义、态度、方法、途径等展开讨论，形成自己的观点、主张，学写分析、评价短文，针对不同观点进行辩驳性写作，参与辩论。

3. 梳理与探究：结合新时代特点和学习内容、路径的变化，发现学习中的新问题，探究学习新方法，写作《"劝学"新说》。

这样确立目标和内容，是希望在语言实践中达成学生真正的语文学科核心素养，而文本只是学习和讨论的材料或平台。

在整本书阅读教学中也是如此。读整本书不只是为了这本书，而是要把

目标放在阅读中形成的综合素养上，即会读、会赏、能思，善表达和交流，有好的习惯和方法。因此，教师不必对一本名著进行全面的文本透析，而应把重心放在设计好阅读任务、组织好学生的阅读活动上。教师的教学取向，需从"讲书"转变到"设计任务、组织阅读活动"，体现的正是"文本中心"向"素养中心"的转移。

三、"学习任务群"教学中，单篇文本的价值如何实现

新教材的教学以"单元学习任务"展开，这就带来了一个问题：依照过去的单篇教学形态，会导致整合性不强；完全按照"单元学习任务群"展开，又会有单篇特别是经典文本的教学价值失落的担忧。如何处理这个矛盾？

首先要弄清单篇教学和单元学习任务群的不同：单篇教学是以篇章学习（主要是阅读）为单位，而学习任务群是以"学习行为、方式、过程、内容"为"课程"描述；单篇教学的立足点是这一篇文章，教学时，教师更多的是从这篇文章本身蕴含的文本价值出发来设计教学，往往追求把这篇文章读透、讲透，而学习任务群的价值取向是"素养"；单篇教学并不一定是知识中心或文本中心的，但事实上过去的教学，绝大部分都是围绕"这篇文章里有什么"来展开的，而学习任务群的核心在于"任务"设计，"任务"的含义是学生要完成的学习任务，这个任务的性质是指向学生素养的，文本或者说学科内容只是达成素养的一个凭借；单篇教学的思维场和话语场都较单一，而学习任务群往往包含了多样文本，过去所说的"拓展和延伸"式学习，现在已经被常态化、正常化，成为任务的组成部分，更便于开展深度学习。

理解新课标和新教材里提示的"学习任务群"概念，是就单元多任务组合而言的，其基础是"学习任务"，理解和把握"学习任务"的概念更重要。什么是任务呢？基于"问题解决"，为之提供方案，即为"任务"，它指向学生的素养，而不是静态的文本知识、信息。任务又可细化为"子任务"或"学习活动"。据此，我们在处理单篇经典文本时，自然就有了两条路径。

第一条路径是在单元任务设计中反复或多次观照。在学习任务群中，并不忽视单篇文本的独立价值，而是要让单文本价值与任务群学习价值取得一个平衡和统整，这个平衡和统整依靠任务设计来实现。对于经典的文本，我们并非不重视或只是蜻蜓点水式地使用，而是按照素养目标取用并通过设计任务来观照。如《药》这篇小说，是名家名篇，经典意义显著。在笔者设计的"思辨性阅读与表达·问天下谁是英雄"的学习任务群中，就多次设计任务来尽其所用，实现它的文本独立价值：用《丹柯》里丹柯的悲剧命运来解

释夏瑜的命运——指向人物形象；转换叙述视角，以夏家为明线来重新写作小说——指向小说表现手法；想象夏瑜在狱中就义前的情景写作——指向小说"无法启蒙群众的悲哀"的主旨。

这一系列任务，不同于过去就文解文的教学，而是用读写任务的形式展开，既深度实现了文本的独立价值，也紧紧扣住了任务群所要达成的素养目标，其学习效果更优于以往。

还有一条路径，即对经典文本进行相对独立的重点教学，在原单元学习任务群框架中，为它专门设计子任务。如《项脊轩志》这个单篇，除了放在相应的单元中进行整体教学之外，有教师专门设计了"项脊轩重建"的任务：（1）为项脊轩的重建做一份选址和格局（环境）说明。（2）如果要重现当年的情境，哪几个场景（生活片段）必不可少？请你提供描述性方案。（3）如果项脊轩中要陈列人物雕塑，会安排哪些人物？请你对其姿态神情做出描述。（4）写一篇《项脊轩修复记》或《项脊轩开放前言》。

这种单篇经典文本的"子任务群"学习设计，对于刚刚开始使用新教材、采用新教法的教师来说特别有意义，有助于其确立"素养中心"意识，理解与把握"任务"，尝试"微课程"的开发与实施。

四、"学习任务群"教学中，如何看待与处理写作教学

新课标把语文实践活动概括为三类：阅读与鉴赏、表达与交流、梳理与探究。这三类活动不是平面铺开的三个领域，而是涵盖了学生在语文学习中的所有行为。阅读和鉴赏有了体验、成果，就需要辅以表达和交流；梳理、探究中会有发现并形成观点、看法，同样需要表达与交流；表达与交流既构成阅读、探究的过程，也是阅读、探究的外化和输出，写作其实已经包含在其中了。也就是说，在新课标、新教材的理念中，读写是一体的，是互相成就的。

过去，教师习惯上不把附着于阅读与鉴赏过程中的表达与交流当"写作"，而另外有一种叫"作文"的东西存在。随着语文课程研究的深入和对中学生写作功用研究的深入，我们会发现，过去那种端起架子的文章学意义上的"作文"（形态较固定，常常文艺腔）反映的是不正常的中学生写作状态。相反，基于交际的、生活运用的、语境意义上的有着明确表达目的的写作才是中学生写作的本旨所在。

这样一来，新课标和新教材把读写融为一体，读中有写，写与读交缠，是合理的，指向了学生的语言实践应用。

如前文所列新教材必修上册第六单元包含的学习任务：（1）把握各选文的中心议题或观点、主张，摘录或积累名言警句，谈自己的体会。（2）分享读书或求学故事、经历。（3）分析对比和比喻的方法在阐发观点上的作用。（4）分析作者是如何针对性辩驳、剖析和开"药方"的。（5）考察与发现新时代"学习"中的新问题、新话题，写作《"劝学"新说》。

我们仔细分析这一组学习任务，可以发现：任务（1）是片段性、随感性写作，任务（2）是叙事类写作，任务（3）和任务（4）是鉴赏性、阐释性、印证性写作，任务（5）是整篇论述性写作。

如果提出字数要求的话，大概有两千多字，比起原来的所谓两周写一次"大作文"，写作量大大增加，而且另有重要意义——读为写提供情境、语境、对象，写又深化了读；同时，随着每一个单元的推进，单元主题之间又构成了学生的"语文生活"（即写作领域）的内在序列。另外，在每个单元学习任务的后面，往往还附有一篇写作知识短文，如第六单元后面所附《议论要有针对性》，正好适配了本单元读写的核心要求。

可能有教师会问：这样的读写一体性写作，能不能完成中学生写作的目标？考试时应该如何应对？这种担忧并无必要。因为把表达与交流融合于阅读与鉴赏、梳理与探究中，写作量大大增加，写作形式更加丰富，文体更加多样，适用性更强，叙事、杂感、虚构、说明、新闻、鉴赏、评价、论证、阐释……各种主题会在日常教学中全面涉及，大小兼顾。从效果上看，这是过去形式单一、以考代教的所谓"作文"练习所达不到的。而且，就高考作文考查来说，命题与评价更侧重于交际语境中的、有着显著表达目的、功用性很强的写作（如2015年以来的全国卷任务型写作），近几年的北京卷则在名著考查中，把写作和整本书阅读融为一体，既考查阅读，又考查表达，这些都与读写一体的设计理念相吻合。

学习任务群视域中课文的价值功能与单元教学设计

杨志宏[①]

随着《普通高中语文课程标准（2017年版）》（以下简称《高中语文课程标准》）的颁布和统编教材的出版，语文学习任务与实践活动的设计成为讨论的热点。这对于推进语文教学革新，构建基于任务学习的教学范式无疑具有重要的意义。但课文作为教材的主体内容和语文学习的主要对象，在学习任务群的单元组合中具有怎样的价值功能，需要我们重新审视。

文本是语文教学的一个基本要素，在语文读写活动中，文本是最主要的学习对象。选择什么样的文本作为课文，不仅体现单元组合的结构体例和教材特点，而且体现编者对课标精神的理解、对语文课程的思考、对语文教学的构想。在以往的语文教材中，单元的学习内容基本上就是一篇篇相对独立的课文，它既是课程知识的载体，又是言语和思维训练的素材，因此，很容易使"语文"窄化为"课文"。在统编教材中，"课文不再像以往那样基本是单篇成课，而是以主题、内容或写法聚合，打破文体限制，以单篇加多篇的方式组合成单元教学资源，带有明显的整合性质"[1]。因此，我们要深刻理解课文在学习任务群中的价值功能，这是设计基于任务学习的单元教学方案的前提。

一、课文在学习任务群中的多重价值功能

高中语文统编教材以人文主题和学习任务群两条线索组织单元，每个单元由单元导语、课文、学习提示和单元学习任务四个部分组成。"学习任务群"是2017年版课程标准对高中语文课程内容形态的全新设计，它"以任务为导向，以学习项目为载体，整合学习情境、学习内容、学习方法和学习资源，引导学生在运用语言的过程中提升语文素养。若干学习项目组成了学习任务群"[2]。因此，高中语文统编教材中每个单元都可看作一个学习项目，它是一个整合了学习情境、学习内容、学习方法和学习资源的有机整体。这个学习项目包含着两个系统：一是以课文为中心的资源系统，包括课文和与之相关的文字、图片、音像等各种素材；一是以单元导语、学习提示和单元学

---

① 杨志宏，安徽省安庆市田家炳中学高级教师。

习任务构成的助学系统,提供课文学习及语文实践的目标方向、学习情境、学习方式、实践活动等方面的指引和支架。由此可见,课文在单元的构成中居于核心位置,是整个学习项目的"支点"。

与以往的教材相比,统编教材的课文的价值功能既有共性,又有差异。

(一) 课文是文化传承的经典

以"文"化人是语文课程的独特使命,也是语文教育的优良传统。《高中语文课程标准》强调:"教材编写要高度重视继承和弘扬中华优秀传统文化、革命文化和社会主义先进文化,自觉维护国家统一和民族团结,体现对文化多样性的理解和尊重,有助于学生增强民族自尊心、爱国感情和文化自信,形成正确的世界观、人生观和价值观。"进入教材供学生学习的文本基本上都是不同时代的典范之作,凝聚着中外优秀文化。这些课文为涵养学生的道德情操和人格品质提供了丰富的人文养料。如高中语文统编教材必修上册第六单元选编了《劝学》《师说》《反对党八股》《拿来主义》《读书:目的和前提》《上图书馆》六篇文章,这些课文围绕"学习之道"这个主题,呈现出不同时代、不同立场对于"学习"的思考与认识。这些课文不仅给学生"学会学习"带来启迪,更给学生呈现出不同时代的社会风貌和作者个人的思想魅力,使学生在学习课文的过程中实现文化传承,增强文化自信。

(二) 课文是读写训练的范例

语文课程是一门学习语言文字运用的综合性、实践性课程。课文作为语文学习的对象,它本身首先是语言文字运用的典范,是学生学习语言文字运用、进行读写训练的范例。如第六单元对应的学习任务群是"思辨性阅读和表达",这些课文就是"思辨性表达"的范例,在论证说理上各具特色,如《劝学》《拿来主义》的比喻论证、《师说》的对比论证、《反对党八股》的并列结构与形象幽默的语言等。学习这些课文,有一个重要的目的就是学习如何发现问题、分析问题,如何阐述道理、论证观点。学生依托课文发展理性思维,练习有的放矢地论证说理,促进语文学科核心素养的发展。

(三) 课文是任务学习的"支架"

课文作为文化传承的经典和读写训练的范例,是以往教材的共同功能,而统编教材中的课文除以上两个方面的功能外,还是任务学习的"支架"。以学习任务群为线索组织的单元,完成真实情境中的任务是单元语文学习的路径,课文及其相关的学习材料都是完成单元学习任务的资源。因而,课文不仅是学习的对象,更是帮助学生进行语文实践活动、达成单元学习任务的"支架"。如第六单元的"单元学习任务"中第一项任务:"从几篇课文中摘录一些名言警句，谈谈自己的心得体会"，"这些场景带给你什么样的感受？你有过哪些难忘的读书经历？跟同学分享一下"。我们可以看到学习任务是交流心得体会和分享读书经历，而课文中作者的观点、经历和感受，是为学生的交流分享活动提供借鉴，可以看作任务学习中的一个"支架"。再看第三项任务："《劝学》是……《师说》是……随着社会的发展变化，……针对当下学习中的某些问题，以《'劝学'新说》为题，写一篇不少于800字的文章。"在这项任务里，《劝学》《师说》等课文是启发学生思考"当下学习中的某些问题"的例子，其目的是为学生搭建写作的"支架"。

因此，在学习任务群组合的单元中，课文既是学习对象，承担着文化传承和读写范例的功能，又是学习资源，是整个单元学习任务的基础部分，是学生完成单元学习任务的"支架"。这正是我们使用统编教材时需要正确对待和恰当处理的问题：一方面，要避免把"语文"窄化为"课文"，走上以往只重视课文讲解分析的老路；另一方面，也不能只重视学习任务和实践活动的设计，而忽视课文本身的阅读和欣赏。

二、基于任务学习的单元教学设计

统编教材单元组合的结构体例充分体现课标精神，以单元学习任务为驱动，以语文实践活动为主线，将学习内容、学习资源、学习情境、学习方式整合为一个学习项目。这样的编排吸收了任务型学习和项目学习的教学理念，突出了语文课程综合性和实践性的特点，促进了语文教学和学生学习方式的变革。"新教材提倡的是以学习任务群为中心的大单元教学，要先明确单元所承担的任务是什么，然后以任务来带动整个单元的教学。教材中的单元学习任务，不是课后练习，而是设计这个单元教学的依据，也是学生用以整合单元课文阅读与写作的抓手。"[3]因此，要根据单元组合编排的特点，将课文阅读置于整个单元教学中进行整体设计，从而构建一种基于任务学习的大单元教学范式。

（一）依据单元任务选择教学内容

如何确定课文的教学内容一直以来都是语文教学关注的焦点。以往单篇课文的教学往往从文体角度选择教学内容，从文章结构到思想内容，从写作方法到语言特色，形成了以知识为中心的教学范式。统编教材依据人文主题和学习任务群来组合单元，突破了文体的局限，所以，课文的教学内容要依据单元任务来进行选择，使之符合学习任务群的目标要求和教材的编写意图。

如高中语文统编教材必修上册第六单元的核心任务有三项：一是以"学

习之道"为核心，通过梳理、探究和反思，形成正确的学习观，改进学习方法，提高学习能力；二是准确把握作者的观点和态度，关注作者思考问题的角度，学习他们有针对性地表达观点的方法；三是学会发现问题，从合适的角度以恰当的方式阐述自己的看法。根据以上核心任务，本单元课文的教学内容主要有：(1) 理解作者对于"学习"的观点、方法和经历，为自己反思"学习"提供借鉴。(2) 分析作者思考问题的角度和论证说理的方法，为自己有针对性地表达观点提供范例。至于《劝学》《师说》中的文言知识与文化常识、朗读和翻译，《改造我们的学习》《拿来主义》等议论文的结构、论证方法等知识性内容的学习都渗透和整合到任务当中，引导学生在自主学习中解决，而不单独列出来讲解分析，避免语文教学的碎片化。

（二）注重课文间的关联与比较

以往教材的单元编排虽然也有一定的线索，或者文体，或者主题，但课文之间的关联并不紧密，所以课文的教学大多采用单篇教学。在统编教材中，单元学习任务统领了课文、学习情境、实践活动，课文并不是独立的，而是为实施和完成单元学习任务而存在的。因此，在设计单元教学时，首先，我们要注重课文之间的关联，通过比较阅读的方式，构建群文教学的模式。将课文关联起来的纽带就是人文主题和学习任务群，如第六单元的人文主题是"学习之道"，那么，"为什么学习"和"怎样学习"这两个问题就将本单元的课文贯串起来，使它们成为一个群组。其次，每篇课文针对的问题、思考的角度、说理的方式各有不同，给学生带来不同的启发，因而有必要进行比较阅读，以获取多方面的启发。

例如，根据单元学习任务二，我们可以引导学生从针对的问题、作者的观点、论证结构、论证方法等方面，对《劝学》《师说》《改造我们的学习》《拿来主义》四篇课文进行比较探究，以梳理作者的论述思路，体会其说理艺术。

（三）优化学习活动与教学过程的设计

单元导语、学习提示、单元学习任务构成单元的助学系统，指引本单元的学习目标、学习任务，学习情境的创设和活动形式，以促进学生主动学习。这些内容为设计单元教学提供了思路和启示，但如何在教学中组织和实施任务学习，需要教师根据学情做进一步的优化和细化，精心设计语文实践的活动形式和教学过程。事实上，基于任务学习的单元教学最困难的地方不是单元学习任务的设计，而是教学的组织和实施，因为教师要结合具体的学情、时空环境、现实条件等各种主客观因素来设计教学过程，以最大限度地激发全体学生参与到任务学习中来。例如，对于第六单元的单元学习任务一"交流分享自己的心得体会和读书经历"，教师就需要思考以下问题：有限的课堂教学时间，如何力求人人参与？怎样引导学生通过课文观照自我，做到言之有物？怎样激发学生主动与同学交流分享？……如果没有恰当的教学活动和精心组织的教学过程，这一学习任务就可能流于形式，学生也难以有实质性的收获。

必修上册第六单元的单元学习任务共有三项：（1）阅读文章，交流和分享自己的学习经历和心得体会；（2）梳理作者的论述思路，体会其说理艺术，探究作者如何阐释"学习之道"；（3）思考当下学习中的某些问题，学习针对性议论的方法，写一篇议论文。我们可以对单元学习任务的学习活动和组织实施做如下设计。

第一课段：认识与体验——我们如何面对"学习"

【学习任务】

1. 阅读本单元课文，梳理作者关于"学习"的观点、见解和经历。

2. 搜集《论语》《学记》等著作中关于学习的名言警句和其他名人的学习故事，并结合课文、社会现实和自己的学习经历，思考"为什么学习"和"怎样学习"，准备学习经验交流的发言稿。

【学生活动与教学过程】

1. 诵读《劝学》《师说》，并结合注释与工具书翻译课文，整理积累文言知识。教师指导诵读方法、翻译方法、文言知识学习方法。（2课时）

2. 探究《劝学》《师说》《改造我们的学习》《拿来主义》的写作意图，以图表的方式分别列出作者针对的问题、观点、态度。分小组讨论作者的观点和见解给我们哪些启示。（1课时）

3. 略读《读书：目的和前提》《上图书馆》，梳理作者的读书经历和体会，并搜集《论语》《学记》等著作中关于学习的名言警句及名人学习故事，结合自己的学习经历和体验，准备一篇发言稿，在小组内交流，然后推荐代表在班级举办的"学习经验交流会"中发言。（1课时）

4. 举办"学习经验交流会"，各小组代表分享自己的学习经验。（1课时）

第二课段：探究与发现——我们怎样进行针对性议论

【学习任务】

1. 梳理《劝学》《师说》《改造我们的学习》《拿来主义》针对的具体问题，探究如何从社会和生活的现象中发现问题。

2. 梳理《劝学》《师说》《改造我们的学习》《拿来主义》的说理方式，

体会说理的艺术，学习如何进行针对性议论。

【学生活动与教学过程】

1. 小组合作探究，以表格的形式分别列出《劝学》《师说》《改造我们的学习》《拿来主义》针对的问题、作者的观点、文章的论证结构和论证方法，并讨论不同的论证结构和论证方法有何效果。（1课时）

2. 小组代表汇报探究学习的发现，并从课文中列举具体例子佐证自己的观点。（1课时）

第三课段：反思与创作——"改造"我们的学习

【学习任务】

1. 梳理社会、班级和自身在学习方面的一些错误认识和行为表现，结合课文的学习，思考我们该树立怎样的学习观，应该采用怎样的学习态度和学习方法。选取恰当的角度写一篇议论文，提高发现问题和进行针对性议论的能力。

2. 编辑班级优秀作文选。

【学生活动与教学过程】

1. 小组讨论社会、班级和自身在学习方面的一些错误认识和行为表现，反思"为什么学习""应该如何学习"，形成自己的观点。

2. 在讨论的基础上，学习本单元课文的论证结构和论证方法，选择一个具体问题，写一篇议论文。（1课时）

3. 课后，小组合作阅读和评点本组同学的作文，讨论作文的得失，推荐优秀作文。课堂上推荐本组优秀作文，并陈述推荐理由。讨论如何编选《我们的"学习之道"——班级优秀作文选辑》，选举编委会，课后完成编辑工作。（1课时）

以上是依据教材中的单元学习任务，结合课文特点和课堂教学实际而设计的学习活动和教学过程，重点将课文的学习与学生的真实生活联系起来，创设真实情境中的语文实践活动，促进学生自主、合作、探究地学习，在基于任务的学习过程中建构语文核心素养。

（四）加强表现性评价的设计

以往的教学评价主要以纸笔考试为主，这种单一的自上而下的评价方式，过于注重学习的结果，忽略学生的学习过程，不利于学生调整和改进学习，而且容易抑制学生的学习积极性。基于任务学习的单元教学要加强表现性评价的设计，引导学生关注自己在学习过程中的表现，使学生发现自己的优点与不足，激励他们不断调整和改进自己的学习。表现性评价包括对学习行为的评价和对学习成果的评价。学习行为的评价是引导学生通过自我评价、相互评议等方式反思自己的学习态度、学习方法、学习收获，从而不断改进自己的学习行为，改善学习的效果。如设计任务实施过程中的表现性评价量表，从对任务的认识、参与度、学习方法、学习心得等方面进行自评或互评。学习成果的评价是通过对任务学习的成果进行评价，引导学生在成果的表现性评价中提高分析问题和解决问题的能力，增强自信心和成就感，主动学习。学习成果可以是活动类，如诗歌朗诵会、读书交流会等；可以是文字作品，如学生的学习笔记、作文、作品选等；还可以是其他形式的成果，如音乐美术作品、视频、个人网页等。表现性评价的关键是引导学生参与到评价中来，自觉反思自己的学习态度、行为和方法，从而激发学生的主动意识，不断改进自己的学习方式，改善学习的效果。

三、结语

在基于任务学习的单元教学中，课文是学习的资源，是任务学习的出发点，它与学习任务、实践活动一起构成一条发展语文核心素养的实现路径。课文本身不是学习的目的，所以我们不能像以往那样一篇篇地去分析和讲解课文，但也不能忽视课文作为文化经典和读写范例的功能，只偏重学习任务和实践活动的设计，使任务学习流于形式。课文仍然是语文学习的重要对象，只不过教师不应用分析讲解代替学生阅读，而应通过设计真实情境中的学习任务，引导学生主动地读、深入地读，并在阅读经典中进行自我观照，获得独特的感受和发现。教师的角色应转变为学习任务的设计者、学习过程的组织者和管理者、学生学习的指导者和帮助者，构建起以"学"为中心、"教"为辅助的语文教学新范式。

参考文献：

[1] 王本华. 统编高中语文教材的特点与亮点 [J]. 语文教学通讯，2019（25）：9-13.

[2] 中华人民共和国教育部. 普通高中语文课程标准（2017年版）[M]. 北京：人民教育出版社，2018.

[3] 温儒敏. 统编高中语文教材的特色与使用建议 [J]. 语文学习，2019（9）：4-10.

语文统编教材大单元分析框架构建及其运用

刘　飞[①]

为应对新时代"培养什么样的人以及如何培养人"的要求,教育部在基础教育阶段不仅展开了课程标准的修订工作,还统编了语文、道德与法治(思想政治)、历史三科新教材。对语文统编教材的理解和使用成为评价语文教师专业素养水平的重要维度之一。

一、语文统编教材的编排特点

语文统编教材相对以往语文教材的创新点主要体现在编写理念和内容体例两个方面。

1. 编写理念

根据已有研究文献,尤其是统编教材相关编者论述,此套教材编写理念如下。

第一,体现社会主义核心价值观,做到"整体规划,有机渗透"[1]。教材建设是国家事权,尤其是语文教材的内涵丰富,意蕴深广,渗透着政治、经济、思想、道德、文化、审美等多种元素。在编写"立意"方面,统编教材始终站在"把立德树人作为教育的根本任务"的思想高位上,在中小学12年、五个学段中对社会主义核心价值观进行"润物无声地整体渗透"。

第二,遵循语文课程标准的方向引领,做到"守正创新,破立并举"。课程标准有规范、指导教材编写的功用,有什么样的课程标准就理应有什么样的课程教材。语文统编教材力争在"破立并举"的目标指引下实现"守正"基础上的"创新"[2]。其中,"守正"主要指教材编写吸收以往课程改革中的成功经验,把握传统教材编写中的基本规律,如语文知识的随文学习及其科学有序的编排等;"创新"主要指教材编写契合课程标准新理念,借鉴国际母语教育新思想,如整本书阅读、项目化学习等。

第三,追求语文学科核心素养的课程定位,做到"以人为本,目标一致"。统编语文教材是落实立德树人的重要载体,因此,德育为先、以人为本是教材编写的内在要求。[3]核心素养是落实立德树人教育的理论构想,语文统

[①] 刘飞,南京师范大学课程与教学研究所博士研究生,淮阴师范学院教师教育学院讲师。

编教材编写应体现对学生学科核心素养的培育。比如，初中语文统编教材在课后练习的"思考探究"中就采用了"明示"和"潜藏"两种方法来表现语文学科核心素养。[4]"德育为先"和"素养为重"的价值追求连贯一致地蕴含在统编教材的内容和形式之中。

2. 内容体例

如此套教材总主编温儒敏先生所言，教材内容编写方面最大亮点就是采用"更加灵活的单元结构体例"[1]（小学第一学段除外），具体如下。

第一，以"人文主题+语文要素"双线组元。已往教材多以"人文主题""文体""能力"等要素单线组元，这几种组元方式分别会导致教材结构松散和教学情感标签化、因文体分类困难而使不同学段学习内容重复和低效、束缚教师教学思路进而忽略选文其他价值等问题。对此，双线组元的设计思路能够起到一定的优化和调适作用，"既强调语文与生活的联系，重视主流文化与传统文化的渗透，促进学生形成正确的世界观、人生观、价值观；又保证了语文综合素养的基本训练，每课一得，使教学有一条大致可以把握的线索，也有层级序列较为清晰的梯度结构"[2]。换言之，既强调落实立德树人（社会主义核心价值观、中国特色社会主义文化等），又重视发展核心素养（必备品格、关键能力等）。编写理念中的第一条和第三条在此得到了呼应和凸显。

第二，结构化地编排单元内容。高中语文统编教材一方面从"理想信念""文化自信""责任担当"三个角度构建"人文主题"教育体系，另一方面又以"学习任务群"为线索统筹规划、有机整合单元教学。[5]而义务教育阶段语文统编教材的结构主义色彩同样浓厚[6]，将表现学科核心素养的各个基本因素"分成若干个知识或能力训练的'点'，由浅入深，由易及难，分布并体现在各个单元的课文导引或习题设计之中"[1]，进而实现"按照'课标'的学段目标要求来细化那些知识的掌握与能力的训练，落实到各个单元"[1]的编写要求。编写理念的第二条在此同样得到了呼应和凸显。另外，结构化设计还体现为教材单元的板块设计，比如，小学高年级教材单元板块主要为"阅读+口语交际/习作+语文园地"，初中主要为"阅读+写作"或"阅读+写作+口语交际/综合性学习/名著导读/课外古诗词诵读"，高中主要为"阅读+单元学习任务"。

二、语文统编教材需要单元整合教学

语文统编教材需要单元整合教学，对此可从以下三个方面予以解释。

1. 学科核心素养培育的现实呼唤

新一轮课程改革的重点是学科核心素养的培育，而学科核心素养既是学科育人价值的集中体现，也是学生通过学科学习逐步形成的正确价值观、必备品格和关键能力。为此，需要发挥学科课程的综合效应以促进学生学科核心素养的发展。

语文统编教材是语文核心素养培育的重要凭借，教师必然需要从语文核心素养教学的现实需求出发理解和使用教材。而指向语文学科核心素养的教学旨在立足语言、思维、审美、文化四要素，从过于关注知识的线性排列、技能的分点训练、课文的单篇教学，转变为整合目标、情境、内容、任务、方法、资源等的单元一体化教学。这样更有利于促进学生摆脱"知识技能存储器"的角色固化，塑造学科核心素养发展者的形象。所以，学科核心素养导向下的语文教学呼唤单元整合教学。

2. 语文课程标准的内在要求

语文统编教材是基于课程标准编写而成的，那么，课程标准的理念主张自然也应成为理解和使用统编教材的理念主张。《普通高中语文课程标准（2017年版）》渗透着浓厚的"整合"思想，该词在文本中一共出现21次。不管是语文学科核心素养的目标定位，还是学习任务群的内容形态，抑或是语文实践活动的教学表现，实际上都意在规避课堂学习的碎片化或知识摄取的零散化问题。知识一定是联系的而非孤立的，能力是全面的而非单一的。所以，只有在单元整合教学中，学生才能习得"竖成线、横成片、立成网"的知识架构，达成"精细、厚实、全面"的能力表现。

3. 语文统编教材的必然选择

根据前文可知，语文统编教材是基于课程标准、围绕学科核心素养编写而成的，仅从这点来说，理解与使用教材也需要单元整合教学理念的介入。就语文统编教材本身而言，其坚持"单元设计"体例，采用双线组元形式结构化地编排教学内容，这首先就为基于教材单元设计单元整合教学提供了方便和可能。另外，课程视野中的教材单元本是有机的关联整体，但若只让学生沉浸于单篇课文教学之中，不去思考局部与整体、课文与课程的关系，不仅容易造成学生体验学习的模糊、琐碎，而且无法促使学生获得深度持久的理解和认识。

三、大单元教学设计的内涵属性

根据上文所述，单元整合教学是当前语文教学的应然取向。但什么是

"单元",如何基于"单元"进行整合或整体教学,需要予以阐明。

教育视域中的所谓"单元"大体可以分为两类:第一类是以系统化内容为基础而构成的教材单元或学科单元,具体表现为一种有组织的知识模块;第二类是以学生真实生活经验为基础而构成的活动单元或经验单元,具体表现为一种有机的学习过程。[7]反观现实语文教学,我们对两种单元的理解和实践都存在一定的偏差。单篇课文的教学模式下必然存在肢解知识模块的问题,课堂授受的教学形态中也必然存在消散完整的学习过程的危险。对此,华东师范大学崔允漷教授给予了一定的回应。他认为"普通高中新课程标准明确了各学科教学的逻辑起点是学科核心素养目标的达成。目标从知识点的了解、理解与记忆,转变为学科核心素养的关键能力、必备品格与价值观念的培育,这要求教师必须提升教学设计的站位,即从关注单一的知识点、课时转变为大单元设计"[8]。其中所提的"大单元"实际上就是教师在语文统编教材中教材单元的基础上,创设"活动单元"的一种主张。这种主张可以有两种解释:第一种是基于教材单元固有结构进行内容重组、资源补充与教学整合;第二种是打破教材单元固有结构,用系统论的方法对教材中"具有某种内在关联性"的内容进行分析、重组、整合[8]。结合语文统编教材良好的内容结构化特征,本文所欲构建的大单元教学设计框架主要指向第一种解释,即立足语文核心素养,基于教材单元固有结构,对情境、内容、方法、资源等进行大单元整合设计。这种情况下,一个"大单元"就是一门"微课程",根据教材册数及其单元个数,多个内在关联的"微课程"将构成一门学科课程。所以不仅要关注单独的教材单元,还要站在课程链条上去理解相互联系的多个教材单元,这样的"大单元"才更加科学、专业,据此构建的"大单元教学设计框架"也才更具教学指导意义。

由上,概括地说,大单元教学设计应具有三大特征。第一,体现教学组织的结构性与一致性。"大单元"理念能够开拓教师教学设计的视野,对目标、任务、活动、表现、评价等诸多设计要素进行结构化的、通盘性的考虑。第二,体现学习过程的整体性与系统性。大单元教学设计不仅对课程资源、知识内容进行整合,也是对学生行为、思维活动的整合,更是对学校教育与现实生活的整合。尤其是它可以改善完整的课程被"一节一节的教学课时"所割裂的情况。第三,体现不同主体的发展性与创造性。无论什么层级、什么类型的课程,最终都要还原成满足学生自主发展的生本课程[9]。因此,大单元教学设计既要考虑每个学生基础的、一般性的目标追求,又要满足部分学生特别的、个性化的发展需要,尽可能激发学生的学习兴趣,鼓励学生的创造性表现。

四、大单元教学设计框架构建理路

无论何种教学设计都少不了对三个问题的追诉："学生要到哪里去""学生如何到那里""怎么证明学生到了那里"，分别对应教学设计中的目标、教学与评价三个要素。那么如何从大单元教学设计的角度去把握这三个要素呢？

1. "大概念"与教学目标

《普通高中课程方案（2017年版）》指出，新的学科课程"重视以学科大概念为核心，使课程内容结构化，以主题为引领，使课程内容情境化，促进学科核心素养的落实"。对于其中的"大概念"，学界有不同的理解模型，如爬梯登山型、拼图拓展型、马拉松训练型、树状生长型等。[10]但对其特征和功能却有共识，如超越具体情境，具有概括性、永恒性、普遍性、抽象性；摆脱知识技能琐碎的困境，有助于设计连续、聚焦、一致的课程。[11]很显然，大概念的特征和功能既符合语文学科核心素养培育的要求（学习迁移），又体现大单元教学设计的价值（课程整合）。从教学内容角度看，我们认为大概念就是基于现实或事实抽象出来的概念，能够将多种知识技能有意义地关联起来，一旦掌握，即可迁移地运用于不同情境，表现形式多为能够"跨越时间、地点和情境的概念性的句子"[12]，它们往往居于学科课程中心，阐释力极高。这样的大概念无疑可以成为大单元教学目标设计的"脚手架"。另外，大概念虽跨越时间、地点和情境，但在习得过程中仍需依托于具体的情境、任务、活动等，不然教学就有可能旁落，变得没有意义。

2. "大任务"与教学活动

有了大概念的目标追求，理应匹配"大任务"活动设计。语文核心素养四大要素"语言、思维、审美、文化"的发展，实质上体现的是一种有关语文性的、综合性的问题解决能力。为此需要更新对传统教学的认知，从重理解和去情境的知识学习向实践性、表现性的任务学习转型。此处的大任务往往贯穿整个"大单元"或"微课程"的学习过程。比如，高中语文教学所提出的"学习任务群"正是对此做出的一种呼应。但需要指出的是，这里的大任务不是简单的知识问答，也不是单个的技能操作，而是在一种真实情境下对一个不良结构问题的深度思索。因此，大任务具体表现为一种问题情境。而问题情境根据行动目的的具体可分为靶向式问题情境（被用来促进学生整合多种学业获得并对之进行总结评估）和教学论问题情境（被用来促使学生进行新的学习）。[13]，前者指向大单元学习后的效果测评，后者指向大任务的具体实践过程。另外，大任务得以落实、解决，还需统领多个"小活动"（即具体的教学活动），"任务是目标，是为了解决真实的问题；活动是手段，是完成任务的路径，是完成任务的保证"[14]。两者是目的与手段的关系，并且之间要建立一致性。另外，因为大概念比较宏观和抽象，超越了具体情境，故在不同单元主题下，一个大概念往往需要匹配多个大任务。如"审美体验与文本体式的关联"（大概念）在"生命主题"下，其大任务可能涉及对生命的审美体验、对生命的审美表达等，具体的教学活动可能有领悟、对话、反思等；而在"自然主题"下，其大任务可能涉及对自然的审美体验、对自然的审美表达等，具体的教学活动可能有观察、经验、鉴赏等。

3. "大进阶"与教学评价

学生在经历一个完整的大单元学习后理应有所进步。尤其是多个大任务以及数个小活动完成后，应如"登阶梯"一样在知识能力方面有个"大的进阶"。这既是大单元教学效果的一种表现，也是学生学业质量层级发展的内在要求。从实施过程角度看，指向大单元或大概念的教学评价是一种暂时性的终结性评价，而指向大任务或小活动的教学评价是一种形成性评价。相对来说，前者主要起到诊断、评估的作用，后者主要起到维持并促进教学的作用。从评价情境角度看，前者需要的是一种靶向式问题情境；后者需要的是一种教学论问题情境。从具体的评价方法看，前者主要采用学习档案袋评价法（辅以"单元测验"），尽可能地让学习过程中的每一环节都留有痕迹；后者主要采用表现性任务评价法，促进学用结合。但不管是哪个层面的教学评价，都意在帮助学生在学科知识的动态生成、能力意义上的个人建构以及复杂情境中的真实表现等方面有所发展。

至此，我们初步构建并厘定了大单元教学设计框架的核心要素：大概念—大任务—大进阶，这三者将成为"教学目标—教学活动—教学评价"设计的重要表征和关键抓手。

五、大单元教学设计框架核心要素解析

（一）基于"大概念"的教学目标设计

1. 确定"大概念"

根据前文所述，语文统编教材采用"人文主题+语文要素"的双线组元方式结构化地编排教材内容，尤其是教材单元的"导语"部分，分别以两到三段话的格式概括性地表述本单元的人文主题与关键能力。因此，"关键能力"将成为确定"大概念"的主要依据。如八年级上册第五单元导语明确指

出:"阅读介绍中国建筑、园林、绘画艺术的文章,可以了解我国人民在这些方面的卓越成就,感受前人的非凡智慧与杰出创造力……学习本单元,要把握说明对象的特征,了解文章是如何使用恰当的方法来说明的;还要体会说明文语言严谨、准确的特点,增强思维的条理性和严密性。"据此,可以提炼"说明文言语思维的准确性和严密性"的大概念,而人文主题"文明的印记"可成为大概念学习的具体情境。

高中语文统编教材单元导语多为三段话,除了交代人文主题和语文要素外,第二段还会交代选文情况,有利于更好地把握整个单元。比如,必修上册第一单元根据三段导语可以提炼"情感抒发与表达形式的关联"的大概念和"青春的价值"的人文主题。

小学语文统编教材的单元导语多以"学习要求"的形式呈现,如四年级上册第一单元"边读边想象画面,感受自然之美。向同学推荐一个好地方,写清楚推荐理由"。而在一、二年级是没有导语设计的。在这种情况下,寻找大概念更多地需要教师遵循课程标准,尤其需要对内容标准以及教材单元内的选文进行提炼和表述。

2. 依据"大概念"设计教学目标

大概念的学习定位既有"单元"层面的,也有"学年"层面的,甚至还有"学科"层面的。如果是"单元"层面的大概念,可以将其直接作为"大单元"教学目标。但实际的教学中,大概念的学习定位通常是后两种,因此,还要结合教材内容、课程内容以及学情、条件等来具体地陈述教学目标。以高中必修上册第一单元为例,围绕"情感抒发与表达形式的关联"的大概念和"青春的价值"的学习主题,根据图1[15]思路,可将教学目标确定为:(1)阅读选文和补充性材料,感受并理解不同时代的"青春"内涵;(2)分析不同文学体裁作品,鉴赏并探究"青春"主题的不同表达形式;(3)学习诗歌创作,体验并表达现时代的"青春"风尚。不难看出,三个目标具有前后连贯性,"感受并理解—鉴赏并探究—体验并表达",从"读"到"内化"到"写",始终围绕"青春"这个主题逐步深入。另外,目标(2)重点指向关键能力的教与学,目标(1)是铺垫,目标(3)是深化,循序渐进,有条不紊。因此,基于大概念的教学目标设计,一方面有利于从宏观上把握统编教材单元和课程标准相关要求,另一方面有利于聚焦并维护学习目标的整体性和一致性。

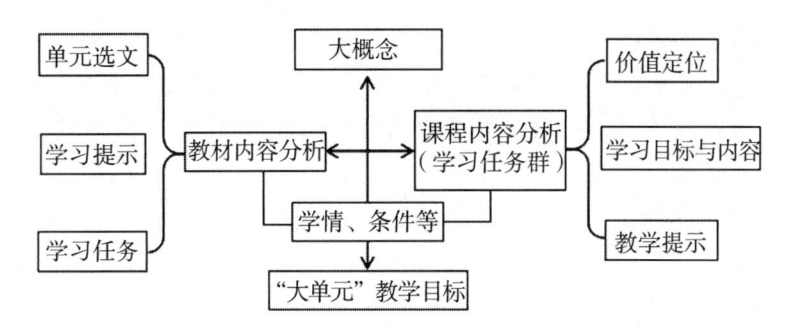

```
单元选文 ──┐         大概念              价值定位
          │          ↕                   
学习提示 ──┼─ 教材内容分析 ↔ 课程内容分析 ── 学习目标与内容
          │          (学习任务群)
学习任务 ──┘      学情、条件等           教学提示
                     ↕
              "大单元"教学目标
```

图1　高中语文统编教材"大单元"教学目标设计思路图

（二）基于"大任务"的教学活动设计

1. 确定"大任务"

"大任务"具有统摄性，是"大问题"和"大情境"的结合体，此处的"大"主要是相对"小活动"而言的。大任务的情境更宏观，问题更复杂。"小活动"的情境更具体，问题相对简单些。"大任务"一般具有如下特征：贴近现实生活；超越具体知识技能；能够激起学生探究欲望；需要学生联结新旧经验才能解决；持续聚焦并引发学生重新思考大概念等。基于大任务进行教学活动设计，首先要确定大情境，主要依据的是教材单元的"人文主题"，如八年级上册第五单元的人文主题是"文明的印记"，据此可将"探索文明的印记"作为学习情境。又如，高中必修上册第一单元的人文主题是"青春的价值"，据此可将"为青春代言"作为学习情境。其次要确定"大问题"，主要依据的是教学目标。结合高中必修上册第一单元教学目标，具体操作方法有两种：第一种是运用"疑问副词"，如依据目标（1）可形成大问题"我们该怎么去感受并理解不同时代的'青春'内涵"；第二种是运用"疑问副词+动词"的形式，如依据目标（2）可形成大问题"分析不同文学体裁作品何以能够帮助我们更好地鉴赏并探究'青春'主题的不同表达形式"。最后要根据"大问题"与"大情境"来表述"大任务"，如指向目标（2）的"大任务"可以表述为"聚焦'为青春代言'的时代语境，分析不同文学体裁作品何以能够帮助我们更好地鉴赏并探究'青春'主题的不同表达形式"。

2. 依据"大任务"设计教学活动

很显然，"大任务"具备一定的问题和情境，但还是比较宏观。真实的教学过程是由学生一个活动接一个活动组织而成的。因此，围绕大任务要设计一系列可供学生参与的小活动。如上文指向目标（2）的大任务，其教学活动可设计如下：第一是诗歌诵读活动，第二是小说品鉴活动，第三是诗歌与小说比较赏析活动。[15]通过前后关联的三个教学活动激发学生体会不同时代语境下有关青春的不同形式表达。质言之，大概念的习得需要发挥多个大任务的综合效应，而每一个大任务又需要发挥多个小活动的综合效应。当然，不管是大任务还是小活动，都要依托问题来表达和呈现，区别在于问题的难易程度和思考范围的不同。师生互动、教学推进、实践探索等任何一环都少不了问题，正是问题让任务和活动成为可能，并使之产生价值。另外，设计教学活动时需要明确三点：第一，活动要突出语文性、实践性、综合性的课程本质；第二，活动之间要有逻辑性和连贯性；第三，活动要有目标性，即在大情境中为解决大问题服务。

（三）基于"大进阶"的教学评价设计

1. 确定"大进阶"

大进阶的确定依据主要是将大概念和教学目标置放于学业质量标准中考察，并大致判断其所处的位置，进而预设其学习效果。比如，高中必修上册第一单元"情感抒发与表达形式的关联"及其具体的教学目标主要涉及语言和审美两个核心要素。根据学段和素养指向，需要在高中语文课程标准学业质量水平一和二中进行"大进阶"的考察。具体如表1所示。不难发现，大进阶即是从学科核心素养的角度对大概念的进一步审视，厘清了大概念学习的落点，也即大单元学习的落点，进而让教学实践更有方向感和目标性。

表1 高中语文统编教材必修上册第一单元学习进阶设计表

语文核心素养	学业质量水平	"大单元"学习进阶
语言建构与运用	1-1 略	能够注意语境与交流的关系；能凭借语感，结合具体语境理解重要词语的隐含意思，体会词句所表达的情感；能够根据具体的交流目的选择合适的表达方式。（处于1-1和1-2之间的位置）
	2-1 略	
审美鉴赏与创造	1-3 略	能整体感受并恰当地表达出作品中的人物形象和情感倾向；能够对作品的内容和形式做出合适的评价；有追求更高层次审美情趣的意愿。（处于1-3和2-3之间的位置）
	2-3 略	

2. 依据"大进阶"设计教学评价

确定大进阶后，需要从过程和结果两个角度设计教学评价。首先，过程方面（即大任务解决过程中和小活动实施过程中）针对任务和活动主要采用表现性任务评价形式，依托的是教学论问题情境，意在引导学生通过"做事"和"经验"维持并促进学习，如"'诗意·青春'诗歌诵读会""'我为青春代言'朋友圈"等。具体设计主要分三步，第一步是依据大进阶确定表现性评价目标，这是整个设计的前提与保障；第二步是设计与呈现有待学生执行的表现任务,这是整个评价设计的核心与关键;第三步是编制用以评断学生表现的标准框架,这是客观有效地进行评价的基础与依据。[16]其次,在结果方面主要采用成长档案袋和单元测验形式,主要用于大单元学习后。成长档案袋作为一种真实性评价方法,有助于记录学生最真实的学习历程和表现。尤其是大单元教学时间一般较长,少则五六个课时,多则十天半个月,一次完整的大单元学习后应该有一个明显的学业进步,而成长档案袋无疑是最好的证据说明。当然,成长档案袋设计需要有明确指南,要在相关效度、预测效度、内容效度、结构效度以及效果效度方面予以考量和把握。[17]比如,为了加强评价的公正性和客观性,可以采用教师评价、小组互评以及学生自评三方协作形式构建学习档案袋。而单元测验主要用于一系列教学活动之后,结合学生具体所学与大单元学习进阶标准,设计一套靶向式问题情境,以整合学生学业获得,评估学生学业表现。如大单元学习进阶标准中要求学生"能整体感受并恰当地表达出作品中的人物形象和情感倾向",那么在单元测验中就可以有针对性地设置一项"建构性反应任务",如以简单题形式要求学生对陌生文本中的人物形象和情感倾向进行理解和表达,进而初步判定学生学习效果。另外,需要特别说明的是,部分表现性评价任务可以直接作为教学活动出现。而之所以强调其评价功能,一方面是为了促进"目标—教学—评价"的一致性,保障大单元教学基本路向不变,另一方面是为了实现寓评价于教学,学评融合的教学样态。

综上所述,我们大体形成如图2所示的单元教学设计框架。

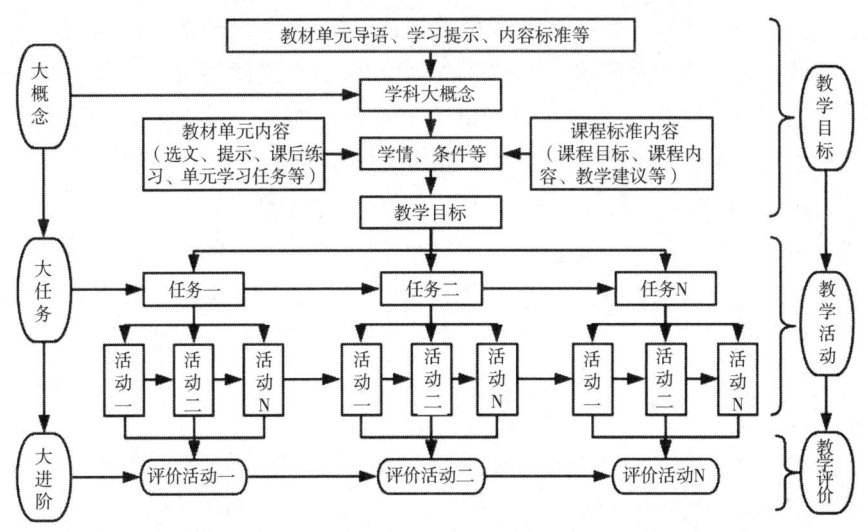

图2 基于语文统编教材的大单元教学设计框架图

六、运用大单元教学设计框架时的注意事项

教师是教学创生的主力,因此,大单元教学设计框架的使用者也多为教师。从一般意义上来说,教师在运用这一框架设计单元教学时,要重点注意以下五点。

第一,学科大概念的寻找与确定。虽然语文统编教材在单元导语部分已较为明确地提出了该单元学习主题与需要重点发展的关键能力,但当以"教材单元"为基础进行"大单元教学设计"时往往需要适当补充阅读材料和调整教学方向,此时还要根据学科核心素养以及课程标准相关要求进一步厘定大概念。

第二,学习大任务是对学科大概念的转化,以教学目标为依据,有序分解为几个大的问题情境,每个大的问题情境再具体细化为一系列具体的教学活动,这样就从宏观和微观两个角度搭建起了学习过程体系。

第三,学习大进阶是对学习大任务落实效果的反馈和检测,主要从过程和结果两个角度对教学进行跟踪、把脉与促进。

第四,大单元教学设计框架的使用中不仅要注意设计框架纵向上从"目标—教学—评价"或"大概念—大任务—大进阶"的逻辑一致性,还要注意横向上从"任务一/活动一/评价一"到"任务二/活动二/评价二"到"任务N/活动N/评价N"的逻辑一致性。

第五,要遵循统编教材单元的固有规律和课程标准的核心要求,不能过度求"大"求"新",脱离语文课程的轨道,走进"非语文"的世界。换言之,要站在立德树人和语文学科核心素养的高位上去使用设计框架。框架只不过为我们使用教材和设计教学提供了一个基本思路,教学内容的取舍与教学活动的安排等还需要教师给予专业性的思虑和考量。

另外,"大单元"教学诉求也对语文教师提出了新的挑战,如教师要有基于课程标准实施教学的专业意识,教师要有教材解读和单元整合设计的能力等。总之,在新的课程标准和新的教材改革背景下,语文教学需要更多的专业性思考,我们祈盼各方同仁携起手来共筑语文学科的专业大厦。

参考文献:
[1] 温儒敏."部编本"语文教材的编写理念、特色与使用建议[J].课程·教材·教法,2016,36(11):3-11.
[2] 王本华.守正创新,构建"三位一体"的语文教科书编写体系——部编义务教育语文教科书的主要特色[J].语文教学通讯,2016(26):7-10.

[3] 王本华. 统编语文教材建设与立德树人教育——以统编初中语文教材为例［J］. 语文教学通讯，2020（10）：4-9.

[4] 王晓艺，朱于国. 专业、专一、极致：工匠精神在统编语文教材编写中的体现——以语文核心素养在统编初中教材的有机渗透为例［J］. 课程·教材·教法，2019，39（4）：11-17.

[5] 温儒敏. 统编高中语文教材的特色与使用建议——在统编高中语文教材国家级培训班的讲话［J］. 课程·教材·教法，2019，39（10）：4-9，18.

[6] 熊晴，朱德全. 统编版语文教材的结构主义分析［J］. 教学与管理，2018（36）：82-85.

[7] 钟启泉. 学会"单元设计"［N］. 中国教育报（教育科学版），2015-06-12.

[8] 崔允漷. 如何开展指向学科核心素养的大单元设计［J］. 北京教育（普教版），2019（2）：11-15.

[9] 杨九诠. 学生发展核心素养三十人谈［M］. 上海：华东师范大学出版社，2017.

[10] 邵朝友. 指向核心素养的逆向课程设计［M］. 上海：华东师范大学出版社，2019.

[11] 邵朝友，崔允漷. 指向核心素养的教学方案设计：大观念的视角［J］. 全球教育展望，2017，46（6）：11-19.

[12]（美）林恩·埃里克森，（美）洛伊斯·兰宁. 以概念为本的课程与教学：培养核心素养的绝佳实践［M］. 鲁效孔，译. 上海：华东师范大学出版社，2018.

[13]（比）易克萨维耶·罗日叶. 为了整合学业获得：情景的设计和开发（第二版）［M］. 汪凌，译. 上海：华东师范大学出版社，2010.

[14] 王本华. 任务·活动·情境——统编高中语文教材设计的三个支点［J］. 语文建设，2019（21）：4-10.

[15] 刘飞. 高中语文"学习任务群"的内容转译与教学创生［J］. 教育研究与评论（中学教育教学），2019（12）：5-13.

[16] 刘飞. 语文核心素养与课堂教学实践［M］. 南京：南京大学出版社，2019.

[17]（美）舒尔曼. 实践智慧：论教学、学习与学会教学［M］. 王艳玲，王凯，毛其明，屠莉娅，等译. 上海：华东师范大学出版社，2014.

单元学习任务的设计特点和操作空间

刘生权[①]

普通高中语文统编教材（以下简称"新教材"）中的单元学习任务基于课程标准中的学习任务群编排，高度整合教材中的各种学习资源，构建了一个多文本、多情境的语文学习生态群落。这种教材编排方式指向并聚合了人文主题、典型的文学、语用现象和语文学科知识等，承载着培育语文学科核心素养的使命。本文以新教材必修"文学阅读与写作"为例，阐述新教材单元学习任务的设计特点和操作空间。

一、学习任务统领"学材"结构

学材结构即教材编写者把握住单元核心元素、学科知识及其内在关联，在一个单元内将它们整合成有意义的关联结构。单元学习任务通过单元提示、学习提示和学习活动，对单元学习内容做细致的梳理和分析，聚焦到核心任务上。可以说，单元学习任务揭示、统率了教材的内在结构。

例如，新教材必修上册第三单元的学习资源选择了曹操的《短歌行》、陶渊明的《归园田居（其一）》、李白的《梦游天姥吟留别》、杜甫的《登高》、白居易的《琵琶行并序》、苏轼的《念奴娇·赤壁怀古》、辛弃疾的《永遇乐·京口北固亭怀古》、李清照的《声声慢》等诗词。曹操对人才的渴望、陶渊明对名利的淡泊，展示了不同的人生况味；李白、杜甫的人生姿态和情感世界各不相同；苏轼、辛弃疾和李清照的个性和生命轨迹不同，呈现出来的诗词风貌迥异。欣赏诗词文化，感受中华优秀传统文化的魅力，寻找鉴赏的路径，成为结构化学习的内在选择。

诗词板块的单元提示正是指向了核心任务：欣赏古代诗词，构建古诗词阅读策略。学习提示则引导学生关注诗词不同的语言风格和表达技巧，在诵读中领悟诗人的思想感情。如学习《梦游天姥吟留别》时要在诵读中发挥想象，品味梦境的意象及梦境的密码；学习《登高》时要感受诗人营造的浓郁悲凉的意境，体会律诗的创作技巧，诸如此类。

学习活动设计了三项任务：知人论"世"、诵读古诗词、鉴赏诗歌艺术手

[①] 刘生权，江苏省江阴市教师发展中心教研员。

法。具体而言,第一项任务是了解诗人的生平、创作背景,深入理解作品。如了解杜甫所处的时代,理解《登高》中忧国伤时的情思;了解苏轼的人生经历,感受他壮志难酬的忧愤及豪迈性情等。第二项任务是通过朗诵,体会诗词韵律之美。第三项任务,创作800字的诗评,深入理解作品深刻的意蕴和独特的匠心。三项学习任务对应前面的单元提示、学习提示,设计指向深度阅读理解和写作素养提升两个层面,活动层次逐渐深入,构成了完整的单元学习任务。

又如,新教材必修下册第二单元的戏剧主题,围绕"戏剧作品的赏析"这一核心任务,分成了三项任务:第一项任务,深入阅读作品,分享阅读体验,引导学生领会戏剧作品的悲剧意蕴,培养学生的悲悯情怀,认识良知的价值。第二项任务,编排、演出剧本,以编排、演出为核心,引导学生深入欣赏戏剧组织冲突、构思情节、塑造人物的艺术手法,体会戏剧语言的特点。第三项任务,观看戏曲演出片段,通过观剧活动,初步了解传统戏剧的艺术形式,感受传统戏剧的独特魅力。三项任务统率了戏剧的悲剧价值、艺术手法和戏剧形式,学习由浅入深,贴合几个戏剧篇目共同的内容结构和特质。

概言之,单元学习任务以人文价值为指向,以母题关涉的文本学习资源为依托,提供学习策略和支架,使师生在阅读与鉴赏、表达与交流、梳理与探究和综合实践等方式下进行深度学习。这种学习逻辑性强,具有结构化的特点,引导学生走向高阶的阅读和写作。通过整个单元任务的学习活动,学生能够积累活动经验,整合单元学习的方法和策略,在多种不同的情境下体悟、应用、迁移、阐释和反思,进而不断凝结成单元学习的学科思维结构。

二、学习任务彰显学生主体地位

单元学习任务的叙写本身体现了学生立场,突出了学生的主体地位,强调学生在"做中学",自主体悟,主动学习,主动进行语言实践。尊重学生的认知世界,给予学生选择权,平等看待学习主体。"自己"一词作为高频词反复出现在新教材里,自己体验、学会分享、互动讨论,这些活动贯穿在单元任务中。听、说、读、写、思的行为显性化,在"做事"中解决问题,真正脱离了围绕知识点的提问与回答。

新教材必修上册第一单元的作品抒发的都是青春情怀。第一个活动设置如下:作品中的哪些地方最让你感动?哪些是你以前未曾留意,而读过之后感受很深的?哪些已经点燃了你思考人生、积极上进的热情?认真阅读、欣赏这些作品,从你最有感触的一点出发,与同学就"青春的价值"这一话题展开讨论。学习活动通过问题驱动，从学生自身的角度出发，从认知角度出发，设置学科认知情境，强调自主体验。任务触角深入学生的已知经验，指向学生思维的最近发展区，走向学生未知生长的可能。第二个活动要求：任选一首诗欣赏，记录下自己的思考，写一则札记。同时提供学习方法，引导学生关注意象及其特点，审人察己，感同身受，沟通与作品的联系。如此，让知识、技能和方法渗透在自我的学习过程中。对于《沁园春·长沙》的学习，活动建议：阅读爱德加·斯诺的《毛泽东自传》，了解毛泽东青年时期的革命经历；选取自己印象最深的富有表现力的词语进行分析，并与同学交流。

这些任务特别尊重个体的学习选择权，同时倡导分享与表达，真正把学习材料作为一个学习的例子，以点带面。学生通过自我的构建，实现言语的经验获得。后面的一个活动设计——汇总同学的青春诗歌，全班合作编辑一本诗集作为青春的纪念，则更体现了学习协作和成果表达。学生在整个学习过程中充分进行了立体的语文活动实践。

三、学习任务表征具体素养

单元学习任务基于语文学科素养，落实"语文学习任务群"课程的实施，具体到某一项目载体上，必然要从教学资源的特性出发，同时，任务聚焦素养目标，表征"语言建构与运用""思维发展与提升""审美鉴赏与创造""文化传承与理解"。新教材的单元学习任务设计在这方面体现得较为理想。

我们不妨来看新教材必修上册第七单元的学习任务设计。本单元学习资源选择了郁达夫的《故都的秋》、朱自清的《荷塘月色》、史铁生的《我与地坛（节选）》、苏轼的《赤壁赋》以及姚鼐的《登泰山记》等写景散文。核心任务是"围绕写景抒情散文的学习，体会民族文化和民族审美心理"。

课后三项学习任务：一是感受景物之美，体会文章融情于景、情景交融的特点；二是探究文本中体现的文化观念和民族审美心理；三是借鉴课文写法，写作写景抒情散文。三项任务围绕写景抒情散文的欣赏，分别从阅读力和写作力两个层面进行设计。具体而言，任务一和任务二着力把握景物特点，体会融情于景的写法，探究作品中体现的审美特质和文化观念。其中任务一含有引导学生把握课文内容、理解作者情感的一般阅读要求；任务二则是在任务一基础上的升格，突出深度阅读和探究，强调从文本出发，探寻民族文化观念和审美心理。对标素养，我们可以看到任务指向具体的素养表现（表1）。

表1 学习任务表征的具体素养

课程目标	学习资源	具体素养
增进对祖国语言文字的美感体验	《故都的秋》《荷塘月色》《我与地坛（节选）》	反复朗读，细加品味、评点
鉴赏文学作品	《赤壁赋》《故都的秋》	体会情景交融的特点、探究民族审美心理和审美特点
美的表达与创造/传承中华文化	《赤壁赋》《登泰山记》	探究文化意义，创作散文

从宏观上讲，三个任务指向课程目标第七、第八、第九、第十条，即"增进对祖国语言文字的美感体验""感受和体验文学作品的语言、形象和情感之美""能运用祖国语言文字表达自己的审美体验，表达自己的情感、态度和观念，表现和创造自己心中的美好形象""讲究语言文字表达的效果及美感，具有创新意识""通过学习运用祖国语言文字，体会中华文化的博大精深、源远流长，体会中华文化的核心思想理念和人文精神"。具体的素养落点非常清晰：分析《赤壁赋》中的景与情是怎样完美融合在一起的；在郁达夫的笔下，故都的秋特别"清""静""悲凉"，带着传统文人的某种审美情趣，分析其中哪些地方体现了民族审美心理和审美特点；阅读《赤壁赋》和《登泰山记》，搜集一些写赤壁或泰山的诗文，探讨历代文人寄托在赤壁和泰山上的不同情思，探究其背后蕴含的文化意义；编辑同学的散文习作，汇集成册。

不难发现，单元学习任务提炼出核心价值和关键能力，它基于散文的文体特点，活动目标明确，充分发挥了各文本的功能，聚焦到学生应知应会的具体素养表现上。

四、任务昭示多重实践空间

单元学习任务整合了话题与情境、言语学习素材与应用范例、语体与文体等学习资源，以特定的专题和问题为学习中心，以语文实践活动开展为主线来组织单元学习内容，着力于将阅读与鉴赏、表达与交流、梳理与探究等主要学习方式融合，发展学生的沟通、协作、思考、分享、批判和探究等能力。这一单元的学习规划包含了深度学习的一些基本元素，如个人、社会生活、学科认知的真实情境以及系列的学习任务。它不是简单的学科活动化，而是学科核心能力在情境中的再构建与再创造。教材上的单元学习任务的设计，只是为我们提供了一些可开发、实施的教学路径，启发我们要结合学校及学生实际，选择适切的教学方案，有序、合理地进行二度开发、设计和实践。

比如，新教材必修下册的戏剧单元具有项目化学习的特点，某校在此基础上进行了重构设计。一是通读剧本进入角色。阅读《窦娥冤》《雷雨》《哈姆雷特》等完整剧本，画出本单元所选剧本中的人物关系图；在整体把握剧情的基础上，欣赏节选部分的主要戏剧冲突，了解角色在矛盾冲突中的命运趋向；根据个人的兴趣和特长，选择愿意表演的角色，品读台词，体验人物心理和情感，撰写角色分析札记，并且与同学交流。二是模拟角色扮演。学生在撰写角色分析札记后，根据对戏剧冲突的理解和剧本创作思想的把握展开想象，为剧中角色设计舞台动作，对舞台的场景、道具、音响以及演员服装拟写简要的舞台设计说明，以小组合作的方式开展主要角色竞演，竞演内容以角色理解和舞台表演设计为主；邀请部分学生和教师担任评委，在全班组织经典片段会演。三是汇编角色分析札记。观演与评议，邀请分别担任导演、演员、观众的学生参加座谈会，会上交流各自的观后感受，评选出班级"最佳角色"；每位演出的学生补写演出后记，并且根据同学的发言深入思考，修订汇编分析札记，邀请教师点评，在班级内展示。

在"亲历演员的诞生"这一主任务下，学生完成了"具身"学习，学习素养的形成具有过程化、结构化特点。可见，单元学习任务完全能够呈现教学形态丰富、教学方式多样和结构化的深度学习。这启发我们，开发适合校情、学情的学习任务具有巨大的创新潜力。单元教学是运用系统方法，以单元为基本单位来编排教学内容、组织教学过程、指导学生学习，从总体上提高教学效率的一种教学图式。一个完整化、系统化的教学设计应包含教材分析、教学目标、教学活动设计、作业设计、评价设计、教学资源设计等要素。实践中还要明确从哪里出发、到达哪里、怎样到达，也就是做什么事、怎么做事、做得怎样；追求学习行为的表现、学习结果所需要的学习活动和经历；确认学生阶段学习的经历和学业质量的发展，通过这些，可以衡量我们实施单元学习任务教学的水平。从这个意义讲，单元学习任务的探索空间还很大。我们相信，经过不断研究、设计和开发，单元学习任务的课型建构必将千姿百态，课程形态定会丰富多样。

语文统编教材革命文化理解向度及其实践路径

刘 飞[①]

习近平总书记在庆祝中国共产党成立 95 周年的大会讲话中指出:"在 5000 多年文明发展中孕育的中华优秀传统文化,在党和人民伟大斗争中孕育的革命文化和社会主义先进文化,积淀着中华民族最深层的精神追求,代表着中华民族独特的精神标识。"[1]党的十九大报告中再次点明:"中国特色社会主义文化,源自于中华民族五千多年文明历史所孕育的中华优秀传统文化,熔铸于党领导人民在革命、建设、改革中创造的革命文化和社会主义先进文化,植根于中国特色社会主义伟大实践。"[2]祖国语言文字是中华文化的重要组成部分,以学习祖国语言文字为指归的语文课程对"继承和弘扬中华优秀传统文化、革命文化、社会主义先进文化,培养文化自信,推动文化的创新发展,具有不可替代的优势"[3]。可以说,革命文化不仅是中国特色社会主义文化的重要组成部分,也是新时期我国语文课程的重要价值取向。语文教育场域内,作为培育时代新人的主要载体的语文统编教材自然也要对革命文化加以强调和体现。为此,本文重点就革命文化的价值内涵、理解向度以及实践路径三方面略做思考,以便更好地实现语文课程在革命文化教育方面的特殊价值及其应然使命。

一、革命文化:新时期语文课程文化素养发展新取向

(一)革命文化的基本内涵

"革命文化",顾名思义,即有关"革命"的"文化",而非"文化"的"革命"。前者侧重"革命"二字,后者侧重"文化"二字。早在 20 世纪初新文化运动时期就有"革命文化"一词,但那时主要用来表达对"文化"的革新之意。有研究者考证,"革命文化"最早由瞿秋白于 1923 年 6 月在《东方文化与世界革命》一文中提出,第一篇专门研究现代语境中革命文化的文章是秦至于 1993 年撰写的《民主革命时期宁波革命文化的特点》(《宁波大学学报(人文社科版)》1993 年第 2 期)。[4]2006 年胡锦涛同志在党的第十六届六中全会提出"建设和谐文化是构建社会主义和谐社会的重要任务"之后,

---

① 刘飞,南京师范大学课程与教学研究所博士研究生,淮阴师范学院教师教育学院讲师。

革命文化开始被人们广泛关注。2011年中国共产党第十七届中央委员会第六次全体会议通过《中共中央关于深化文化体制改革 推动社会主义文化大发展大繁荣若干重大问题的决定》，其中重点强调文化生产创作要"弘扬民族优秀文化传统和五四运动以来形成的革命文化传统"，进一步加快了人们对"革命文化"的研究。而到了党的十八大后，"文化自信"助推了"革命文化"研究的深度与广度。到党的十九大后，"革命文化"已正式成为习近平新时代中国特色社会主义文化的重要组成部分。因此，"革命文化"不是从来就有的，而是人们基于对历史的审视与反思，逐渐形成的一种价值观念和民族信念。

在思想政治教育领域，对"革命文化"的理解几已达成共识。人们普遍认为，革命文化就是中国共产党自成立以来领导中国人民，在实现民族独立、人民解放，争取国家富强、人民幸福的过程中，将马克思主义基本原理同中国各个时期的具体实际相结合所形成的，凝聚中国精神、汇集中国力量、展现中国风格的文化形态。[4]据此可知，"革命文化"是马克思主义中国化的具体成果，是中国共产党及其领导的中国人民进行革命实践的结晶，具体可分为"民主主义"和"社会主义"两个时期，具有强大的社会凝聚力和精神维系力，是中华民族优秀的文化基因和特殊的文化形态。

（二）语文课程中革命文化的突出特点

《普通高中语文课程标准（2017年版）》在"修订工作的基本原则"第一条"坚持正确的政治方向"部分明确指出"继承和弘扬中华优秀传统文化、革命文化，发展社会主义先进文化"，并在"修订的主要内容和变化"中再次提及"革命文化"教育内容，这些无疑为统编教材编写和语文教学实践提供了文化取向的依据。然而，"革命文化"并非语文课程的"独担之任"，中小学历史、道德与法治等课程中都有关于"革命文化"的学习内容。那么语文课程中的"革命文化"有何独到之处？其基本特征如何呢？

一般而言，从"革命文化"的革命本质来看，其具有鲜明的时代性、严格的科学性、深刻的人民性以及强烈的创新性。[5]而从生成演进历程来看，其彰显了继承性和发展性、民族性和世界性、科学性和政治性、群众性和创造性的内在辩证统一规律。[6]结合我们对"革命文化"的概念阐释，其还应具有阶段性、内生性、包容性和实践性等特点。

语文课程是围绕发展学生语文学科核心素养而展开的综合性、实践性课程。语文学科核心素养中的"语言""思维""审美""文化"是"一体三翼"的结构，其中"语言"是"体"，主要表现在它不仅是语文学科素养核心中的核心，更是语文课程有别于其他课程的本质属性；"思维""审美"

"文化"为"翼",主要表现在它们是学生语文素养整体提升的重要支撑和关键依托。可以说,"三翼"以"一体"为核心,"翼"推动并促进"体"的有效发展的同时,"体"又反过来激励并维持"翼"的更好发展。换言之,四项核心素养"并非各自为政、单独推进,而是围绕'语言建构与运用'形成一个有机整体,协调推进"[7]。因此,作为"文化传承与理解"重要内容的"革命文化"自然也应紧密关联学生的语言能力、思维品质、审美情趣等要素来培育。

综上,语文课程中的"革命文化"除了具有一般特点外,还具有语言性、思维性和审美性,它们不仅是语文课程"革命文化"的独特品格,也是有别于其他课程"革命文化"的重要表征。

二、理解向度:语文统编教材中的革命文化多维阐释

(一)语文课程中革命文化的三种理解维度

语文课程中的"革命文化"作为一种具体的文化观点、文化理念、文化形态、文化精神、文化实践等,我们理应对其类型、价值进行理解维度的区分与剖析,这有利于我们更有条理、更有层次地进行课程阐释和教学实践。

首先,从"文化"内容指向来看,一般可分为物质文化、制度文化和精神文化三种形态。[8]因此,作为"文化"下位概念的"革命文化"也可据此进行划分。其中物质性革命文化属于革命文化体系的外在表现,主要是指中国共产党和中国广大人民在革命实践中所创造的物质产品及其使用的手段、方法等;制度性革命文化主要指在民主主义和社会主义两个时期中有关"革命"所形成的一套有组织的规范体系;精神性革命文化是一种深层次表现,主要指人们在长期的革命斗争中所形成的一种革命心理、革命观点、革命思想和革命理论。

其次,从个体学习进阶过程来看,"革命文化"还可从"知识—能力—素养"三个层面来区分。其中革命文化知识主要指那些被革命实践验证过且被人们所相信的、以编码后的既定陈述呈现的经验总结或认识结晶;革命文化能力主要指人们基于革命文化知识对相关革命文化事物进行观察、感受、判断以及行动时所表现出的稳定的心理素质;革命文化素养主要指人们在进行革命文化理论思考或相关实践活动时自发或自觉地运用自身所具备的革命文化知识、技能、方法的总和。这三个层面有序相接、逐次递升,可看作学生革命文化培养目标的三级质量标准。

最后,从语文课程基本特点"工具性和人文性的统一"的角度来区分,

人文性革命文化主要侧重革命理想、革命精神、革命道德或革命信念等，其课程价值往往以无形渗透的方式呈现；工具性革命文化主要指革命实践范畴内的概念体系、认知特点、思维方法或行动策略路径等，其课程价值往往以亲历的方式呈现。如果说人文性革命文化是一种"应知"角度的理解，工具性革命文化则是一种"能做"角度的阐释。前者靠滋养，后者靠践履，两者合一，成为语文课程"革命文化"的"应知能做"价值体系。

当然，以上三种视角及其具体划分，只是初步为我们构建了语文课程"革命文化"的理解维度及其分析框架，其中第三种视角最能体现语文学科的特点。

（二）语文统编教材中革命文化内容梳理

教材不仅需要透视社会文化，还要彰显国家意识形态。因此，作为中华文化"优质基因"的革命文化不仅在课程标准层面加以强调，还在统编教材中有所侧重。小学语文统编教材执行主编陈先云先生认为："革命文化题材可以分为四个领域，即国家、政党、榜样和民族精神。"[9]下面从教材"选文"角度按照学段前后顺序略做梳理（小学12册，初中6册，高中必修上、下2册）。

首先，"国家"领域主要包括国土、国事、民族、节日等。对此，统编教材收录了如《难忘的泼水节》、《冀中的地道战》、《圆明园的毁灭》、《开国大典》、《黄河颂》、《土地的誓言》、《消息二则》（《我三十万大军胜利南渡长江》《人民解放军百万大军横渡长江》）、《沁园春·雪》、《我爱这土地》、《沁园春·长沙》等。

其次，"政党"领域主要包括革命领袖、组织机构、政党制度等。对此，统编教材收录了如《吃水不忘挖井人》《朱德的扁担》《邓小平爷爷植树》《不懂就要问》《为中华之崛起而读书》《军神》《青山处处埋忠骨》《清贫》《为人民服务》《国行公祭，为佑世界和平》《红星照耀中国》《梅岭三章》《反对党八股》等。

再次，"榜样"领域包括英雄模范、仁人志士、时代楷模等。对此，统编教材收录了如《雷锋叔叔，你在哪里》《手术台就是阵地》《我不能失信》《梅兰芳蓄须》《小英雄雨来》《黄继光》《灯光》《十六年前的回忆》《纪念白求恩》《邓稼先》《回忆我的母亲》《太空一日》《最后一次讲演》等。

最后，"民族精神"包括"五四"精神、延安精神、长征精神等。对此，统编教材收录了如《延安，我把你追寻》《七律·长征》《狼牙山五壮士》《老山界》《回延安》等。

此外，还有一些也可反映"革命文化"内容，但不太好归入以上四个领域的篇目，如《少年中国说》《小岛》《金色的鱼钩》《驿路梨花》《白杨礼赞》《中国人失掉自信力了吗》《红烛》《百合花》《拿来主义》等。

(三) 对语文统编教材中的革命文化进行框架分析

从上不难看出语文统编教材对"革命文化"的重视。就小学阶段，12 册教材共收录约 320 篇文章，其中近 10% 为"革命文化"题材，较以往各版本语文教材有显著提升。

根据不同理解维度，可将上述内容重新整理如下。

第一，从"物质—制度—精神"视角分析，物质性革命文化主要有"地道战""圆明园""狼牙山""老山界"等革命遗址和"井""扁担""小岛""鱼钩"等革命遗物；制度性革命文化主要有"国庆节""公祭日""反对党八股""拿来主义"等；精神性革命文化主要有"敢于担当""勇于奉献""不怕牺牲""甘于平凡"等。

第二，从"知识—能力—素养"视角分析，革命文化知识主要有"圆明园的毁灭""开国大典""黄河颂""解放战争""为人民服务""领袖人物"等；革命文化能力主要体现为一种心理倾向，如"缅怀""感恩""诚信""奉献""崇高"等；革命文化素养主要体现为"革命精神的感染和践行""领袖人物的认知和效仿""英雄事迹的理解和传播"等。

第三，从"工具性—人文性"视角分析，人文性革命文化主要有"革命诗歌"(《沁园春·雪》《我爱这土地》《沁园春·长沙》《黄河颂》《七律·长征》等)、"革命故事"(孙中山、毛泽东、周恩来、邓小平等伟人故事和雷锋、雨来、黄继光、白求恩、狼牙山五壮士等英雄故事) 和"革命精神"(长征精神、延安精神、雷锋精神、航空精神等)；工具性革命文化主要有"奉献国家""服务社会""维护和平""待人和善""年少立志"等，兼涉国家、社会和个人三个层面。

从上述框架分析来看，统编教材中的革命文化不但意涵丰富，而且具有极强的感召力和生命力。它们从不同角度展现了特殊时期先烈们在革命求索中前进的艰难历程，同时也昭示了新时期人民群众在不断奋进中体会革命文化和继承革命精神的优良传统。

三、实践策略：指向革命文化的教学方法体系构建

(一) 明确语文课程中革命文化培育原则

语文课程革命文化的学习，不同于历史课程和道德与法治课程。如历史

课程中分别有旧民主主义革命、新民主主义革命、社会主义革命的专章学习，尤其对各时期革命人物、事件及其影响等都有史实性记载和陈述，学生对相关革命文化的感受是较为直接的。道德与法治课程中也有革命文化的内容，但更多的是将之作为一种素材资源进行道德引导和思想培育。而语文课程中的革命文化，既是学习对象，也是学习手段，还是学习目的。因此，对应着需要注意以下三条实践原则。

1. 坚持语言思维与文化审美相一致

法国结构主义人类学家莱维-斯特劳斯对语言与文化的关系做了三种概括：语言是文化的一个结果，语言是文化的一个部分，语言是文化的一种条件。[10]语文教育专家倪文锦教授对此曾解释："语言不仅可以理解为是文化的产物，或者是文化的组成部分，语言还可以理解为是文化的一种基础、一种条件，语言是比文化更基础的东西。人类文化活动和文化成果，就是建立在语言的基础之上的，是由语言提供基本成分和结构的。如果说，语言是文化的产物，强调的是文化对语言的决定作用；语言是文化的一个部分，强调的是语言对文化的从属关系；那么，语言是文化的一种条件这一观点，强调的则是文化对语言的依赖性，强调的是语言对文化的决定作用。"[8]无论从哪个角度看，语言和文化都息息相关，语言学习就是文化学习。另外，从语文学科核心素养培育的角度看，语言具有思维性，文化具有审美性，也因此，语文课程中的革命文化学习，必须要紧扣语言、思维和审美要素，在语言思维和文化审美中或通过语言思维和文化审美去感受并体验革命文化。

2. 坚持话语实践和思想精神相统一

语文课程标准规定"工具性与人文性的统一"是语文课程的基本特点。其中"工具性"主要指语文是学习的工具，是与生活密切相关的工具，是传承文化的工具[11]。数学、物理、化学等课程实则也有工具属性，但语文的工具属性主要表现为话语实践性。正如美国语言教育家 C. Kramsch 所说："话语是意义的载体与反映，它具有表达双重声音的作用，既表达说话者个人思想和意向（text），又代表说话人所属语言群体的期望（context）。两者形影不离，相互依存。"[12]作为国家意识形态之一的革命文化自然应具有话语经验或话语实践的特征。"人文性"主要指人文思想或人文精神，具体表现在文学教育方面，是对工具理性的一种批判和纠正，意在还语文课程以情感、思想、价值观等特征。革命文化显然具有精神指引和思想熏陶的价值，但语文课程中的革命文化学习不能仅局限于人文性价值，还要关注其工具性价值，这有利于学生德智齐飞，学用结合。

3. 坚持课堂内外或校园内外的双向互动

课堂内或校园内有关革命文化的学习，更多地表现为一种"识知"，即"认识—知道"层次，如英雄人物事迹、革命精神内涵等。然而语言学习的终极目标始终是为将来的继续学习、工作、生活做准备[13]，因此，对革命文化，除了"识知"，更应注重"行知"，即"理解—运用"层次。正如伽达默尔所认为的那样，理解、解释、运用犹如一个事物的不同侧面，是有机共存的。如果"识知"主要存在于课内或校内，那么"行知"就应该拓展到课外或校外，在社会生活行为中去践履革命文化精神，如穿着简朴、交友诚挚、为人诚实、勤做家务、乐于助人等；或者研学旅行目的地选择以具有红色经典文化的革命遗迹为主，通过直观认知和具身体察，进而加深对革命文化的内涵理解，强化对革命文化的道德实践。这也有利于勾连课堂内外，架起语文通往社会生活的桥梁。

（二）构建指向革命文化的教学方法体系

结合革命题材选文内容和分析框架维度，大体可将语文统编教材中的革命文化汇总为四大类：坚定的革命理想信念（为中华之崛起而读书等），崇高的革命精神风范（不怕牺牲、艰苦奋斗等），高尚的革命道德情操（为人民服务、集体主义等），激昂的革命艺术形式（革命文学、音乐等）。但就校内课堂教学而言，前三者主要都得依托具体的革命艺术形式（如革命题材的诗歌、小说、散文等）来显性直陈或隐性渗透。针对不同类型的革命文化内容，可构建如下教学方法体系。

1. 革命理想信念方面

革命理想信念是革命文化萌发的理论基底，主要指人们内心形成的对革命事业的一种观念或怀有的一种信仰。"为中华之崛起而读书""星星之火，可以燎原""不忘初心，方得始终"等都是革命理想信念的具体表现，其中折射着中国人民对革命必将胜利、社会必将光明、祖国必将复兴的一种希冀和祈盼。这种类型的革命文化应该成为学生内心的一粒种子，随着年龄的增长逐渐发芽、开花和结果。教学方法主要以"案例分析"为主，案例可以来源于教材，也可以是教师补充的素材资源，重在引领学生达到"理解"的目标。

2. 革命精神风范方面

革命精神风范是革命文化成熟的标志，主要指人们在革命实践中形成的一种稳定的心理状态，表现为一种精气、神貌。勇于创新的"五四精神"、敢为人先的"红船精神"、不怕牺牲的"长征精神"、乐于奉献的"雷锋精神"等都是革命精神风范的具体表现，其中透露着革命实践的光辉岁月，积淀着伟大崇高的精神力量。这种类型的革命文化应为学生的日常学习和生活提供精神动力和行动指南，教学方法主要以"情境体验"为主，情境可以是文本情境或社会情境，重在引领学生达到"化用"的目标。

3. 革命道德情操方面

革命道德情操是革命文化发展的内在要求，主要指无产阶级的道德情感和革命坚定性的结合，表现为坚定的无产阶级立场、深厚的无产阶级情感和为实现共产主义理想不惜牺牲、坚强不屈的奋斗精神。"全心全意为人民服务""集体利益大于个人利益""劳动最光荣"等都是革命道德情操的具体表现，其中表达了对私有观念、个人主义思想彻底抛弃的意思。这种类型的革命文化能够为学生人格品质的良善发展助力，教学方法主要以"对话反思"为主，师生围绕文本或素材，以实践反思者状态进行多重对话与意义阐释[14]，重在引领学生达到"自省"的目标。

4. 革命艺术形式方面

革命艺术形式是革命文化传播的主要依托，主要指有关革命题材的文艺作品，如诗文、音乐、剧作等。语文教材中主要以有关革命题材的诗歌、小说、散文为主，如诗歌《七律·长征》《黄河颂》，小说《驿路梨花》《百合花》，散文《纪念白求恩》《反对党八股》，消息《我三十万大军胜利南渡长江》《人民解放军百万大军横渡长江》等，都是革命艺术形式的具体表现，其中展现了革命文化的多元主题和多样表达方式。此种类型的革命文化有利于培养学生的语言文字运用能力，更有利于学生通过语言文字去体会革命思想、感受革命精神、养成革命道德情操，从而以身作则地在社会生活中进一步继承和弘扬革命文化，教学方法主要以多种阅读后的"分析—体验—对话"为主，重在引领学生达到"理解继承—实践弘扬"的目标。

综上，可将语文课程中的革命文化及其教学方法体系构建如下（图1）。

革命艺术形式　　　革命理想信念——案例分析法（重在"理解"）　　理解继承
（诗歌、小说、散文等）革命精神风范——情境体验法（重在"化用"）　　实践弘扬
　　　　　　　　　革命道德情操——对话反思法（重在"自省"）

图1

当然，通过语文课程实施革命文化教育，除了教材这个主要载体外，还需要一系列外在条件的保障，如进一步统筹规划三科统编教材中革命文化的教育内容和实施进度，进一步加强学校硬件设施建设（如多媒体、移动客户端、校园文化等），进一步将革命文化教育融入学生学业成就评价体系之中等。

总之，我们希望在语文课程中，通过革命文化教育的渗透，提升学生的文化自信，增强学生为中华民族伟大复兴而奋斗的光荣使命感。

参考文献：

[1] 习近平. 习近平在庆祝中国共产党成立95周年大会上的讲话［N］. 人民日报，2016-07-02（02）.

[2] 习近平. 决胜全面建成小康社会 夺取新时代中国特色社会主义伟大胜利——在中国共产党第十九次全国代表大会上的报告［N］. 人民日报，2017-10-28（01）.

[3] 中华人民共和国教育部. 普通高中语文课程标准（2017年版）［M］. 北京：人民教育出版社，2018.

[4] 王晓丽，王俊飞. 改革开放40年来关于革命文化概念、价值、发展的研究［J］. 湖北社会科学，2018（7）：19-24.

[5] 徐利兰. 论中国"革命文化"的内容和特点［J］. 广东省社会主义学院学报，2003（3）：36-39.

[6] 张健彪，田克勤. 革命文化的历史地位及当代价值［J］. 中国延安干部学院学报，2017，10（5）：54-59.

[7] 刘飞. 高中语文新课标"课程内容"解读——兼与2003年版课标对比［J］. 教育研究与评论（中学教育教学），2018（2）：27-32.

[8] 倪文锦. 文化强国与语文教材改革［M］. 北京：语文出版社，2015.

[9] 陈先云. "文道统一"原则下教材选编特点及教学建议——以统编教材中革命文化题材类文本为例［J］. 江苏教育，2019（73）：7-10，13.

[10] （法）克洛德·莱维-斯特劳斯. 结构人类学［M］. 谢维扬，俞宣孟，译. 上海：上海译文出版社，1995.

[11] 贡如云. 语篇阅读教学论［M］. 南京：南京大学出版社，2019.

[12] 邹工成. 华文教材编写研究［M］. 北京：商务印书馆，2015.

[13] 刘飞. 语文核心素养与课堂教学实践［M］. 南京：南京大学出版社，2019.

[14] 刘飞. 后现代课程观视野下的"学习任务群"解读［J］. 天津师范大学学报（基础教育版），2020，21（1）：26-30.

高中语文统编教材戏剧单元教学内容及实施建议

鲍开恺[①]

戏剧是一门综合艺术，包括戏曲、话剧、歌剧、舞剧等多种门类，集文学、表演、音乐、绘画等艺术于一身，给人带来视听的享受、审美的熏陶与道德的教育。高中语文统编教材（以下称"统编版"）必修下册第二单元，是高中语文必修课程中唯一的戏剧单元。基于《普通高中语文课程标准（2017 年版）》（以下简称"2017 版课标"）的课程内容与推荐篇目，该单元编选了《窦娥冤》等三部戏剧名作，并设置了若干个单元学习任务。笔者以统编版戏剧教材的编制理念与特色为切入点，结合 2004 年人教版教材的戏剧选文与教学内容，探讨核心素养背景下戏剧文学的教学重点与实施策略。

一、文体与主题兼顾，"工具性"与"人文性"结合

2019 年统编版高中语文戏剧单元选编了《窦娥冤》《雷雨》《哈姆雷特》三部名著的精华片段，分别代表中国古典戏曲、中国现代话剧和西方戏剧的最高成就。该单元与 2004 年人教版必修四戏剧单元既存在延续性，又做出了新的调整。统编版戏剧单元系文体与主题兼顾的复合型单元，便于学生感受与把握戏剧的文体特征和思想主题。与此相应，该单元的教学重点分为两大部分：一是熟悉戏剧文学体裁，理解作品人物、情节、语言，把握戏剧冲突；二是品味悲剧意蕴，理解人类的悲悯情怀和高尚品质。为便于比较分析，笔者将两个版本教材的选文内容与单元导语列表如下（表1）。

表1 2004 年人教版与 2019 年统编版戏剧单元对比

教材内容	教材版本	
	人教版（2004 年）	统编版（2019 年）
教材选文	1.《窦娥冤》楔子及第一、二、三折 2.《雷雨》第二幕（片段） 3.《哈姆雷特》第五幕第二场	1.《窦娥冤》第三折 2.《雷雨》第二幕（片段） 3.《哈姆雷特》第三幕第一场

[①] 鲍开恺，苏州科技大学文学院副教授。

(续表)

教材内容	教材版本	
	人教版（2004年）	统编版（2019年）
单元导语（摘要）	1. 认识中国古代戏曲和中外话剧 2. 欣赏古典戏曲的曲词之美，透过曲词体味人物的内心情感 3. 把握剧中的矛盾冲突，品味个性化的人物语言，尝试推想戏剧的艺术效果	1. 心怀悲悯，追求正义，坚守良知。通过剧中人物的悲情遭遇，深刻理解社会人生 2. 通过阅读鉴赏、编排演出等活动深入理解戏剧作品，把握其悲剧意蕴 3. 认识传统戏曲和现代戏剧的基本特征，把握戏剧的冲突、情节、人物，体会戏剧语言的动作化和个性化，理解悲剧作品的风格特征

由表可见，统编版戏剧单元的选文有两大调整：一是人教版收录《窦娥冤》楔子及前三折，统编版仅保留第三折（即"斩娥"）。人教版较完整地展示了元杂剧的体制结构与艺术特征；统编版则通过作品最脍炙人口的片段，集中展示其艺术成就与悲剧意蕴。二是人教版《哈姆雷特》选录第五幕第二场，统编版改为第三幕第一场。前者是惊心动魄的"比剑"，以情节和冲突见长；后者是关于"生存还是毁灭"的理性思考，以语言和人物性格见长。《窦娥冤》从求全到浓缩、《哈姆雷特》从重情节到重思想，实际都体现了阅读教学向深度发展。学生除了掌握戏剧的基本知识与能力，更需通过个性化、动作化的戏剧语言，分析人物性格，理解作品的情感与思想内容。

统编版的单元目标也在人教版的基础上有所改进。人教版注重戏剧文学的体裁特征与艺术风格，统编版在保留上述内容的基础上，更要求学生把握悲剧意蕴、理解悲剧的风格特征。在表述文体时，人教版多用"戏剧""戏曲""话剧"等概念，单元教学的重点在于掌握"戏剧"的内涵与特点；统编版则相对来说更突出三篇课文的"悲剧"意蕴，将"戏剧文学"与"悲悯情怀"两大内容作为单元教学的重点，突显了"人文性"。如统编版戏剧单元"学习任务"中特别强调："鲁迅说，悲剧'将人生的有价值的东西毁灭给人看'（《再论雷峰塔的倒掉》）。在本单元的课文中，窦娥的善良、鲁侍萍的真情、哈姆雷特的理想都是'有价值的东西'，也都遭遇了现实的摧残和毁弃。阅读这样的悲剧作品，常常会引起我们心灵深处的悲伤、哀痛乃至愤懑，激发我们对良知的坚守、对道义的追求。"[1]

该单元以"悲剧"为切入点，引导学生关注作品对现实的理解和对人生的关怀，进而树立正确的价值观，激发心中的正义、良知与悲悯情怀，实现情感态度价值观的提升。同时，使学生在阅读中品味戏剧中的人物、情节、语言和矛盾冲突，把握戏剧文学的表现手法，感受戏剧文学的魅力。

二、以"提示"与"任务"为线索，突出学生主体地位

统编版教材取消了人教版课后的"研讨与练习"，代之以每课的"学习提示"和每单元的"学习任务"。这是依据2017版课标提出的"语文学科核心素养"及"学习任务群"所做出的改革，具体体现在两个方面。

一方面，设计综合性语文活动，创设戏剧文学特有的教学情境，在合作探究中提升学生的语文素养。语文是一门综合性、实践性的课程，戏剧更是语文教学中最富有动作性和表现力的文体。据此，该单元的学习任务二设计了演出话剧《雷雨》或《哈姆雷特》的任务，并分解为四个步骤：（1）深入研读剧本；（2）集体讨论，形成演出本；（3）进行排演，准备演出；（4）正式演出，评议总结。从阅读、讨论到排练、演出，寓教于乐，推动着能力的层层进阶。学生通过阅读把握情节、人物与环境，再讨论研究，逐渐形成台本。在此过程中，揣摩人物的性格、情绪，调整各自的音量、语速、语气，对台词反复咀嚼乃至滚瓜烂熟。之后，进入排演阶段，语言与肢体动作配合，学生通过交流互动，找准角色定位，将书本上的"戏剧冲突"转化为活生生的舞台演绎。最后，全班研讨，从语言、文学、表演、导演等角度全面分析作品，形成800字左右的戏剧评论文章。上述过程，关联2017版课标中的"文学阅读与写作""思辨性阅读与表达""中国现当代作家作品研习""外国作家作品研习"等学习任务群，多个任务严谨整合，且举重若轻，在教学实施中具有高效性和可操作性。

另一方面，统编版教材以"学习提示"取代"研讨与练习"，以亦师亦友的点拨取代琐碎详尽的习题，突出学生的主体地位，使学生在自主研讨中获得新知。以话剧《雷雨》为例，人教版教材课后"研讨与练习"第一题如下：

仔细阅读课文，把握周朴园、侍萍的性格，回答下列问题。

1. 在鲁侍萍讲述往事的过程中，周朴园经历了怎样的心理变化？

2. 周朴园是怎样看待鲁侍萍突然出现在面前这件事的？他先后做出了怎样的反应？

3. 从和鲁大海的激烈冲突中，可以看出周朴园哪些性格特征？

4. 课文结尾处写周萍动手打了鲁大海，目睹这个场面，侍萍有什么样的反应？她由"只要见见我的萍儿"到此时对周萍的情感变化是怎样的？[2]

在统编版《雷雨》"学习提示"中，也有一段相应的内容：

曹禺认为"写戏主要是写'人'"（《看话剧〈丹心谱〉》）。《雷雨》在刻画人物时避免了脸谱化和扁平化，用多个细节充分地展现人物性格、心理的复杂性，取得了巨大的成功。阅读本文时要抓住人物关系，初步理解人物性格。最好能阅读全剧，更全面地理解剧中人物。可以围绕"周朴园对侍萍的怀念中到底有几分真情""鲁侍萍是坚强还是软弱"等问题进行探讨，深入把握《雷雨》中主要人物的性格特点。[1]

两个版本教材的设问思路并不相同，意图却是一致的：旨在通过戏剧文本，分析周朴园、鲁侍萍等主要人物的性格特征与思想情感。统编版提醒学生注意剧中的细节与人物关系，但教材并未点出具体读哪些细节、何种关系，学生须仔细捕捉文本中微妙的深意。人教版教材中提示的四道小题恰巧给学生指出了剧本的四个细节。两相比较，相对来说，人教版偏重训练，"给出答案"；统编版注重启发让学生自主总结提炼，突出学生学习主体性与学习能力的培养。

由此可见，统编版以循循善诱的"学习提示"指点学生掌握戏剧阅读的路径，又以环环相扣的"学习任务"使学生在丰富的语文活动中逐步完成能力的进阶。统编版变"导"为"助"，学生通过自主分析课文、解决问题、完成任务，在研究性学习中促进语言、思维、审美、文化四个方面学科核心素养的整体发展。

三、关于高中语文戏剧教学实施的建议

综上所述，统编版高中语文必修教材为贯彻2017版课标、落实学科核心素养做出了较大改革，并取得了实质性的进展。然而，当前高中语文戏剧教学在阅读方法、课程资源、辩证思维等方面尚有可开拓的空间。有鉴于此，笔者对戏剧文学的教学实施提出三条建议。

第一，拓展阅读视野，建构以戏剧为中心的专题阅读、群文阅读学习任务。

2017版课标指出："加强课程实施的整合，通过主题阅读、比较阅读、专题学习、项目学习等方式，实现知识与能力，过程与方法，情感、态度与价值观的整合，整体提升学生的语文素养。"[3]

传统语文课堂的戏剧教学，由于缺乏明确的理论指导，往往缺乏具体有效的教学活动，专题式、项目式的阅读方法难以得到普遍推行。推行新课程标准之后，一方面，教师应扩大阅读空间，加强戏剧作品整本书阅读。另一方面，语文教材编写和课内外阅读中应注重以戏剧为主题的群文阅读。例如，以某一作品剧本、改编本、剧评等群文构成的作品主题阅读；以中国不同时代、同一类型戏剧作品构成的戏剧史专题阅读；以同一题材、多部作品构成的同题比较阅读；以戏曲、话剧、歌剧等多种形式作品构成的戏剧文体专题阅读；以戏剧论著和论文为专题的学术专题阅读；等等。上述专题若在语文必修教科书中未能得到完整体现，还可通过选修、教辅和课外活动得以弥补。在群文阅读和专题阅读的过程中，学生应通过资料检索、口头交流、片段表演等方式深化阅读体会、相互借鉴学习，进而通过微写作、读书笔记、剧评剧论等方式，探究戏剧作品的内涵与精髓，巩固并整理阅读中形成的观点，用文字的方式形成过程性学习成果。

第二，关注戏剧艺术的生存与发展现状，结合地域文化特色、跨媒介阅读与鉴赏，开发多种课程资源，增强学生的当代文化认同感、参与感。

2017版课标明确提出："要注意利用本学校、本地区的特色资源，关注教学过程中生成的资源，引导学生学习从现实生活中发现问题，提出活动主题，增强在各种场合学语文、用语文的意识，多方面地提高学生的语文素养。"[3] 目前，中学语文戏剧教学重视古今中外经典名剧的阅读，美中不足在于，学生对戏剧的了解尚停留在"经典"的范畴，而对戏剧艺术的发展及当代剧坛的动态知之甚少。旧沪教版教材就曾选入新编戏《曹操与杨修》，体现了语文课程与当地资源的结合。该剧发表于1987年《剧本》杂志，由上海京剧院尚长荣演出并轰动全国。沪教版教材的主要使用对象为上海市的学生，在教材中加入当地京剧院团的代表剧目，能够提升学生的阅读兴趣和观剧热情，进而从书本的文学之美转向舞台的表演之美、声腔之美，体味戏剧艺术的鲜活生命力。

利用当地特色资源促进语文教学，亦可通过中国戏曲的"地方性"特色得以体现。2015年，国务院办公厅发布了《关于支持戏曲传承发展的若干政策》，其中第十九条提出："加强学校戏曲通识教育。结合学校教育实际，强化中华优秀传统文化特别是戏曲内容的教育教学。大力推动戏曲进校园，支持戏曲艺术表演团体到各级各类学校演出，鼓励大中小学生走进剧场。"[4] 以《窦娥冤》为例，至今仍活跃于各大剧种的戏曲舞台：北京的京剧、江苏的昆剧、浙江的越剧、河南的豫剧、广东的粤剧等，均有极其精彩的演绎。各地可根据实际情况组织学生观看演出，一方面促进地域文化的传播与传承；另一方面结合语文教学，比较《窦娥冤》原著与演出改编本在人物、情节上的增删与改动，评价改编本的优缺点及艺术价值。

此外，还可通过跨媒介的阅读与鉴赏和视觉、听觉等多样化的体验加深对作品的理解。如观看电影《雷雨》《哈姆雷特》，了解电影剧本的形式与特点，使学生对戏剧概念的认知与理解更加生动而丰富。有条件的学校还可结合学生社团，引导学生拍摄戏剧微电影，亲身体验戏剧二度创作的过程，深入对戏剧作品的理解和体会。

第三，重视中国古典戏曲教学，在加强传统文化传承与弘扬的同时，引导学生理解中国古典戏曲的时代局限，用辩证的思维分析古典戏曲的思想内容。

2017版课标将"文化传承与理解"列为语文学科的核心素养之一。传统文化是中华民族智慧的结晶，古典戏曲是传统文化中的瑰宝。研习古典戏曲，能够使学生汲取民族优秀文化宝库中的养料，奠定深厚的文化底蕴。目前，高中语文学段的古典戏曲阅读集中于文化的"传承"，而在文化的"理解"上尚有较大提升空间，对于古典戏曲名篇，尚有许多未及挖掘的内容。例如，古典戏曲的虚拟性与写意性、戏曲大团圆结局的文化背景、戏曲人物的思想局限性等等。2017版课标倡导"就传统文化的历史价值、时代意义和局限等问题，用历史和现代的观念进行审视，表达自己的看法"[3]，语文教师在课堂教学环节，应注重作家经历、历史背景、思想局限等问题，使学生通过对戏曲文本的深入研习，分析古典文学中的精华与糟粕。例如，如何理解窦娥的孝顺与窦娥的叛逆？窦娥的抗争在关汉卿所处的元代有何特殊意义？比较《莺莺传》与《西厢记》，一悲一喜的结局体现了怎样的思想差异？等等。在教学中设置进阶思考，引导学生从时代背景、作者局限和历史发展的角度评价古典戏曲的思想内容与价值观，发展学生的辩证思维和批判性思维，促进思辨性阅读与表达能力的提升。

总而言之，课程标准的修订、教科书的编写、教学方式的转变，在不同的历史时期体现出遵循教育规律、适应时代需要的发展。以统编版语文教材戏剧单元为角度，我们对课程标准、教材和教法的认识也在不断地加深，戏剧教学也势必在不断的探索中真正提高学生的语文学科核心素养。

参考文献：

［1］中华人民共和国教育部. 普通高中教科书　语文　必修　下册［M］. 北京：人民教育出版社，2019.

［2］人民教育出版社课程教材研究所，中学语文课程教材研究开发中心. 普通高中课程标准实验教科书　语文4　必修［M］. 北京：人民教育出版社，2006.

［3］中华人民共和国教育部. 普通高中语文课程标准（2017年版）［M］. 北京：人民教育出版社，2018.

［4］国务院办公厅. 关于支持戏曲传承发展的若干政策［Z］. 国办发〔2015〕52号.

第三章

指向语文学科核心素养养成的课堂教学

第一节　重新认识高中语文教学

高中语文课堂教学"少目标"设计的探索

曹飞灵[①]　叶卫平[②]

笔者曾上过一堂组内公开课《季氏将伐颛臾》，上完之后，心里很茫然，不知道学生收获了什么。于是找到一位我很尊敬的老教师让他给我指点迷津。然而，他只问了我一个问题——"你本堂课的教学目标是什么？"这个简单的问题却让我愈加迷惑。回到办公室，重新翻开自己的备课本，上面赫然写着几大目标：①归纳文中的重点文言字、词、句知识；②分析孔子的说理方法，学习孔子以理服人的辩驳艺术；③理解孔子的政治主张，了解孔子的仁政思想。心想这明明是有目标的，而且不止一个，他怎么会这么问呢？再仔细想了想，一节课只有40分钟，除去导入和小结的时间，分配到每个教学目标上的时间只有10分钟左右。况且，这是文言文，需要花很多时间在朗读上，所以根本不可能在这么短的时间内落实这么多的目标。

记起若干年前特级教师郭吉成在评价一堂公开课时，对该课的课堂教学目标进行了详细的评价，并指出课堂教学目标太多，却没有很好地落实，导致目标形同虚设。至此，我才明白，原来这位老教师并不是说本堂课没有教

[①] 曹飞灵，浙江省湖州市安吉县孝丰高级中学教师，中学一级教师。
[②] 叶卫平，浙江省嘉兴市嘉高实验中学教师，中学高级教师。

学目标，而是说目标预设太多，最后反而变成了"无目标"。于是，我决定好好研究一下教学目标的设计，以期对自己将来的教学起到促进的作用。

一、乱花渐欲迷人眼

我曾在执教《礼拜二午睡时刻》一课时，按照"知识与能力""过程与方法""情感态度与价值观"三个维度面面俱到的方式，设计制定了如下教学目标：①初步了解加西亚·马尔克斯的人生及其创作风格；②体会文章传达情感的方式，把握课文的主要内容与题旨；③理解细节描写与环境描写的作用；④理解本文刻画人物的主要方法，分析母亲形象；⑤理解本文蕴含的人道主义精神，感受伟大的母爱。

当时上完课觉得好多目标都没能在课堂中体现，即使在教学过程中有所体现的目标，学生也不甚了解。课后自我感觉也不是很满意。

还曾经听一位教师上《荷塘月色》一文，他将教学目标定为：①初步把握写景抒情散文情景交融的特点；②学习作者运用语言的技巧：比喻、通感的巧妙运用。但是，在教学过程中，他又加入了"作者介绍""作品介绍""分析《采莲赋》"等环节，并且一一详细介绍。所以，该课留给两个教学目标的时间也仅剩 25 分钟。而在具体完成这两个教学目标时，他又按照段落的顺序，把两个目标夹杂在一起分析，结果学生觉得糊涂，分不清教师这堂课重点到底想讲什么，真正又讲了什么。

所以，教师需时刻牢记，语文应该是"用教材教"，而不是"教教材"。因此，确定合理、精准的教学目标很重要，落实教学目标当然更重要。

二、不畏浮云遮望眼

听课回来后，笔者在备课《荷塘月色》时做了适当的调整：把它分为两课时，第一课时专门分析"比喻、通感的巧妙运用"，这样在完成第一目标的同时，也达到了对课文内容的理解；第二课时就着重探讨"写景抒情散文情景交融的特点"。按照这个教学设计实践之后，自我感觉思路清晰，问题分析比较透彻，而学生也明显印象更加深刻。这让笔者初次尝到了"少目标"的甜头，于是在备课、听课时也开始注重研究教学目标的合理性。

当然，"少目标"并不是说目标越少越好，而是指相对于"多目标"而言，制订适量的、精确的目标。目标不要太多，也不要太少；不要太难，也不要太简单。要想学生收获得多，上课有效率，教师在备课时就要依据学情设计具体的、少而精的教学目标，即"少目标"。只有依托于"少目标"，我们才能合理裁剪教材内容，正确选择教学方法，妥当安排教学进程。也只有教学目标"少"了，才能透彻地分析问题；只有透彻地分析问题了，才能让学生实实在在地学习，才能让学生一步一个脚印地提高语文素养。

偶然的机会，听了备课组长上的一堂组内公开课，恰巧就是《礼拜二午睡时刻》，终于解开了我一直以来的困惑。那堂课，她只选择制定了一个教学目标，即体会文中处理感情的方式——节制。以这个目标为主线，整堂课设置了以下五个问题：①这篇文章属于哪一类小说？（是让人思考的小说，让人好笑的小说还是打动人的小说？）②这篇文章是靠什么打动你的？③文中的母亲心情如何？④作者采用哪些方法来表现母亲的情感的？⑤作者为什么不把这些情感直接描写出来？

这五个问题层层深入，一环扣一环，在最后自然而然地点出"这就是作者最独特的处理文中人物情感的方式——节制"，从而很好地实现了课前预设的教学目标。整堂课生动而不失深刻，深受听课教师赞赏，也不乏学生喜爱。不得不说，正是"少目标"的教学设计促使这堂课达到了"浑然天成"的效果。

三、绝知此事要躬行

1. 吃透教材，明确目标

一篇课文能够讲解的知识点很多，而上课时间是有限的，这就需要教师在众多的知识点中确定精确的目标，解决主要的问题。要制订清晰、适宜的教学目标，就必须吃透教材内容。而要吃透教材，就需要深入研读课文本身，弄清所教课文在该教材、该板块中的地位以及在整个高中语文教学中应该承担的任务，然后紧紧围绕语文课程标准，查阅其他与课文内容有关的资料，甚至参考其他人的教学设计、课件，以及专业书籍。如此综合各方面的信息，再结合学生的实际才能制定出最适合学生的教学目标，从而提高语文教学的有效性。

比如，《鸟啼》这篇课文，教参上对该专题提出的教学目标有四个：①学生通过学习激发热爱生命的感情，培养珍爱生命的意识；②学生学会多角度地观察生活，丰富情感体验，对自然、社会和人生有自己的感受和思考；③学习散文托物言志、借景抒情的方法；④学习小说通过外貌和语言的描写塑造人物形象的写法。

此外，教参中对于《鸟啼》一文的教学还单独提出了要求：要引导学生体会小鸟啼鸣声中蕴含的生命活力，领悟字里行间透露出的作者对生和死的思考，对生命神奇的由衷赞美。考虑到本文属于"珍爱生命"专题的第二板块"生命之歌"，体现了对小生灵顽强生命力的赞美；同时参考了其他一些教案和课堂实录，笔者最后确立了本课的教学目标为：①了解"鸟啼"的象征意义；②理解"鸟啼"给人的启示，初步培养珍爱生命的意识。

由于很好地吃透了教材，该课上起来得心应手、情感到位，学生也在学习到语文知识的同时深受触动。

2. 参透学生，确立目标

新课程实施以来，一线教师常常困惑于目标达成与课堂学生认可之间的矛盾：课前预设的教学目标是按部就班地"达成"了，但学生往往缺乏积极性，故课堂也往往比较沉闷。有时一个问题抛出去，本希望引起学生的热烈参与，期待师生间形成良好的互动，但结果却是课堂顿时安静下来，学生沉默无语。

为什么会出现这种情况呢？这其实就是教师在确立教学目标时，只想到了要符合教材的要求，却没在心里装着学生，没有站在学生的角度去思考——学生的水平怎样，学情怎样，学生需要的是什么，学生的兴趣又是什么……一名教师，总是希望自己的课上得精彩，于是认真地钻研教材、教参和其他资料，设计出自认为满意的教学设计。但是，这种确立教学目标的方式本身存在弊端，即它是我们想要灌输的，不一定是学生想要的。因此，语文教学需要因材施教、凸显层次。

当然，教师在教学时，不可能做到每一点都与每一位学生相契合，但是，不同层次的班级还是应该呈现不同的教学目标，即教师在设计教学目标时，应该注意学生接受程度的差异，设计有层次、有梯度的教学目标。在教学中，教师应在充分把握文本的基础上，确定教学目标，从学生的现实角度和发展角度出发，抓住学生与文本的特点，从而展开指向语文素养的提升、语文知识的落实的语文活动，真正做到"心中有目标，心中有学生"。

3. 上下贯通，形成系统

课堂教学目标应该具有系统性，不能孤立地就课时而设计课时目标。很多时候，我们没有系统性地去安排教学任务，所以很多知识点就会被教师反反复复地强调，即便如此，学生依然不能掌握。

举个例子：小说的教学应该要把握环境、情节、人物、主题等，在苏教版必修二教材中出现的小说有《最后的常春藤叶》《说书人》《林黛玉进贾府》《祝福》《边城》，那么教师是在设计每一个文本的教学时，是平等对待这些要素，还是将这些要素有序地分摊到各个文本的教学中？就这一点而言，笔者认为人教版选修教材《外国小说欣赏》的安排就比较妥当，值得我们借鉴：它将小说的八个话题分别安排在八个单元中，并精选与之相匹配的优秀文本（表1）。这样，教师就可以借助文本有侧重地、有序地实施目标教学。所以，教师教得清晰，学生学得也清楚。

表1　人教版选修教材《外国小说欣赏》的话题安排

单元	文本	话题
一	《桥边的老人》《墙上的斑点》	叙述
二	《炮兽》《安东诺夫卡苹果》	场景
三	《丹柯》《炼金术士》	主题
四	《娜塔莎》《素芭》	人物
五	《清兵卫与葫芦》《在桥边》	情节
六	《牲畜林》《半张纸》	结构
七	《山羊兹拉特》《礼拜二午睡时刻》	情感
八	《沙之书》《骑桶者》	虚构

"凡事预则立，不预则废。"教师在备课时，必须重视课堂教学目标的设计，必须紧紧围绕教学目标设计并实施教学活动。只要我们注意因人定学，依文教学，就有可能不被大量的参考资料所淹没，就能"去蔽"，进而向高效语文课堂靠近。

小说阅读教学的变与不变
——指向学生核心素养养成的小说教学变革

徐思源[①]

小说阅读，是人们日常阅读中最为生动、最受欢迎的内容，也是文学阅读最主要的体裁。在高中语文教学中，小说教学也是文学教学的重要内容，它的重要性是毋庸置疑的。那么，在聚焦学生核心素养养成、基于核心素养培育的高中语文新课程标准出台的形势下，小说教学会发生怎样的变化呢？我想，变化当然是有的，但也有因小说阅读本身规律决定的一些不变的东西。作为语文教师，我们应该有所因应，遵循新课标的精神，从学生核心素养养成的需要出发，思考和改革小说教学。

一、基于学科核心素养，小说教学怎么变

小说是叙事性的文学体裁，用艺术的方式表现生活，表现社会与人性，它是现实生活的艺术展现，因此小说阅读在核心素养养成上有多方面的功能。从语文学科核心素养的四大项来看，小说阅读都与之有密切关系。小说阅读是阅读语言文字作品，阅读的过程就是语言实践活动，是"语言建构与运用"的过程；阅读小说的过程是体验生活、思考人生的过程，必然涉及"思维发展与提升"；小说是语言艺术，是极好的审美对象，阅读的过程就是"审美鉴赏与创造"的过程；小说表现人类生活，是文化的载体，包含丰富的文化内容，当然也是学生"文化传承与理解"的重要途径。我们应该在此基础上来看小说教学的变与不变。

讲到变化，首先要改变的是教师单向的讲授，要从教师单向讲授变成学生自行阅读，教师点拨引导。这也是课改的重要精神，即让学生成为学习的主体。这倒不是让大家跟风赶时髦，其实，学生主动学习是符合学习规律的。第一，教育心理学、学习理论都告诉我们，学习者的参与度越高，学习效率就越高。第二，语文课的阅读教学，特别是文学作品阅读，更需要让学生在自行阅读中获得初感，而后再与同伴和教师讨论以使知识内化、认识升华。文学阅读是一种情感体验和创造性的思维活动，每一个读者都是作品的创造者。而教师单向讲授，学生只能跟着教师的思路去体会、去模仿，就定死了

[①] 徐思源，江苏省苏州第十中学语文特级教师。

学生思维的方向和框架，切断了学生体验和创造的路径。因此，针对文学阅读的小说阅读教学，教师要做的是点拨和引导，要依循"依学而教"的原则，给学生更多阅读体验并获得阅读初感的空间。

当然，教师的点拨引导可以是多样的。可以是学前的导引，也可以是学生阅读后的讨论指导，还可以是讨论中的解答点化。比较理想的状态是学生先阅读作品，做读书笔记如内容摘记、故事概述等，并提出理解上的问题，然后师生共同在课堂上讨论，或教师解惑释疑，将学习引向深入。但在起步阶段或是作品有难度、学生基础较弱的情况下，可以由教师提出问题，让学生带着问题去阅读，在教师问题的引导下逐步进入状态。比如，阅读《荷花淀》《最后的常春藤叶》《边城》《家》《三国演义》等，可以采用前者，让学生获得自己的阅读初感，提出问题然后进入讨论。而阅读《祝福》《药》这样的作品，在叙述方式把握和作者意图理解上有难度，教师可以提出问题，帮助学生梳理作品内容，理解作品主旨。如《祝福》，可以从这些方面发问：祥林嫂的生命历程是怎样的？倒叙的写法有什么作用？祥林嫂的故事为何要放在"祝福"的氛围中？谁杀死了祥林嫂？祥林嫂之外的其他人物与她是什么关系？构成了怎样的故事？《药》的难点在于双线结构和作品主旨。可以问：小说写了怎样的故事？夏家与华家的故事结合起来有什么意义？人血馒头的故事隐喻了什么？这些问题可以在学生阅读前提出，也可以在学生阅读后结合学生的问题提出，用这些问题引导学生梳理内容，把握情节，认识人物形象，理解作者意图，品味艺术表现。但不管怎样设计教学步骤和引导方式，最重要的是一定要充分给予学生自己去阅读、去获得自己感受的机会和思考并提出问题的空间。

变化之中有不变。读小说，就要遵循小说的体裁思维。教师要教给学生小说的体裁知识作为学习支架，要依循小说的体裁特征实施教学。但不变之中也有变化。以前教小说，很多教师只讲"三要素"，即小说的情节、环境、人物。做得好一点的，分析三要素之间的关系，引导学生如何通过对作品中三要素的分析去理解小说的主旨。一般的，往往只回答三要素在作品中"是什么"的问题，甚至连作品的主旨内涵和艺术表现也缺乏体味。这样做，强调了小说的体裁特征，但仅仅是静态的分析，其实是很机械的。有教师提出"读小说的五个层次"，我感觉很有道理。第一是故事的层面，小说讲了什么故事、什么人物及其关系，事情的发生发展和最后的结局等等；第二是理解人物的性格、命运及其原因，进而理解形象的意义；第三是小说的叙述，即作者是如何呈现这个故事、如何描摹环境和刻画人物的；第四是小说的现实意义;第五是在小说中读到自己。前三个层面基本是现行教学的内容,即故事、人物和作品的艺术表现;后两个层面更多的是从读者角度出发,是故事中的现实意义和故事中的"我"。

作者以《祝福》为例来说明。第一个层次,明确小说讲的是祥林嫂的故事,祥林嫂是个寡妇,她两次到鲁镇来做工,最后沦为乞丐贫困而死。第二个层次,首先要读出祥林嫂是一个普通的农村妇女,她勤劳诚朴,对生活要求并不高,只要有活干,养活自己是没有问题的。但是,丁玲在读《祝福》时,却读出了祥林嫂非死不可的悲惨命运,因为"同情她的人和冷酷的人、自私的人,是一样把她往死地里赶"。鲁四老爷厌恶她是一个寡妇,婆婆有权把她绑回家卖到山里去,柳妈出主意叫她去捐门槛赎罪。然而,祥林嫂何罪之有?这样,从祥林嫂身上,我们看到思想、观念、礼法和道德是如何杀人的。第三个层次,要能体会作者把祥林嫂的故事置于鲁镇"祝福"的背景下,选取祥林嫂一生中的几个片段,通过叙述者"我"的所见所闻连缀成篇。而作者设想的祥林嫂故事的亲历者,也是这个故事的讲述者,同时又是这个故事中的一个人物,这样,作者就把"'我'的故事""鲁镇的故事"和"祥林嫂的故事"巧妙地结合起来,一起构成了"祝福"的故事,展现了旧中国农村的世风人情。第四个层次,从祥林嫂被人和人之间的隔阂和冷漠、虚伪和残忍害死,思考现今社会存在着的人性的虚伪和冷酷。第五个层次,文章说我们甚至会读出"我就是祥林嫂,我就是鲁四老爷,我就是鲁镇上的那些老女人"的感觉。确实,读小说读到最后,都是在读当下、读自己,因为过去的故事对今天会有意义,每一个读者在杰作中"领略人类所思、所求的广阔和丰盈,从而在自己与整个人类之间,建立起息息相通的生动联系",也能"在其中寻觅并且体验到他自己"。所以好的小说总是常读常新。相比以前的小说教学,五个层次的说法从静态的对象分析变为动态的阅读过程与路径方法的表述。之所以赞同这样的说法,我想强调的是,小说阅读教学,要更多地关注阅读者、学习者。这个不变之中的变化,其实是带有颠覆性意义的。

二、在学习任务群中,小说怎么教

依循新颁布的高中语文课程标准,我们的教学还要有新的变化。高中语文课程标准的"课程内容",以综合性学习的"学习任务群"统贯语文课程内容。综观18个任务群,与小说相关的不少。"文学阅读与写作"是必修课程中学时最长、学分最多的,而文学阅读中小说的阅读占了很大的比重。选择性必修课程中"中国革命传统作品研习""中国现当代作家作品研习""外国作家作品研习"都涉及小说，"中华传统文化经典研习"中还有古代小说。选修课程中"中国革命传统作品专题研讨""中国现当代作家作品专题研讨""中华传统文化专题研讨"中也有涉及小说的，而贯串三个学段的"整本书阅读与研讨"，更是少不了小说。

在"学习任务群"中，教学的变化除了强调学习者的主动性之外，还有两点要重视。

第一，任务群的学习更具综合性。讲求综合，小说教学就不是以前比较单纯的由教师讲授的阅读理解和鉴赏了，而应该是通过阅读、讲说、写作等学生的语言实践活动，进行理解、分析、鉴赏，必修阶段的"文学阅读与写作"，更是提出了文学写作的要求。学生在任务群的学习中，要自己阅读小说，要思考并提出理解鉴赏中的问题，要与同伴和教师讨论研究问题，形成自己的见解。而伴随这些阅读思考活动的，就要做阅读笔记，或是摘录，或是批注，或是点评，要写出鉴赏评价的文章，要模仿原作，尝试小说的写作。还要有相关信息的搜寻、资料文献的分析，要有讨论中的口头发言和专题演讲。这是一个综合的学习过程，是读、想、听、说、搜、析、写的语言实践过程。

第二，各个任务群中的小说阅读，有不同的要求。必修中"文学阅读与写作"，主要是觅得小说阅读的津梁，并尝试写作。在这一阶段，比较恰当的是选择内容相对浅显、体裁特征比较典型的作品，让学生通过阅读体会小说的特点及阅读的要领，了解小说写作的一般规律，并尝试实践。如前文所列的《荷花淀》《最后的常春藤叶》《祝福》《边城》等，都可以辅以小说体裁知识与阅读方法的指导，让学生通过阅读、思考、讨论、辨析、写作去达成目标。在这个过程中，有一些问题教师是要关注的，如中国小说与外国小说是不同的，教师可以有意识地引导学生去比较、分辨、体会。如将《荷花淀》《邮差》《说书人》《哦，香雪》等中国小说的散文化倾向、冯骥才小说的评话说书意味，与外国小说比较，让学生体会两者的不同。长篇小说与短篇小说也是不同的，教师也要有所指点。比如，阅读《红楼梦》，可以指导学生在阅读全书后研读前五回，体会前面几个章节对全书情节、人物等的布局作用。再结合其他长篇的阅读，了解长篇小说的网状结构。通过对《项链》《最后的常春藤叶》《二十年后》《装在套子里的人》等作品的阅读，学生更能体会短篇小说的精巧构思。

同样是小说阅读，不同学段的任务群有不同的学习要求和目标。必修阶段，主要是理解性阅读，选择性必修与选修课程中的任务群分别是"作品研习"和"专题研讨",这两类任务群有相同的作品精读要求,但也有不同。选择性必修中的任务群,属于作品"研习",强调深度阅读,从理解到研究。选修中的任务群,则强调"研讨",从某个或某些作品的研习到带有普遍性问题的研讨。比如,老舍的《断魂枪》,放在必修的"阅读",重点是通过阅读体会小说的体裁特征和阅读方法,觅得小说阅读的津梁。阅读要关注情节的梳理、沙子龙等人物形象、小说的隐喻意味、精彩的描写等。在"作品研习"阶段,则应该是更高要求的作品精读,不仅仅是理解,还要强调深入体味,鉴赏评价。如果放在"专题研讨"阶段,就要从具体作品抽象到普遍性问题的思考、讨论和研究了。还是《断魂枪》,可以结合冯骥才的《神鞭》,同样是写武功,同样是写古老的中华文化的末世命运,表现历史震荡时期、文化嬗变时期作为中国文化承载者的复杂心态,作者的倾向有什么异同呢?还可以再结合师陀的《说书人》和高尔斯华绥的《品质》,这两篇小说在表现传承者的执着的同时,有没有反映出与《断魂枪》相同的问题呢?在不同的行业,甚至在不同的国度和民族,这样的问题是如何呈现的?在作者自觉或者不自觉的文字后面,我们能看到传统文化怎样的命运,又该如何面对呢?

再如,毛姆的《月亮和六便士》,这是一部不那么好读的小说。这部小说所表现的文学的隐喻,是一个很有现实意义、值得探讨的问题,即现实生活与理想的关系。遍地都是六便士,你是否要去找月亮?如何面对理想与现实的矛盾,是始终伴随人类生命而存在的永恒命题,在阅读小说后进入这个问题的思考和讨论,就是专题的"研讨"了。而类似这样的研讨,对学生来说是很有必要的,也是语文学习的重要内容。

总之,小说就是小说,小说有其特定的体裁特征,小说阅读有其特有的规律,小说教学自然应该遵规而行。但是对规律的认识是有变化和进步的,我们也要与时俱进。而在课程目标、课程内容和要求有变化的情况下,我们更要依照课程标准的要求去思考认识和实施小说教学。

核心素养导向下的高中小说教学内容再确定

陈 琳[①]

目前高中小说教学的突出问题在于对教学内容认识片面，依旧把小说知识混同于教学内容，而非通过教小说促进学生素养发展。在这样本末倒置的认识下，出现大量远远滞后于高中语文课程标准的做法：每篇小说都讲人物、情节、环境三要素，根据高考命题动向孤立地恶补叙事学知识；对知识点进行"打桩式"的训练；脱离学生实际进行教师炫技式的文本解读……这些做法扭曲了教与学的关系，忽视了学习难度与梯度的建构，学生所学知识难以纳入原有系统，成为认知体系的有机组成部分。出现这些问题的原因在于教师对教学内容"是什么"的理解是不完整的。

教学内容指"教学具体形态层面的概念，从教的方面说，指教师在教的实践中呈现的种种材料及所传递的信息"[1]。它既包括教师对文本解读的结果，也包括教师对文本内容的重构——增删、更换、处理、加工、改编。由此可见，文本解读的结果是教学内容的一种成分，但不是全部。教学内容除了包括文本解读的结果之外，更重要的也往往被忽视的是：如何让学生掌握能够得出这一结果的过程最优化的一般方法，教师的教育性价值判断与学生集体成员的接受或批判性指示。[2]教学内容的完整理解包括两部分：知识性的部分（文本解读）与方法、活动性的部分，后者是核心素养培育的渠道，有了后者才能保障前者被转化为素养。核心素养关注个体终身学习和适应社会发展所需要的关键能力和必备品格，文本解读的结果只适用于该篇小说，"掌握能够得出这一结果的过程最优化的一般方法"才能够超越具体文本指向能力的培养，"教师的教育性价值判断与学生集体成员的接受或批判性指示"才能促进必备品格的养成。下面具体分析如何确定高中小说教学内容，以促进学生核心素养的发展。

一、以弥合师生差距的方法为教学内容

在进入小说教学活动之前，"教师所见"与"学生所见"是有着巨大差距的。以《林黛玉进贾府》中"宝黛初会"为例，教师能够一眼看出两人对

[①] 陈琳，福建师范大学附属中学、福建教育学院语文教师，高级教师。

似曾相识的感觉的不同表现：宝玉是"笑道"，他轻松地把内心感受说出来了——"这个妹妹我曾见过的"；黛玉则是"惊"，是放在心里的感受——"倒像在那里见过一般"。这些内容学生是看不出来的。但是，如果把"教师所见"的内容直接告诉学生，无益于学生的发展，学生只能感受到教师解读得很有道理，但是对自己如何能够获得解读的能力并无补益。换言之，知识可以被直接告知，素养却是无法通过告知来提升的；通过告知得来的知识也无法参与语言素养的建构，只能被"禁锢"在宝黛初会的具体文本里，离开了文本就不能发挥其他作用，成为"沉睡的知识"。

教师应该检视自己所见的文本为什么是"打开"的，厘清支撑自己所见的因素，方能推知"学生所见"受到局限的原因。支撑"教师所见"的至少有两个因素：一是教师的专业性，语文教师对语言文字的敏感性一般来说要高于学生。二是生活阅历与阅读经历带来的优势。具备语言的敏感性，能够关注到"笑道"和"惊"这两个动词的选择与表达方式的差异。从生活经历来分析，两人表达方式的差异是两人的身份差异分别带来的心理状态：宝玉在自己家里，而且处于家族中很受宠的中心位置，他的心理状态是放松的，所以想到什么就说什么；黛玉是客，初来乍到，心理的自我保护意识很强，有什么想法也放在心里，不会轻易说出口，"唯恐他人耻笑了去"。阅读经历带来的优势让教师能够把"宝黛初会"与《红楼梦》整本书建立联系，看出"似曾相识"的感觉在呼应"木石前盟"。

让学生掌握教师阅读采用的方法，逐渐具备教师所具备的优势，直至师生所见的差距消失，这就是相应的教学内容。为此，教师可以把《红楼梦》整本书阅读安排在《林黛玉进贾府》一课之前，让学生体会整本书阅读的宏观把握对篇章阅读的作用；还可以教学生注意古典小说中的动词与副词，它们往往具有丰富的意蕴。因为章回体小说采用诗论与小说结合的形式，形容性与评论性的内容大多以文中不时出现的"有诗为证""有诗云"等形式出现，同时古典小说还缺乏西方小说心理描写的传统。两种因素共同作用下，作家对动词的选择非常精到，搭配动词的副词往往也意味深长。

教师可以将文本的其他部分转化为可观测的评估，检视学生是否掌握这种方法。假如学生阅读"王熙凤出场"时能注意到"我来迟了，不曾迎接远客"也是"笑道"，能够建立起"笑道"与人物在贾府中的地位（管事的奶奶）及其心理状态（恃宠而骄）之间的联系，教师便可以确认，学生相应地掌握了特定类型小说的阅读图式，能够自主展开相应文体的审美活动。

当然，不能指望通过一节课或者一篇课文的教学弥合师生所见的差距。

素养培育是一个动态的过程，只有起点，没有终点，因此不像知识传递那样清晰明确，不能够通过"打桩式"的机械训练来确认学生识记、复现的效果，教师要接受"以素养为纲"给教学带来的根本变化，找到篇章教学与培养语文学科核心素养的关键结合点。

二、设计以终为始的路径为教学内容

相比起小说诞生，小说教学是一个逆向过程：一开始就把一个成品摆在学生面前，跳过了作者亲身见证、感动与感悟、产生创作动机、诞生创作灵感、最终建构文本的所有环节，直接从认知活动开始，在教师的指导下有目的地阅读作品，从阅读中去推想、回溯、体会、感悟作者经历过的环节。这一逆向的过程本身就是小说教学的挑战，因为跳过了具体现实，直接面对的是被提炼、改造、重塑过的文学作品。这就需要"逆向的逆向"，把第一次逆向的过程再倒回去：承认学生与作品之间巨大的距离，顺着作品诞生的源头一路摸索，帮助学生去重温作者的发现与建构过程。

以《边城》为例，直接把"自然美，风情美，人性美"确定为教学内容，端到学生面前，学生对此是有隔膜的，他们未必具备相应类型的阅读图式作为打开文本的工具。这就需要教师先循着作者"走一遍"：作者幼年亲历了湘西青山绿水与民俗风情的滋养，成年时形成自己独特而又强烈的创作理念，即建构优美、健康、自然的人性，促使现代人返璞归真，然后他把两者共同赋形于《边城》的环境、人名、人物，组成了《边城》独特的抒情小说的样貌。

教师"走一遍"之后，结合学生的实际认知水平，如果把终点定位于"学会从语言中品味翠翠的形象如何体现了自然对人的滋养"，那么就要以终为始再"倒一遍"，设计相应的教学路径。

1. 品味文中描写茶峒自然风光的句子，赏析茶峒风光的特点。
2. 推想翠翠的名字与茶峒风光的相关之处。
3. 品味爱情来临时描写翠翠的句子，赏析语言的独特性与文化意味。

学生循着这个路径走，一步一步地赏析了茶峒满山翠色的竹篁，雨打翠色的芭蕉，端午翠色的粽叶，赛龙舟时泛着翠色的河水；推想了"翠翠"这个名字，就像新竹才刚抽出新叶便已着上了寒色，有一种凄婉的色调，犹如翠翠从生命来处就带着的宿命。当爱情来临，翠翠的心"也同时为一些很神秘的东西驰骋，她那颗小小的心，但一到夜里，却甜甜的睡眠"。探究其语言，"驰骋"需要很广阔的空间，却用在"小小的心"上，突出翠翠初生的

爱情萌芽所产生的巨大内在的冲击，"甜甜的"原本是味觉感受，用在"睡眠"写出了翠翠初恋感受的陶醉感。这与茶峒自然风光的搭配，造成了一种自然优美、含蓄而又毫不做作的美感。实际上，这种含蓄的美感如果用文化学解读，学生就不仅仅是在"品味词句"，而是探入茶峒独特的文化意味——不只是翠翠，茶峒滋养的每一个人都是含蓄的，而这种含蓄，最终造成了这篇没有一个人是坏人的小说，却有了悲剧的结果。

当然，"逆向的逆向"不是要把学生拉到湘西去重演一遍沈从文的幼年生活，而是基于学生已有的认知经验，帮助学生简约地重温作者创作过程的关键节点，促使学生在每一个关键阶段进行与语言建构、审美鉴赏、文化传承相关的活动。合适的教学路径能够使学生从文本中获取和占有"可言说""可分析"的学习资料，体会被"提纯"之后的景物美、人物美、人性美；再度放还到真实的情境中，学生才能如同进入作品诞生的进程，与作者的文化精神同频共振。这时候，《边城》的"三美"非但没有因与现实的差异而失色，反而具有了更强大的说服力和教育意义。

三、以解决真正问题的活动为教学内容

"学科知识与学科活动是学科核心素养形成的两翼，学科知识是学科核心素养形成的主要载体，学科活动是学科核心素养形成的主要路径。"[3]学科活动的重要性在新课程背景下已成为共识，之所以还需要再提，是因为活动的本身并不能等于素养的发展。让学生参与有意义的任务过程，形成积极学习，自主建构，帮助学生生成知识并形成新的能力，[4]才会指向素养的发展。以《祝福》为例，将"祥林嫂是如何死的"作为真正问题提出，算不算一个好问题？从小说情节的整体把握来说，这个问题的提出没有错，但是这种考量还只是基于文本的考量。如果问题的提出不仅考量文本（针对学习内容），还考量学习主体的认知水平和学习风格，就会发现"祥林嫂是如何死的"这个问题太简单了，低于高中学生已有的小说阅读水平，对促进学生素养的发展是无效的。

所以，真正问题的提出至少要综合考虑三个方面：文本内容、学生认知水平、发展核心素养。基于此，我们把问题设定为"短工为什么会认为祥林嫂是穷死的"，围绕问题展开的活动的有效性就大大增强了。这一活动可以促使学生从短工的视角看问题，这就为叙事学的有机介入创造了条件；还可以从短工与"我"的态度差别看问题，这就为切入小说主题对国民性的批判做了准备；还可以从祥林嫂之死的事实与"穷死"的回答做比较，剥开"穷"

字底下的不同层次的意味……

可以说，核心素养导向下的教学内容不仅超越了知识内容，还超越了知识形成的思考方式；因为现实社会日益复杂多变，仅仅掌握方法还不足以应对；教学内容必须匹配新课标倡导的学习，即"学会学习"，我们现在所提的核心素养就是位于这个层次。重新确定小说的教学内容，应该首先有一个愿景，明晰学生是怎样学习的，进而在实践中不断反思，再重新进行设计，实现一种螺旋递进。

参考文献：

[1] 王荣生. 语文科课程论基础：2014 版［M］. 北京：教育科学出版社，2014.
[2] 钟启泉. 现代学科教育学论析［M］. 西安：陕西人民教育出版社，1993.
[3] 余文森. 论学科核心素养形成的机制［J］. 课程·教材·教法，2018，38（1）：4-11.
[4] 胡庆芳，程可拉. 美国项目研究模式的学习概论［J］. 外国教育研究，2003（8）：18-21.

从两个课例看写作教学的价值取向

张根明①

王荣生教授在《写作教学教什么》一书中提到,中小学语文课几乎没有写作教学。[1]这一说法绝非危言耸听,综观目前的写作教学,以下几种情况普遍存在:其一是范文导写,学习一两篇优秀范文,然后让学生模仿写作(写前)或修改(写后)。其二是讲章法,诸如"化大为小五法""考场作文降龙八招"等。其三是创设一个情境,进行一番活动,让学生将活动中的感受和思考写成文。另一种极端则是不作为,一个学期难得上一两次作文辅导课,而且多是审题指导,考后讲评。这些写作教学基本上发生在写作之前或之后,对最重要的学生写作的过程,以及写作中可能碰到的困难和问题并没有实质性的指导,因而写作教学的效果甚微。

近日,笔者参加了浙江省特级教师徐桦君名师工作室活动,观摩了两堂作文教学展示课,略有所感。

一、课例呈现

课例一:整句,扮靓文章

(1)由联考中的问题作文片段引出课题——如何让文章有文采,并引用《左传》《文心雕龙》和苏轼语录,说明文采的重要性;(2)教师出示8个作文片段,提供优秀范文,解说优点,涉及比喻式、引用式、假设式整句三种类型;(3)归纳整句的概念及特点;(4)练习:给一段材料,让学生写一段整句;(5)学生课堂写作并展示,教师小结,布置作业。

课例二:议论文之言之成理

(1)出示詹姆斯·A.雷金关于议论文的定义和叶黎明博士对于论证的解说,并提问什么叫言之成理;(2)从前一天学生写的作文中选择一个典型片段,说一说这个语段的逻辑问题,师生交流得出结论,主要是论据不能证明论点和以偏概全,学生尝试修改,之后出示教师修改稿;(3)出示另一语段,流程基本同上,逻辑问题不同,主要是简单化归因;(4)找一找所出示的语段在逻辑上的优点,师生探讨后得出结论:分析辩证和类比正确;(5)简要

---

① 张根明,浙江省衢州市龙游中学教师,中学高级教师。

小结后，课堂练习，给材料写一个100字左右的片段。

二、出发：教师还是学生

两个课例都从学生的基本需求出发。课例一着眼于学生语言表达能力的提高，从整句的学习与仿写入手；课例二着眼于学生逻辑能力的提升，从语段修改入手。可以说，两堂课都立意高远而切入点细小，正所谓从大处着眼，从小处入手。

不过，两个课例还是有所差异。课例一是从教师教的角度立意的。教师从构成作文的知识和能力要素入手，确定课堂教学目标——提升语言表达能力，然后再思考语言表达的提升有哪些方法，最后确定以整句的学习作为课堂教学的内容。课例二则是从学生学的角度来立意。首先是学生写作实践，然后发现学生问题——逻辑能力欠缺，再确定教学内容——寻找原因并让学生在实践中修改提升。

两种课堂立意从实质上来讲并无优劣之分，一种是教师本位，自上而下，从构成作文的知识和能力要素入手来设计作文分项训练过程；一种是学生本位，自下而上，从作文的写作过程入手来探讨作文教学过程的合理性和有效性。只是，教师本位的写作教学从长远来看可能有利于构建序列化教学，但是容易和学生产生距离。学生本位的教学设计立足学生经验，从学生的真实写作状况出发，在真实体验中交流，更有利于学生接受和提升，这一点也和语文课程标准提倡的让学生多经历、体验各类启示性、陶冶性的语文学习活动[2]理念相吻合。笔者以为，写作教学的设计从学生的实际出发，会更有针对性，更能显现课堂的有效性。

三、着力：结果还是过程

根据荣维东博士的论述，我国的写作教学有三种基本范式[1]：一是文章写作，一是过程写作，还有一种是交际语境写作。文章写作教学关注"写的结果"，衡文标准主要看"写成的那篇文章"是否符合要求，至于怎么写出来的则不管不顾，只重形式，不重内容；只看结果，不问过程。过程写作由关注"写的结果"转向关注"写的过程"，这是写作范式的重大转变。特级教师褚树荣就说过，教学就是优化学生的写作过程。

笔者以为，优化写作过程这一说法可谓抓住了当下写作教学的核心。写作教学不能只是提供一些范文，因为生活经验各异，写作经验不同，不是每个人都能模仿的；写作教学不能只是教给学生一些概念，因为概念性知识不能教会写作；写作教学也不能只创设情境，因为写作的过程以及过程中碰到的难题才是重点需要解决的。积极介入学生的写作过程，优化学生的思维和表达才是写作教学的关键所在，也是课堂的着力点所在。

所以，关注过程还是关注结果，其实反映出来的是教师写作教学观念的差异。由此，我们再来看这两个课例。

课例一提供了众多优秀写作片段，试举一例。

历史，是一面透镜，它折射出了人的丑陋和崇高；历史，是一本教科书，它给我们以教训和启迪；历史，是一把筛子，它筛去了庸人，留下了永垂青史的伟人；历史，是一座灯塔，它指引着我们前进的方向。

该片段是比喻式的排比句，教师旨在提供示例，让学生体会比喻式整句的表达力度，并学习借鉴。不过简略分析一下这个片段，我们会有一些疑问。历史为什么是一面透镜、一本教科书、一把筛子、一座灯塔？本体和喻体之间有什么必然的联系？写作者是如何从历史联系到镜子、教科书等的？写作者的思维如何借鉴？细究之后我们会发现，写作者由历史到透镜之间的关联是联想，而联想是发散的，是一种感性思维，是不讲逻辑的，视思考者的个人情况而定，因而也是不可学习和借鉴的。因此，学生在关注这个片段的时候，只能关注最终呈现出来的结果，在形式上做一些模仿。

课例二也提供了一些片段，试举一例。

其实，在中国的传统文化里，一直有着求神拜佛的习俗，如逢年过节包红包、放鞭炮等，也有着祝福的意味。所以，在这个互联网发达的时代，转发一下"锦鲤"表达自己的期许，本是无可厚非的。但是，如果将所有的期望都寄托在"锦鲤"身上，以为只要拜"锦鲤"就可以心想事成，未免也太天真。年轻人为什么愈来愈崇拜"锦鲤"，甚至将其神化？这是因为他们内心深处滋生出的"侥幸"心理，让他们相信"天上可以掉馅饼"。

教师出示完片段之后，紧接着提问，说说这个片段中的逻辑问题，并以画线的方式提示，针对性更强。学生思考之后发现，包红包并不是求神拜佛的习俗内容，年轻人崇拜"锦鲤"的原因也不止这一点，于是在修改的时候学生对年轻人崇拜"锦鲤"的原因进行了补充完善，比如，可能是因为现在社会竞争激烈，人们难以达成个人目标，因此渴望好运；也可能是因为他们曾经由于拜过"锦鲤"而心想事成，从而滋生出不劳而获的侥幸心理，让他们相信"天上可以掉馅饼"。整个过程都是学生在积极思考并修改，教师只做一件事，就是和学生一起调整思维，让思考更合理、更深入、更全面，同时对学生正确的价值观进行适当引导。

从内容上来看，这个片段涉及的问题主要是强加因果和简单化归因，这是逻辑谬误中的常见类型。逻辑讲理性，可辨、可学、可迁移，因而对学生的启发会更大。

综上，课例一重在关注结果，过程忽略不计，最终结果也不可预期；课例二重在介入过程，优化过程的同时，结果也趋于完善。

四、目的：模仿还是构建

写作教学的效果，要看学生从中学到了什么。这里有几个问题值得我们思考：学生获得的是哪种能力？知识性的还是实践性的？学生是如何获得的？这种能力可以迁移吗？

两个课例都有一个课堂练习环节，这是检验学生收获的典型环节。

课例一选择的材料如下：

钟扬，复旦大学研究生院院长，生命科学学院教授、博导，长期致力于生物多样性研究和保护，为西部少数民族地区的人才培养、学科建设和科学研究做出了重要贡献，2017年9月25日不幸遭遇车祸逝世。"一个基因可以拯救一个国家，一粒种子可以造福万千苍生。"钟扬总把这句话挂在嘴边。这里是海拔6200米的珠峰，这是一株目前人类发现的海拔最高的种子植物，这是中国植物学家采样的最高点！16年来，钟扬和学生们走过了青藏高原的山山水水，艰苦跋涉50多万千米，累计收集了上千种植物的4000多万颗种子，近西藏植物的1/5。

且不论这段材料本身的逻辑问题，从学生呈现出来的写作片段来看，确实有部分写得挺出彩的。比如，"一个基因可以拯救一个国家，一粒种子可以造福万千苍生，是你研究的准则；不是杰出者才造梦，而是造梦者才杰出，是你人生的格言""用脚步丈量西藏，用种子增添力量"。不过展示的学生中没有一个用到了上课时重点讲解的引用、比喻和假设型整句，课堂教学的效果值得商榷。况且我们不知道学生的起点，不知道整句的写作是不是学生本来就已经掌握的一种能力。接近课堂尾声的一个教学片段很能说明问题。

师：你们在写的过程中有没有得到提高？通过这堂课有没有得到启发？

生：我本身就比较喜欢使用整句，因为写起来比较荡气回肠，之前比较喜欢排比式整句，但不知道还有这么多方法。

师：以后将要？

生：以后可以很多整句一起用。

师：如果要让文章很有文化气息呢？

生：多用一些引用式的排比，可以显得文学积淀特别浓厚。

师：那假如要让道理说得特别形象呢？

生：比喻式。就是可以把抽象的说得比较具体。

从这个随机采访的学生回答来看，她原先就已经具备了整句写作的习惯，课堂中她获得了一些知识性能力，模仿了整句的形式，知道了以后写作可以用不同的整句类型来写作，至于怎么写，这要看她以后的领悟。

课例二选择的材料如下：

一个资深美剧迷，发现了一个颇值得玩味的现象：在诸多高收视率美剧中，主人公们都会不经意间滔滔不绝地谈论经典文学。《末日孤舰》里，科学家吃饭闲聊时的话题是马克·吐温；《绝命毒师》里的制毒师在躺椅上读惠特曼的《草叶集》……相反，在我们一些国产电视剧和电影里，则较少看到类似的场景，也很少有类似的内容。

学生习作中也有很多精彩片段，比如，"影视产品应有文学底蕴，影视能满足人的感官需求，但并不意味着可以放弃在精神层面的追求。我国一些电视剧和产品为了迎合大众，愿意走接地气的路线，则可能在一定程度上造成了文学的缺失。再加上整个社会风气的浮躁，人们普遍追求功利，也造成了对文学的漠视。但人总是有高雅的需求的，否则，囿于柴米油盐，如何走向文化高坡？影视产品应适当融入文学，让故事讲得更好，有生活本位，也有文学气息"。从这个片段来看，学生的分析是比较辩证的，而且已经在极力规避以偏概全和简单化归因的问题，这是对课堂教学所获知识的有效构建。

通过以上两个课例的分析比较，笔者希望表达三个观点：第一，写作教学从学生经验（学生的起点、写作困境等）出发，更能激发学生的写作热情；第二，写作教学不能只停留在知识方法传授层面，更需要介入学生的写作过程，提供实现目标的路径；第三，教学的过程是可分解、可重复的，学生可以用课堂所学知识进行积极构建，以获得稳固的写作能力。写作教学是一项繁复的工程，而写作教学的价值取向是教学首先需要解决的问题，每一个语文教学工作者都要不断探索，在探索中不断前行。

参考文献：

[1] 王荣生. 写作教学教什么 [M]. 上海：华东师范大学出版社，2014.

[2] 中华人民共和国教育部. 普通高中语文课程标准（2017年版）[M]. 北京：人民教育出版社，2018.

走向真实情境的写作教学

张春华[①]

学习是具体情境下的产物，真实情境打通了知识世界（或符号世界）与生活世界的关联。真实情境并不等同于学生生活的实际发生，而是强调情境要与学生的经验相联系，要与学生的真实探究相联结。但实际上，教学脱离真实情境已经成为教育的顽疾。杜威批评说："只有在教育中，知识主要地指一堆远离行动的信息库，而在农民、水手、商人、医生和实验室的实验人员的生活中，知识却从来不是远离行动的。"[1]写作教学的主要目的就是要让学生获得应付生活需要的书面交流技能[2]，但是我国的写作教学常常是脱离真实语境的。

一、"凌虚蹈空"的写作教学

关于写作教学，有两个极端的论断：一是认为作文不可教的"无为主义"，一是纯粹的写作技术主义。"无为"导致写作教学变成了无物可写、无法可依、无序可凭的"三无"产品；纯技术主义路径则让写作变得枯燥乏味，远离时代生活，忽视人的精神成长。

1. 缺少读者意识的盲目写作

朱自清先生认为："写作练习是为了应用，其实就是为了应用于这种种假想的读者，写作练习可以没有教师，可不能没有假想的读者。"[3]当下中学生写作的现实是：一个学生写，一个教师批，作文的读者而且唯一的读者就是教师。学生写作不是为了与教师或同伴交流自己的认识和感悟，不是为了实现真正意义上的对话，因此缺乏内在的动力和表达的渴望。这样的写作是低效的，更是无趣的。

2. 缺少事理逻辑的无序表达

王宗炎先生说："语言是表达思想的手段。思想不合逻辑，语言就不可理解，思想有逻辑性，语言就顺理成章。"[4]缺少事理逻辑成为学生写作的通病。许多作文，没有深入思考就匆匆成文，为了追求文采而以辞害意；循环论证核心概念，缺少对条件和因果的深入剖析；聚焦对题目的正向诠释证明，缺

[①] 张春华，江苏省无锡市教师发展学院语文教研员。

少质疑的眼光和思辨的交锋;常常把譬喻、类比当作写作的法宝,忽略真正有说服力的证据;关注结论的正确性,却忽略论证及推理过程的逻辑性;热衷于自说自话自圆其说,而忽略了逻辑事理的公度性。

"仰望星空,地球是宇宙给人类的礼物;低头凝望,一花一叶是大自然给世界的礼物;孩子是给父母的礼物;朋友是陪伴的礼物;回忆是时间的礼物。"

这是一个以"礼物"为主题词的写作片段,语言很优美,读来令人愉悦。但是,"礼物"具有怎样的内涵?如果说"地球是宇宙给人类的礼物",是否也可以说"人类是宇宙给地球的礼物"呢?"孩子是给父母的礼物"是否也可以说"父母是给孩子的礼物"呢?朋友怎么会成了"礼物"?"仰望星空"和"低头凝视"是发现"礼物"的必要条件吗?"孩子""朋友""回忆"等词语前是否也应该分别加上类似的行为动词以体现句式的工整?还可以进一步思考:这些"礼物"之间有什么关系?是从天上到地上的空间顺序,还是从远古到未来的时间顺序,抑或是从虚无到实在再到虚无的存在顺序?对这几句话细加推究,就会发现这么多表达的纰漏。写作应该先把事情想清楚了,把话写顺畅了,再注重修辞的发展,如果修辞先行,则易忽略思路清晰和逻辑通顺等更基本的要求。修辞应是求真辩理的,而不是卖弄或媚俗的。

3. 迎合教师评价的虚假表达

很多学生写作存在着突出的虚假现象。虚假的作文(或虚伪的作文)首先表现为态度的迎合,写作的目的不是为了表达思想,而是为了获取高分,抛弃了基本的真诚,甚至不惜胡编乱造,缺少良心朴实的得体,缺少求真求是的热忱;其次是语言虚假或虚伪,导致作文故弄玄虚,或成为好词好句、名言警句的堆砌。

是什么原因造成虚假写作泛滥呢?这固然与过分强调应试的现实环境有关,但师生缺少正确的作文评价标准也是不容忽视的原因。优秀作文("满分作文")的确不乏文辞优美的文章,"语言生活,句式灵活""善于运用修辞手法"等也是作文评价的标准之一,很多学生却将之当作"万能公式",生搬硬套名言警句,大量堆砌华丽辞藻,过度运用夸饰性词句,以显示文采和故作高深,把思想驰骋的园地变成了名言"串烧"。

"比如说气质是一种味道——腹有诗书气自华。比如说品德也是一种味道——出淤泥而不染,濯清涟而不妖。比如说心情,有时候也是一种味道——此情可待成追忆,只是当时已惘然。"

你能确定这段话的核心意蕴吗?你能从这些名言堆砌中判断出气质、品德、心情各是怎样的"味道"吗？类似"气质""品德""心情"的主题词是否都可以以"味道"的名义呈现在读者的面前？这种"主题词+名句"的"串烧"套路，是对写作技巧和写作评价标准的误解。教师如果认不清这个问题，误解就会变成误导。作文即做人，教师要树立正确的写作观，引导学生以真诚的态度写"至诚文"，做到态度至诚、内容至诚、情感至诚。

二、让写作在真实世界中发生

1. 真实情境让写作回归交际功能

夏丏尊先生把执笔需要关注的六个问题概括为六个"W"："谁对了谁，为了什么，在什么地方，什么时候，用了什么方法，说什么话。"[5]这六个"W"都与写作情境密切相关。忽略这些要素，就会失去写作的目的，难以激发写作的欲望。

写作教学迫切需要转向真实情境尤其是交际语境的写作。微博、微信、播客、贴吧、论坛、公众号等新媒体的普及，使人人成为发声者，人人成为写作者。"写作教学正在进行着一场由传统的重视文章向注重'交际语境'、注重'情境'的范式转型。"[6]这种真实情境的写作与时代脉搏是一致的。李冲锋教授认为："交际语境写作是语文教学的新方向。交际语境写作涉及七要素：话题、情境、作者、读者、目的、内容、文辞。交际语境写作，是'作者'围绕'话题'在一定'情境'下，通过运用'文辞'组织相关'内容'影响'读者'从而达成'目的'的活动。"[7]这是对夏丏尊先生六个"W"及其关系的进一步完善。"情境"成为贯穿写作行为的核心要素。

2. 真实情境写作让语文核心素养落地

《普通高中语文课程标准（2017年版）》（以下简称"语文课程标准"）中提到"情境"有30余次，如"语文学科核心素养是学生在积极的语言实践活动中积累与构建起来，并在真实的语言运用情境中表现出来的语言能力及其品质"[8]。同时对语文实践活动情境的内涵进行了界定："主要包括个人体验情境、社会生活情境和学科认知情境。"[8]语文课程标准中对情境的表述还有真实情境、个人体验情境、社会生活情境、学科认知情境、特定情境、交际情境、历史文化情境、学习任务情境、复杂情境等。这些情境具有真实性、社会性、实践性、具体性等特征。在"学业质量水平"的描述中，则更多地使用了"语境"的概念，强调在"具体的语境"中测试学生的学业水平。

语文课程标准中的情境不是专门针对写作教学而言的，但写作教学也具有这些基本特征。写作是融语言知识与语言能力、思维方法与思维品质、情感、态度与价值观的综合体现，而且是较高程度地表征语文核心素养的方式。朱自清先生说："写作是基本的训练，是生活技术的训练——说是做人的训练也无不可。"[9]写作是让学生在面对自身与社会、国家、国际等关系方面形成情感态度、价值取向和行为方式的有效载体，也是引导学生积极参与实践活动，学习认识自然、认识社会、认识自我、规划人生的有效方式，既关乎学生的语文核心素养，也关乎人的全面发展。让学生在真实情境中写作，为了真实的学习工作需要而写作，这是时代生活与真实情境写作的双向选择。

三、语文统编教材注重真实情境写作的引领

普通高中语文统编教材将写作任务融入"单元学习任务"中，写作话题或范围则从单元人文主题或课文的阅读中生发，形成了读写融合的结构特色，这是顺应语文教学规律的选择。以普通高中语文统编教材必修上册为例，将有关写作任务梳理如表1所示。

表1 普通高中语文统编教材必修上册写作任务梳理

单元	写作任务	文体样式	助写资源
第一单元	1. 诗歌鉴赏札记 2. 小说片段点评 3. 创作"青春的纪念"诗歌	读书笔记 文学鉴赏 诗歌	学写诗歌
第二单元	1. 优秀新闻推荐书 2. 报道平凡劳动者	新闻	写人要注意事例和细节
第三单元	古诗文学短评	文学评论	学写文学短评
第四单元	1. 家乡人物（风物）志 2. 文化调查报告 3. 拟写建议书	调查报告	1. 调查的技术 2. 访谈法 3. 节日与文化
第五单元	"今日中国乡村的变迁"报告	报告	《乡土中国》阅读指导
第六单元	《劝学》新说	议论文	议论要有针对性
第七单元	1. 文本精彩片段评点 2. 拟写视频拍摄脚本 3. 写作800字散文	评点 脚本	如何做到情景交融
第八单元	1. "成语中的文化"语言札记 2. 小说阅读语言札记	札记	1. 语言的演变 2. 词义 3. 资料摘编一组

总览普通高中语文统编教材的写作任务，既不像其他语文教材里中规中矩的写作实践，也不像原来的记叙文、议论文、说明文等教学文体样式，也

不像日常写作训练的作文题目,更不像高考的作文题,简直成了"四不像"。但是,如果深入研究教材针对写作教学的编写意图,也许能发现新时代写作教学的转型引领。从写作内容来看,普通高中语文统编教材更加着眼于"应用",写作任务形式更加多元,反映出语文教学主动"对接"社会生活的愿景,而不只是为了文学创作,落脚点则是人的发展。每个写作任务都有清晰的写作情境,写作真正成为"有目的"的写作。每个单元后提供了具有序列意识的知识短文作为写作支架,让教师教写作和学生写作训练都有了理论支撑和操作支架。

1. 真实情境打开了写作的"总开关"

学生对写作训练缺乏热情的重要原因是缺乏交流对象,因而缺乏写作冲动与表达欲望。普通高中语文统编教材在这个方面做了科学规划和引领,"如从单元阅读中生发写作任务,以一定情境下的任务作驱动,有利于激发学生写作的兴趣,也有利于培养学生写作关注读者、关注生活的意识"[10]。写作训练以随文写作或者场景写作为主,都是基于真实情境的写作任务。例如,教材必修上册第一单元的"小说片段点评",就是在阅读《百合花》《哦,香雪》两篇小说后生成的写作任务情境。对于学生来说,前面的"文"就是写作的源泉和基础,生活场景就是写作的由头。真实情境让写作从"要我写"走向"我要写",减少了学生对写作的畏难情绪,激发了学生的写作欲望。

2. 更加关注实用性文体写作

普通高中语文统编教材最大的创新就是打破了传统的文学类文本或应试写作的藩篱,不再局限于传统的记叙文、议论文、说明文等教学文体的写作,而是把写作的场域扩大,强化了适应社会生活的情境写作,增加了新闻、札记、演讲、评论、启事等实用文体的写作训练,将写作教学与社会生活紧密结合,与培养学生社会责任感、创新精神、实践能力相结合。写作不是文学阅读的附庸,而是社会生活的必需,与社会生活息息相关的实用文体应该成为学生学习的主要对象。从功用上说,普通高中语文统编教材更关注学生"应世能力"的培养,这是落实学生核心素养的真正体现。

3. 写作支架让情境写作有"情境"

广大师生对多样性文体的写作还不够理解和适应,所以教材编者设计了情境导引,增加了写作规范或结构的指导,让情境写作真有情境,有真情境。例如,教材必修上册第二单元"根据阅读实践中获得的写人技巧等,撰写一篇写人记事的文章"就明确提示了阅读文本对于学生写作具有支架作用。此后的助写资源《写人要注意事例和细节》则提供了对写作任务的理念引领和操作要求。例如，教材必修下册第六单元让学生就《红楼梦》的某一研究主题撰写研究综述，这对于学生来说是一个相对陌生的领域，所以编者提供了《学写综述》的知识短文，供学生自主阅读领会，为教师教学提供指导。教材设计前有写作情境为抓手，后有知识短文补充方法指导，教师要强化过程性写作训练，这样就能避免写作任务的虚空和落空。

教材单元学习任务所给的写作任务只是一些例子，不是写作教学的全部内容。教材蕴藏着丰富的写作资源宝藏，教师可以在教学实践中有所作为，也必将大有可为。教师可以根据教学实际，运用教学智慧进行取舍和创新，打通单元阅读与时代生活的关系，创造出更多适合学情和地域特色的写作情境，让学生更喜欢写作，让写作为学生的成长助力。

四、高考命题为真实情境写作"导航"

这样"四不像"的情境写作能应对考试吗？这是不容回避的问题。语文课程标准对此做了回答："考试、测评题目应以具体的情境为载体，以典型任务为主要内容。"[8]具体情境成为高考试题考查学生语文核心素养形成、发展和表现的载体。以高考"指挥棒"倒逼语文教学转轨，2019年全国高考作文试题就体现了命题的情境性和对实用性写作的关注。

1. 从单纯应试型文体写作转向生活情境应用型写作

"有相当长的一段时间，高考优秀作文被古人的素材'占领'，苏轼、屈原、李白、李清照、司马迁、庄子等历史人物都成为高考作文的热门素材，形成了'古人（如苏轼）+事例概括或名言引用+评价性结论（点题）'的简单语言模型，将古人事例放在作文主题下机械'嫁接'。"[11]这样的写作案例太普遍了，这里不再赘述。

生活情境应用型作文有何不同呢？写一封信（感谢信、慰问信、推荐信等）、演讲稿、读后感、观后感、倡议书、时评等，都是当下社会生活中最需要和常用的应用文体。它更强调以语言为载体，表达自己的思想，做负责任的表达者。例如，2019年高考语文全国卷Ⅰ材料中，就把当下学生对劳动的不同认识作为写作的情境，关注社会上一些不尊重劳动的现象。这的确是值得深思的时代话题，给每一位考生提供了表达的空间。"热爱劳动，从我做起"的提示，则提醒考生要结合自己的生活经历和感悟来写作，不能再一味采用古人名言和名人事例作为素材。认真关注高考作文"情境化"的整体变化，认真落实语文教材的写作任务，并把目光投射到广阔的社会生活中，既是应对当下考试的需要，更是应对未来生活的理智选择。

强调真实情境写作并不意味着写作教学变得虚无缥缈、无迹可寻，情境写作遵循写作的基本规律和写作要求，也具有一定的写作模型。下面以2019年高考语文全国卷Ⅱ的作文题为例分析其结构特点。

1919年，民族危亡之际，中国青年学生掀起了一场彻底反帝反封建的伟大爱国革命运动。1949年，中国人从此站立起来了！新中国青年投身于祖国建设的新征程。1979年，"科学的春天"生机勃勃，莘莘学子胸怀报国之志，汇入改革开放的时代洪流。2019年，青春中国凯歌前行，新时代青年奋勇接棒，宣誓"强国有我"。2049年，中华民族实现伟大复兴，中国青年接续奋斗……

请从下列任务中任选一个，以青年学生当事人的身份完成写作。

①1919年5月4日，在学生集会上的演讲稿。
②1949年10月1日，参加开国大典庆祝游行后写给家人的信。
③1979年9月15日，参加新生开学典礼后写给同学的信。
④2019年4月30日，收看"纪念五四运动100周年大会"后的观后感。
⑤2049年9月30日，写给某位"百年中国功勋人物"的国庆节慰问信。

这是一个源自生活真实情境的写作任务，涉及写作情境、写作观点、写作身份、写作文体四个视角（图1）。

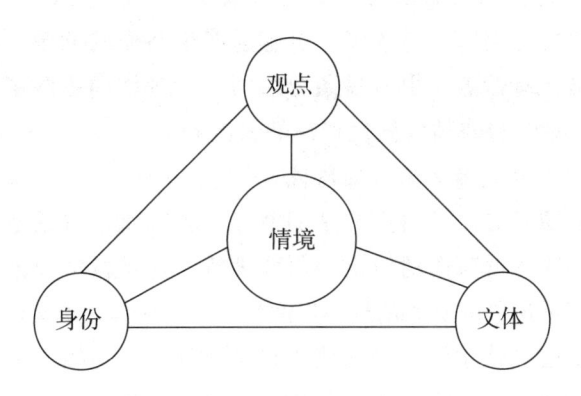

图1 真实情境写作任务的视角

其中，写作身份是确定的，即"青年学生当事人"。这个"青年学生"也是身处不同时代背景中的"当事人"，可以从五个人中任选其一。写作文体可以选择演讲稿、书信、观后感等。在书信写作任务中，又设计了"写给家人的信""写给同学的信"和"国庆节慰问信"等不同的任务指向，让读者对象也具有选择性，考生可以选择适当的文体向不同的读者对象表达。整个写作情境任务构成了确定性和选择性的统一，形成了丰富的写作表达语境。特别要说明的是，这种写作模型并不是固定的，而是变化的，情境、身份、观点、文体等都可以根据具体的写作任务做到确定性和选择性的统一。这样的命题既有利于全面考查学生的核心素养，也有利于科学评价学生的语文素养。

2. 从忽略读者意识的写作转向选择读者身份的写作

夏丏尊先生说："所谓好的文字就是使读者容易领略、感动、乐于阅读的文字。诸君当执笔为文的时候，第一，不要忘记有读者；第二，须努力以求适合读者的心情。要使读者在你的文字中得到兴趣或快悦，不要使读者得着厌倦。"[5]写作既有表达自己思想的目的，也有传播的交际功能。真实情境的交际写作任务让写作训练变得有趣、有用和有意义。反之，忽略读者对象的写作则令读者厌倦。夏丏尊、叶圣陶先生还强调写作的态度和方法要因读者的方法而变换。写作不仅存在读者对象，还要根据对象因人而异，采取适当的态度和方法，才能发挥写作表情达意的作用。2019年高考语文全国卷Ⅱ的作文命题就充分体现了这一理念。

对于读者对象的关注，正是写作实现交际功能的需要。写演讲稿或书信等都是针对特定交流对象或者读者对象的，除了一般的规范格式外，更强调表达的得体和适宜，如与对话者、谈判对象或者"假想敌"表达时的礼仪、语气、语调、语言等内容。有读者，更容易产生写作的欲望；有读者，更容易进行互动交流；有读者，更容易条分缕析地把理解向更深层次推进；有读者，更容易讲真话、抒真情，做负责任的表达者。

3. 当代社会生活是最大的真实情境

认识到真实情境对促进写作教学的意义，教师就会自觉地选用鲜活的时代生活素材，创造各种写作情境指导写作训练，这是教学的创新和智慧的体现。当代生活就是最大的真实情境。"事实上，学习当代语文作品的目的是认识当代社会，走进当代生活，融入当代语文世界，参与当代文化建设，形成当代社会新人的理想、人格和素养。"[12]这种源于真实生活的写作情境在高考作文试题中已经出现。

因父亲总是在高速路上开车时接电话，家人屡劝不改，女大学生小陈迫于无奈，更出于生命安全的考虑，通过微博私信向警方举报了自己的父亲；警方查实后，依法对老陈进行了教育和处罚，并将这起举报发在了官方微博上。此事赢得众多网友点赞，也引发一些质疑，经媒体报道后，激起了更大范围、更多角度的讨论。

对于以上事情，你怎么看？请给小陈、老陈或其他相关方写一封信，表明你的态度，阐述你的看法。要求综合材料内容及含意，选好角度，确定立意，完成写作任务。明确收信人,统一以"明华"为写信人,不得泄露个人信息。

这个作文题曾引起社会普遍的关注。公众多关注写作内容道德取向的争议,教师则关注任务驱动型作文的形式创新,而对于真实情境写作的改革方向却关注较少。这是一个真实情境的作文素材,源于2015年5月9日《武汉晚报》的新闻报道《女儿举报父亲高速上开车打电话》。

试问,有多少教师指导过学生书信的基本写法?除了书信的基本格式之外,还有哪些内容应该教给学生?写信给小陈、老陈或其他一方的读者对象的书写在表达上会有哪些差异?在真实生活情境中体悟生活,表达观点,远胜于在单纯的文字游戏中说理。

发现平凡生活的价值,讲好中国故事。故事是"世界语",好故事中有哲理、有情感、有味道、有文化。2019年高考语文全国卷Ⅲ是一幅漫画——"毕业前的最后一节课。老师说:'你们再看看书,我再看看你们。'"有的老师就对学生语重心长地说过这样的话。这是多么真实的高三学习生活啊!这个命题本身就是一个鲜活感人的故事。生活看似枯燥乏味,日复一日,有心人却可以从中发现意义和建构意义,赋予生活以独特的意义和价值。生活也许不够精彩,但是你可以讲得很精彩。

参考文献:

[1] (美) 约翰·杜威. 民主主义与教育 [M]. 王承绪,译. 北京:人民教育出版社,2001.
[2] 荣维东. 交际语境写作 [M]. 北京:语文出版社,2016.
[3] 朱自清. 朱自清全集(第二卷)[M]. 长春:时代文艺出版社,2000.
[4] 王宗炎. 谈谈语言和逻辑 [J]. 读书,1983 (11):76-77.
[5] 夏丏尊,叶圣陶. 文章讲话 [M]. 北京:中华书局,2007.
[6] 李冲锋. 写作理论与写作教学新进展——2016年语文教育论著评析之五 [J]. 中学语文,2017 (19):10-13.
[7] 李冲锋. 交际语境写作:理论基础与情境创设 [J]. 语文教学通讯,2016 (33):4-8.
[8] 中华人民共和国教育部. 普通高中语文课程标准(2017年版)[M]. 北京:人民教育出版社,2018.
[9] 朱自清. 写作杂谈 [M]. 北京:北京教育出版社,2014.
[10] 王本华,朱于国. 以立德树人为根本,以核心素养为依归,建设符合新时代需要的高中语文教材 [J]. 课程·教材·教法,2019,39 (10):10-18.
[11] 张春华. "苏派"作文的精神样态 [J]. 江苏教育,2019 (83):30-33.
[12] 汪政. 语文教育的当代性——以统编高中语文必修教材为例 [J]. 教育研究与评论,2019 (5):4-12.

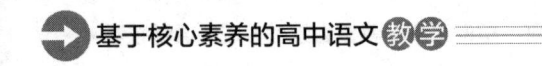

着力"树人"的高中记叙文写作教学

雷其坤[1]

写作，绝不只是考试的需要，而是现代文明人的一种生命形态，一种生存状态，运用语言文字表情达意是每一位现代文明人必须具备的基本素养。记叙文写作是高中阶段一种基本的写作样式，毫无疑问，记叙文写作能力是应该着力培养的一项关键能力。

一直以来，高中作文教学重视议论文写作而轻视甚至忽视记叙文写作，往往把记叙文写作当作是为议论文写作奠定基础。高中记叙文写作教学存在着不少问题：（1）缺乏着力"树人"的、科学合理的高中记叙文写作训练序列，高中记叙文写作教学"树人"功能弱化，效率低下。（2）没有科学、合理的高中记叙文写作教学流程，"教师命题→学生写作→教师批改、讲评"这样的教学流程忽视学生主体地位，也必然导致教学效率低下。（3）学生没有真正成为高中记叙文写作活动的主体，根本无法实现"自能作文"[1]的目标。

北京十一学校近年来进行"普通高中育人模式创新及学校转型的实践研究"，而"学校转型是以构建选择性的课程体系为基础的"[2]。学校的语文课程体系立足于学生自主学习，尊重学生的差异性，给学生提供选择性，因此，建构和实施着力"树人"的高中记叙文写作课程成为迫切的需要。着力"树人"的高中记叙文写作课程，不仅要重视非虚构写作，也要重视虚构写作，让学生在语言建构与运用、思维发展与提升、审美鉴赏与创造等方面都获得进一步的发展，培养学生的想象能力和表达能力，发展学生的创造性思维，为学生可持续的、有个性的发展奠定良好的基础。

一、建构着力"树人"的高中记叙文写作范式体系

着力"树人"的高中记叙文写作范式体系在如下几方面促进学生作文与做人同步发展。

1. 着力培养非虚构写作能力，促进学生情感、态度、价值观的健康发展与提升

培养学生非虚构写作的能力，能写一般记叙文与游记、散文等，借助叙

---

[1] 雷其坤，北京十一学校教师。

述、描写、抒情等手段叙写社会生活中的人、事、景、物的情态及其发展过程，通过记人、叙事、写景、状物等来表现健康、真挚的思想感情。着力"树人"的高中记叙文写作范式体系中有如下内容。

（1）人物个性化。①刻画肖像；②揭示心理；③展现行为；④描写语言；⑤巧妙衬托；⑥鲜明对比；⑦侧面突出；⑧反常凸显。

（2）事件曲折化。①合理倒叙；②意外逆转；③一波三折；④周而复始；⑤设置悬念；⑥安排抑扬；⑦巧用误会；⑧妙用巧合。

（3）景物独特化。①动态描写；②静态描写；③简笔勾勒；④繁笔细描；⑤同中显异；⑥异中见同；⑦借景抒情；⑧托物言志。

（4）情感真诚化。①本色感人；②变异传情；③内心独白；④真情呼告；⑤同向强化；⑥多向生发；⑦直白抒发；⑧含蓄表达。

（5）趣味高雅化。①天真童趣；②亲密逗趣；③自嘲情趣；④幽默风趣；⑤褒贬妙趣；⑥言外意趣；⑦审美趣味；⑧人文情怀。

（6）意蕴深刻化。①由此而思彼；②由物而思人；③由事而思理；④由果而思因。

重视记人、叙事、写景等非虚构写作表达健康、真挚的思想情感，突出情感真诚化、趣味高雅化、意蕴深刻化，学生写作素养的提升与学生情感、态度、价值观发展的密切关联。

2. 着力培养想象虚构写作能力，促进学生创新思维、创造能力的发展与提升

培养学生虚构写作的能力，能写寓言故事、故事新编、微型小说、科幻小说等，通过新奇的想象，大胆的虚构，来培养创新能力，发展创新思维，养成创新人格。从这一角度来看，着力"树人"的高中记叙文写作范式体系中有如下内容。

（1）角度新奇化。①侧面落笔；②对面着墨；③我化为他；④他化为我；⑤物观察人；⑥物人互观；⑦人化为物；⑧物化为人。

（2）谋篇精巧化。①顺序合理化；②线索明晰化；③结构灵活化；④关键魅力化。

（3）表现艺术化。①虚实相喻；②物人相喻；③一体多喻；④关联比喻；⑤拟人自述；⑥拟人旁叙；⑦拟人对话；⑧拟人代言。

（4）构想创意化。①故事新编；②新编故事；③自我幻化；④虚幻梦境；⑤假想推演；⑥科学幻想；⑦时空穿越；⑧人神异化。

"想象力比知识更为重要。"重视想象虚构写作，突出角度新奇化、表现艺术化、构想创意化，能够促进学生发展创造思维，提升创新能力，充分发

挥高中记叙文写作的"树人"功能。

3. 着力培养"自能作文"的能力，促进学生主体意识与自主学习能力的发展与提升

着力"树人"的高中记叙文写作范式体系中，有的范式还分为若干子范式，如"事件曲折化"模块中的"设置悬念"范式，分为"单一悬念""叠加悬念""连环悬念""包含悬念"四种子范式。每种范式或子范式既有要义阐释，又配上典型范文，并加上简要评析，供学生写作借鉴，这样为学生自主学习记叙文写作搭建适用的"脚手架"，学生"自能作文"的美好愿景变为现实，同时也充分发挥学生主体作用，主体精神得到发展，为终身可持续发展奠定良好基础。

着力"树人"的高中记叙文写作课程尊重学生的差异性，系列化写作范式体系给有差异的学生提供自由可选择的余地，能满足不同学生的需要，有利于学生个性化发展。学生选择自己喜欢的写作范式，借鉴范文写法进行写作，完全不妨碍写自己熟悉的生活、表达真挚的思想情感，家事国事天下事皆可激扬于笔端。

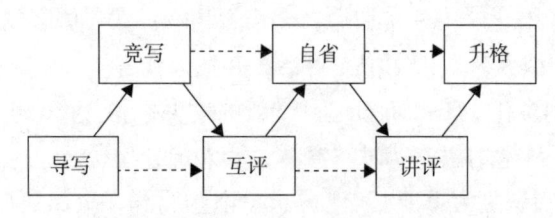

二、建构着力"树人"的高中记叙文写作教学流程

实施着力"树人"的高中记叙文写作教学流程，一方面，充分尊重学生的主体地位，发挥其主体作用，培养学生自省、自主精神，发展"自能作文"的能力；另一方面，教师通过导写、讲评等环节与写评语、个别面谈、组织讨论等方式，引导学生热爱生活，对生活有敏锐的感受。深切的感知，深刻的感悟，能敬仰于崇高、伟大，能感动于美好、善良，能悲悯于弱小，能同情于不幸，能珍视人类传统文化精华，从而确立健康、积极的文章立意。在作文中说自己想说的话，按自己的方式说话，有个性地表达，表达真挚情感，表现人文情怀，写出审美情趣，表现深刻思想。想象虚构既要新奇，又要合理，要体现艺术的真实。这样才能有效促进学生做人与作文同步发展。着力"树人"的高中记叙文写作教学流程包括如下环节（图1）。

```
竞写 ----> 自省 ----> 升格
 ↑          ↑          ↑
导写 ----> 互评 ----> 讲评
```

图1　着力"树人"的高中记叙文写作教学流程

1. 导写

不少语文教师都重视写作之后的讲评而忽视写作之前的指导，殊不知如果在学生动笔写作之前指导不到位、不得法，学生心中没有建立起好作文的"图示"，就还是在原来的写作水平上进行重复劳动，这样，即使在学生写作之后选出佳作与病文进行讲评，花大功夫，效率也是大打折扣的。写作之前的"导写"很有必要。写作之前进行有针对性的指导，不仅要在审题、立意等方面着力，更要在构思、谋篇等方面下功夫，诱导与启发，讲义并示范[1]，切实有效地促进学生写作能力与做人素养的发展与提升。作文立意的指导与立德树人密切相关。

2. 竞写

公布作文题目后，学生开始审题、构思……写完后标上完成的时间，交给教师。教师按照时间先后将学生姓名写在黑板上。学生不甘落后，争先恐后，既要和其他同学竞争，又要和自己竞争，争取这一次作文比上一次完成得更快更好，每一次都是超越。创设竞争氛围，每次作文都是一次竞争。竞争气氛能激发写作动机，提高写作效率。

3. 互评

教师每收到两篇作文，就让两位作者交换评改，依次两两交换。教师利用收作文的间歇可以快速浏览部分作文，及时了解作文情况。

学生交换评改，要求用红笔写眉批、旁批、总评，就作文的思想内容、范式运用、语言表达等方面进行评改，要指出成功之处，肯定成绩，也要改正错别字、病句，指出不足之处，尽可能提出改进方法。要实事求是，力求准确到位。批改后署名，以示负责。

要评改，就必须用心阅读、思考。在亲身写作实践之后，看看别人是怎样构思的，可以活跃思维，启发思想，取长补短。训练的初始阶段，部分写作速度慢的学生可能在课堂上没有写完作文，可以要求他们课后自己找互评伙伴，完成互评、自省。每次评改，除了常规性的要求外，一定要有一个评改重点，要让学生明确要求，重点关注。

4. 自省

交换批改后，作文返还作者手中，学生阅读自己的文章，看同学的批注和修改意见，正确的要虚心接受，不赞成的可以写出自己的理由，并可与交换评改的同学在课后当面交流意见。在互评和自省中，学生都会有自己的看法，自觉不自觉地将自己的作文和同学的作文进行比较，在比较中取长补短，学习提高。可让座位相邻的学生4人一组，轮流阅读作文及互评、自省，集思广益。完成自省后,作文当天由课代表收齐交给教师评阅。

5. 讲评

作文当天,教师可以浏览作文,检查作文互批、自省的情况,可以加一些评语,并挑出典型,做好讲评的准备。第二天上课,教师针对作文的情况和学生互评、自省的情况进行有针对性的讲评,解决一些普遍性的和较为深层的问题。此环节要充分发挥教师的主导作用,在作文的立意、构思、表达等方面给学生以切实的引导。

个别学生的作文或评改问题较大,可以找学生面批、面谈。反馈越及时,效果越好。思想情感有问题的要做耐心、细致的工作,提高学生的思维能力与思想、认识水平,促进学生做人与作文同步提升。

6. 升格

学生在教师进行作文讲评之后,再审视自己的作文,进行反思,并对原文进行修改,以求升格。好文章是改出来的,而现实的状况是不少学生忽视修改这一非常重要的环节,只是一篇又一篇地写,但总是在同一水平上重复,一段时间过去了,也看不出有明显进步。这个时候,教师指导学生修改自己的文章,使其文章质量有明显的升格,使其明白作文升格的奥妙,并建构起好文章的图示,这对促进学生作文能力的发展与提升能起到非常好的效果。学生一旦突破原有的写作水平而写出高质量的作文,自信心会得到增强,写作的兴趣会得到激发和强化,写作能力的发展也就可持续。

着力"树人"的高中记叙文写作范式着眼于写作之前的指导,高中记叙文升格示范着眼于写作之后的提升,两个方面共同着力,切实有效。

三、着力"树人"的高中记叙文写作的价值和意义

1. 切实发挥高中记叙文写作的"树人"功能,保证高中记叙文写作教学有序、高效

着力"树人"的高中记叙文写作课程,运用符合学生年龄特征与认知水平的系列化写作范式体系,运用优化的作文教学流程"导写→竞写→互评→自省→讲评→升格",指导学生进行写作练习,不仅改变了盲目、无序的状况,切实提高了作文教学效率,还有效激发了学生的写作兴趣,消除了学生对写作的畏难情绪。通过非虚构写作引导学生表现真实生活,表达真实的思想情感,促进了学生健康的情感、态度、价值观的提升;通过虚构写作有效培养了学生的想象能力、创新思维与创造能力,使学生真正提升了能支撑终身发展、适应时代要求的关键能力。

2. 学生真正成为记叙文写作活动的主体,"自能作文"的目标得以实现

着力"树人"的高中记叙文写作突出记叙文写作的重点与关键,立足于学生的自主学习来设计写作活动,充分尊重学生的主体地位,发挥学生的主体作用,使自主学习真正成为学生的学习方式。学生利用科学合理的高中记叙文写作范式体系这一切实有用的"脚手架"进行基于自主学习的记叙文写作练习,循序渐进,在模仿借鉴中自由创造,有效提升写作能力与写作素养,将"自能作文"的愿景变成现实。

3. 学生记叙文写作素养得到有效提升,不少学生的记叙文文质兼美,达到发表水平

学生认真学习着力"树人"的高中记叙文写作范式,揣摩范文,精心构思,用心升格,他们的思想情感、思维能力与写作水平得到有效提升,写的作文越来越有灵性,表达越来越巧妙,作文质量普遍提高,涌现出许多文质兼美的习作。近年来,笔者指导学生在各地报刊发表习作数十篇,不少学生享受到成功的喜悦,写作的兴趣与语文学习的内动力受到激发与强化。

参考文献:

[1] 叶圣陶. 叶圣陶语文教育论集[M]. 北京:教育科学出版社,2015.

[2] 李希贵,等. 学校转型:北京十一学校创新育人模式的探索[M]. 北京:教育科学出版社,2014.

小说阅读对学生文学写作促进的策略研究

赵 楠[①]

近年来,中学语文教学对写作的要求日益提高,依据经典作品解读学习而进行的仿写、"虚构性写作"等写作方式正在兴起。经典文学作品的阅读教学、以作品推动学生写作训练,在语文课堂上显得尤为重要。

一、从"裸读"到研讨——语文课堂小说阅读范式的探索总结

传统意义上的中学语文小说讲读,往往是"学生先行阅读→教师讲解小说写作技法、提炼'中心思想'→学生接受并识记与一部文学作品相关的常识"这样一个流程。这使得文本解读容易单一化甚至出现错误。在十一学校的课程实践中,小说阅读被大致分为"裸读+细读"→"参考评论"→"集体讨论"三个步骤。

1. "裸读"与随想:本真的阅读初体悟

在实行文本细读的要求下,学生"裸读"并记录随感(对小说的印象、最深切的阅读感受、"我"的疑惑等),是非常关键的步骤。它最能体现和发掘学生的文学直觉,摒除先入为主的"影响的焦虑",并能锻炼学生的独立思考能力,为后面课堂的作品分析提供更多的解读空间。同时,通过裸读及随感所反馈出来的问题,亦便于教师充分摸索学情,了解学生对作品的把握程度和所思所想,适时调整教学预设和策略。如在霍桑小说《小伙子古德曼·布朗》的阅读中,学生已经基本能够领悟小说中颜色、人物姓名的象征意味,不必再设置相应问题,倒可做些有关"隐喻"的知识拓展;博尔赫斯本人对《南方》曾给出三种解读,但拿掉三重解读的维度,学生基本也可以猜出小说指涉的几种可能,甚至在博尔赫斯本人的解读之外,另猜测了有关"平行世界"等今天较为流行的故事架构的可能。

2. 材料参读与对比:打破自己的"天花板"

完成"细读+裸读+记录随感"的第一步,学生在课下仍需完成另一环节——相关材料的参考阅读。教师要求学生自行查找相关资料,并给出相关书籍、文章、网站等资源推荐。学生必须懂得"取法乎上",才能够打破自己

[①] 赵楠,北京十一学校教师。

见识与能力的"天花板",获得更为广阔的视野空间。在阅读材料的基础上,对比自己的"裸读"经验,对学生日后的"裸读"与文学感觉的获取,亦有极大的启示意义。参考材料主要有以下几个范畴。

(1)文本写作年代、作家风格等传统意义上"作家作品"范畴内的基本资料阅读。如芥川龙之介的《地狱变》,炫技的背后有作家对近代日本社会精神的反思,更有日本现代小说追求叙事技法的内在诉求。

(2)与该文本在纵向或横向上相关联的其他作品阅读。如解读卡夫卡的《饥饿艺术家》,不能脱离《变形记》《城堡》等卡夫卡的其他小说所构成的整个谱系;解读辛格的《傻瓜吉姆佩尔》,需要对读同时期其他美国作家或犹太作家的作品,只有对当时的世界文学主潮流和所谓"犹太性"的文学有对比把握,才能更好地明白辛格的作品赋予世界文学和诺贝尔文学奖的意义。

(3)有高水准的作家作品之相关评论文章,了解文学阅读与批评的内在理路。需要注意的是,"审辩式思维"的强调与引导在这一步中尤为重要。学生要"取法乎上",但也必须尊重自己的文学感觉。更需强调的是,如果学生对既有评论有不同意见,则必须给出相应的文本细节或外部视野支撑。这一步的"打开天花板",必须扎实站立在细读与"裸读"的基础之上。如在研读唐代元稹的《莺莺传》时,就有学生对学界颇为流行的、陈寅恪先生提出的"温卷说"提出了异议,并从文本多处细节找到了该说可能不合理的地方。

3. 主讲、主评与课堂讨论:专业姿态的交锋

在前期阅读准备之后,阅读课堂主要以讨论方式进行。总体设计与要求如下。

(1)所有学生均参与到所选小说的阅读与讨论当中,余下未读的小说课余自己完成阅读。每篇小说报告人及点评人不超过 2 人,之后自由讨论,每位学生均需发言。

(2)每位学生选择一篇小说为大家进行主讲解读,可以选取一个角度深入,也可以"星爆式"地发散;并准备一份解读提纲及问题(word 文档,1 页 A4 纸),不迟于当周周一,通过 OA 或微信群群发给大家,提纲中可包括背景资料、参考文献等内容;课上发言以 20 分钟左右为宜。

(3)每位学生在主讲小说外,另选一篇小说进行点评,根据自己的阅读感受和主讲人的解读提纲,准备点评发言,点评以 10 分钟以内为宜。

(4)主讲+主评过后,进入自由讨论环节,各人须认真准备每篇文本,发表独立见解,拒绝重复他人。

(5)期末作业之一:就你主讲/主评的文本,结合课上讨论成果,写

1000字以上的评论。

二、从阅读到写作——教师恰当介入写作策略的实践研究

"文学写作"更为重点的探索，是通过文本阅读来开阔学生视野、深化学生思维层次，进而提高学生的写作技巧与整体写作能力。将"阅读"指向和落实到"写作"层面，探索读写结合的教学与学习行动，是本研究重要而关键的组成部分。在课程教学实践中，教师主要通过预设写作点的课堂学习活动、作家创作方法分析、仿写/续写练习和作业等方式，在"读"与"写"之间架构桥梁。

1. 预设写作点，设计指向"写法"的课堂学习活动

本研究十分注重指向"写法"的课堂学习活动设计，旨在引导学生通过文本阅读，思考"为什么这么写""这样写达成了怎样的效果""换作是我如何写"等问题。例如，在学习"写作意图"、分析托尔斯泰的创作之前，教师设计了这样的课堂讨论："假设有一天，你在报纸上看到一个女人和年轻军官私通的新闻，若要将这则新闻改编为一部小说，你准备怎样书写这个故事？"学生的讨论极为有趣，从中可以窥见学生的阅读经验和文学品位、思维路径与写作突破点，等等。课后，学生依据各自的讨论思路，以个人或小组为单位，提交了故事提纲。形态各异的故事架构、多元复杂的情感与主题探索，似乎也远远超出了列夫·托尔斯泰的传世名著《安娜·卡列尼娜》所可能表现的范畴。

2. 引导总结作家特色写法，设计相关的仿写/改写/续写作业练习

在具体的教学实践中，"读""写"结合较多的作业设计，是以作家作品为中心，引导学生感知、总结相关作家擅长的特色写作方式，并就一个特定的故事情境，或依照一个具体的写作技法的要求，让学生完成作品的仿写/改写/续写练习。

（1）仿写，即对经典名篇中的特别写作技巧加以模仿并内化。如学生在学习了泰戈尔的小说《素芭》后必定会对其中的眼睛描写印象深刻，教师可以给出相应的训练——请你描写一双眼睛，注意写出它的特色，以期通过强化训练使学生掌握用特征"画"出人物灵魂的手法。学习了鲁迅的《奔月》，要求学生仿照《故事新编》对古代人物故事进行戏拟式的仿写，体会鲁迅式的"新编"与"油滑"。再如，通过阅读分析"对话体"小说《白象似的群山》，总结体会海明威的极简式"冰山原则"，并要求学生以人物对话为主体，依照"冰山原则"，用尽可能少的话语交代最多的信息，写一篇小小说。

（2）续写，即参与到名著故事中去，畅所欲言，阐发自己的观点，锻炼写作技法与圆融故事的能力。如在学习了铁凝的小说《哦，香雪》后，教师引导学生思考"30年后的香雪"，沿着原作者的思路继续思考一个80年代的乡村姑娘在今天会有怎样的遭遇和命运。这也是在训练学生的思维能力和价值判断能力。再如，通过阅读讨论《小伙子古德曼·布朗》，引导学生进一步阅读霍桑的其他代表作品，感性感知和总结被文学史定位的所谓"哥特式文学"特点，并就霍桑本人记录但未能完成的一个故事雏形（原故事如下：一个富人立下遗嘱，打算将自己的房子赠给一对贫穷的夫妇，但接受房子的这对夫妇，必须同时接受赠予者的一个附加规定，即无论在何种情况下，他们都不得解雇这个房子里的仆人。这对夫妇搬了进去，果然发现房子里有一个阴森的仆人。到了后来，这对夫妇终于意识到一个恐怖的秘密——这个仆人，正是立下遗嘱捐赠房子的那个人），布置模仿霍桑风格进行扩写的写作作业。

（3）改写。主要鼓励学生回应经典写作，在汲取名家营养的基础上，写出自己的风格。如在学习了蒲松龄的文言小说《促织》后，教师鼓励学生尝试用卡夫卡《变形记》的方式去改写《促织》，从而给这篇文言故事填入全新的内容和思考。

3. 辅助提升叙事学意义上的叙事技法，尝试综合性写作作业

本研究在课堂教学实践中，亦注意适切地将部分叙事学理论渗透到中学语文阅读与写作当中，适当提炼理论高度，教授叙事学意义上的写作原则与技法，并应用到指导学生写作实践当中，在叙事技巧运用和促进作品主题深化、多元化等方面收效良好。

如引导学生注意叙事学中的人物话语、人称变换、隐含作者等问题。在阅读卡夫卡的《饥饿艺术家》时，提醒学生注意这位"饥饿艺术家"是否有具体的名字和外貌形象，学生发现"没有"，那么进一步引导学生：在写作中，非具体的人物设定可以给阅读带来某种群像式的模糊感与不确定性，增强读者想象和解读的张力。在写作练习"干将莫邪"故事改写中，有学生有意识地应用了人物形象的模糊处理。主人公的指称经历了"石头人""红衣人""远游客""通红的眼睛"等多种变换，引导读者猜测主人公身份和故事情节走向。

又如，在阅读威廉·福克纳的《献给爱米丽的一朵玫瑰花》时，提醒学生注意讲故事的"我们"是谁，学生发现"我们"这个叙事者一直在变化，每个"我们"讲出来的故事都是爱米丽身世遭遇的一部分。由此可以进一步引导学生：这是福克纳设计的"集体型叙事"，这种叙事的每一部分又都构成

了限制性叙事，每个叙述者都讲出故事的冰山一角（真假待定），所有的"我们"拼接出来的故事恐怕也远非"全貌"，这给了小说足够多的延展空间，能够不断地吸引读者、引发思考。于是，"由谁讲故事"也成为学生在下笔前的重要构思。

三、从学生到教师——"文学写作"课堂实践与教学方法初探

1. 教学相长：来自"学生主讲与讨论"的启示

"文学写作"阅读部分设计了学生主讲、主评和自由讨论，写作部分亦有小组讨论合作写作、独立写作与互评等课堂设计，真正做到了学生为主、充分研讨。教师从学生那里学习到了参差多态的知识背景与思维路径，获得了相当宝贵的文学教育的经验与反思。

（1）忌"话太多"，充分相信学生有能力驾驭复杂命题。如在阅读研讨卡夫卡的《饥饿艺术家》时，学生在学习过《变形记》的基础上，已可以就大工业生产时代和马克思的"异化"理论侃侃而谈，并且通过《饥饿艺术家》中的艺术家"45天不吃饭"的文本细节，对比现实科学认知中"人不吃饭至多只能存活21天"的事实，来为大家解释所谓"荒诞现实主义"的内涵要点，不必再由教师进行百科词条式的讲授。

（2）忌"太专业"，充分尊重学生不同的思维路径与研究方法。语文教师太"专业"，可能会遮蔽文本其他解读的可能性，而高中学生的独特优势恰恰在于尚未经受"专业训练"，学科知识、经验多有不同，有可能带来一般文学研究领域未能触及的视角，给任课教师带来许多新的启迪。如解读海明威的《白象似的群山》时，有一位数学很好的学生发现了小说里的"时间差"：他通过小说以极简语言交代的信息，绘制了男女主人公对话的场景图，并通过场景转换距离、步速等，估算出故事中的对话历时有将近半个小时！这半小时可以更好地窥见、体悟二人对话之艰难，进一步推究人物心理和可能的故事走向。

2. "源头活水"+"守望麦田"：放手课堂，教师的作用更显重要

越是看似"放手"的课堂，越是充满挑战与"不可知"，越需要教师具有足够充分的准备与极强的把控能力。教师应做好前期设计，有明确的训练目标和问题意识，对学生任务有明晰、严格的要求，并做好引导与示范（尤其在课程初期）。此外，向学生推荐相关优质学习资源，并带读部分专业学习资料，帮助学生更好地"取法乎上"。

同时，教师应继续扎实专业基础，对文本有充分的、与时俱进的了解，

预设问题关键点；在课堂上充分运用教学机智，因势利导。如讨论《献给爱米丽的一朵玫瑰花》，主讲和主评学生都没有点出叙事者"我们"的问题，教师进一步请学生找出"我们"都出现在哪里、每次给出怎样的故事信息。梳理完毕后，有学生想到电影《楚门的世界》，教师再进一步引出福克纳创造的"集体型叙事"模式及其看似"全面"但却是多个"限制性叙事"的特点，课堂收效良好。

在接下来的实践中，笔者将继续探索小说阅读与写作的关联，梳理总结可能的教学范式，细化并更为系统、有梯度地设计写作活动，引导对文学阅读和写作有兴趣的学生更上层楼。由衷期待"文学写作"带给"语文"和"作文"更多的可能与精彩，更大的意义与进步。

审辩式思维：使表达从"轻率鲁莽"走向"理性完善"

李智明[1]

表达与思维，是高中写作教学的重点，也是难点。通过具体的言语实践，使学生的表达准确、连贯、合乎逻辑、富有创见，是写作教学孜孜以求的目标，也是高中语文新课程标准所积极倡导的。但在学生具体的写作中，我们常看到的是表达偏离题意、行文杂乱无序、论证强词夺理、语言模糊粗糙……原因固然是多方面的，但学生缺乏良好写作思维品质的指导与训练，则是重要原因。

为了更好地阐明二者之间的关系，本文试以笔者命制的2018年3月"福州市高中毕业班质量检测语文试卷"中的写作题为例来解说。

阅读下列的材料，根据要求写作。

新颁布的《普通高中语文课程标准（2017年版）》大幅增加"古诗文背诵推荐篇目"，这给不爱背诵古诗文的高二学生小李带来了苦恼。他想，已进入新时代，多背古诗文有用吗？高考中5分的占比，要花大量时间背诵《逍遥游》《离骚》《赤壁赋》等长篇诗文，值得吗？

而对于从小喜爱古诗文的高一学生小华来说，这是个好机会。她想借此创建"古诗文社"，与同学一道弘扬中华优秀传统文化，但又怕花费大量时间与精力，影响自己的学业……该怎么办呢？

请选择其中的一位，针对他或她的苦恼写一篇文章，谈谈你的看法或建议。要求：选好角度，明确文体，自拟标题；不要套作，不得抄袭；不少于800字。

这是一道任务型写作试题，试题以2017年颁布的普通高中语文课程标准中大幅增加"古诗文背诵推荐篇目"为背景，以高一、高二两位学生的苦恼为具体情境，并在此基础上设置典型任务，使之贴近学生的学习情境，唤醒他们的生活体验与语文体验，进而激发他们的言说欲。对于高三学生而言，这样的试题无论审题立意，还是语言表达，难度都不大。遗憾的是，在检测中竟然出现诸多偏离题意、表达轻率、内容空泛的作答。学生写作存在的主要问题如下：

---

[1] 李智明，福建省福州市教育研究院高中语文教研员，中学高级教师。

其一，忽略任务指令，表达空泛。

这些学生忽视题目所设置的典型任务，没有紧扣题干中的"选择其中的一位""针对""他或她的苦恼""建议"等任务指令，而是轻率地抽象出诸如"古诗文背诵的意义""弘扬传统文化的价值""要提倡素质教育"等论题，泛化论述，将任务型材料作文等同于话题作文，表达偏离题意，流于空泛。

其二，混淆概念内涵，表达模糊。

许多学生审读材料时，对"高二学生""高一学生""背诵古诗文""中华优秀传统文化"等关键词没有精准把握，写作中混淆了"高二学生、高一学生与中学生""古诗文与背诵古诗文""古诗文与传统文化""传统文化与中华优秀传统文化"等概念的内涵，导致论题混淆，表达模糊。

其三，脱离具体情境，表达轻率。

题目情境虽然设置了两位学生的苦恼，但二人的苦恼是具体的、有明显区别的，既有学段区别、个人喜好的差异，更有认识上的不同，虽然他们苦恼的直接原因都来自高中古诗文背诵篇目的增加，但深层原因则在于个人的价值判断。在行文中，既要充分考虑"新课标颁布"这个社会大情境，更要具体分析二人独特的个体情境，二者都应该是写作审题立意行文的重要依据，然而大部分的学生却对其视而不见，从而导致表达轻率鲁莽，游离题旨。

仔细审阅这些文章，我们发现，这些写作者的思维与表达是"轻率鲁莽"的，缺乏对材料具体、精准、完善的审辩，往往只是凭感觉或个人偏见，按照自我中心倾向的方式想当然地立论行文，所写文章与题目写作要求之间缺乏内在的逻辑关联，从而导致表达的偏颇、肤浅、粗俗化。

是否有一种方法，可以让学生的思维与表达摆脱"轻率鲁莽"，而走向"理性完善"呢？

笔者通过研究发现，学会"审辩式思维"有助于思维与表达的完善。审辩，就是对问题、观念和现象的是非、真伪、好坏、因果等做出详细、周密的解释、说明、分析、论证（论辩）。马正平教授指出，就作文教学而言，思维操作的训练意义最大，因为它具有可教性和可学性[1]。写作教学若能指导学生学会"审辩式思维"，将有利于促使他们的表达从简单、片面、轻率、鲁莽走向深刻、全面、理性、完善。

那么，上述题目我们应该如何指导学生进行"审辩"呢？具体而言，可从以下五个方面展开。

第一，论题的选定。

本题在命制中已经给出了明确的任务指令："请选择其中的一位，针对他或她的苦恼写一篇文章，谈谈你的看法或建议。"从题目设置的具体情境来看，二者的"苦恼"主要来自高中语文新课标增加古诗文背诵推荐篇目这个大背景（大情境），同一课标新规定对于不同的学生而言，利与弊是不同的：小李同学想得更多的是是否"有用""有价值"，而小华同学想的是过多投入是否会影响学业。基于二人不同的苦恼，同样的情境所派生出的任务便有差异，写作者的论题选择也就有不同了。

选定论题的过程，是审辩的过程，是对材料相关信息进行筛选、比较与分析的过程。有价值的核心论题一旦确定，就可以为接下来的思维展开、精确表达奠定良好的基础。

第二，概念的界定。

在本题中，至少要对以下关键词的概念内涵加以阐明、辨析或澄清，比如，"新时代""有用""值得"，"高二、高一学生"与"中学生"，"爱古诗文"与"背诵古诗文"，"古诗文背诵"与"弘扬传统文化"，"传统文化"与"中华优秀传统文化"，"他或她的苦恼"与"我们、大家的苦恼"，等等。

界定概念的过程，也是审辩的过程。含混、模糊、空泛的概念如同一个没有确定住所的漫游者，使人抓不住它的意义行踪。而有了清晰、明确、具体的概念界定，则有利于写作者围绕论题核心展开精准行文，这也是精确表达、完善表达的先决条件。

第三，理由的厘清。

厘清理由，就是针对论题或论断中的内在逻辑关联进行追问，厘清其间的因果关系。就本题而言，即要对从小李或小华所持观点或苦恼产生的原因加以层层追问、具体分析或大胆推断，使之明晰清楚。

从小李的角度看，新课标中背诵篇目的增加是没有意义的。其原因大致有二：一是时代在不断发展，日新月异，而古诗文是旧的、传统的、停滞的，背诵过去的诗文，难以适用于科技时代、数字化时代、全球化时代的需要；二是高考中背诵的分数只有 5 分之"少"，而背诵所花费的时间是"巨大"的，其间的"性价比"太低。加上小李已是高二学生，他距离高考的时间更近，因此，其看问题的角度表现出较强的现实功利性与应试色彩。

从小华的角度看，新课标中背诵篇目的增加有积极意义，却也存在个人的现实忧虑。一方面，背诵篇目的增加带动了广大同学对于古诗文的重视，有利于弘扬传统优秀文化；另一方面，在课外社团活动中花费时间，势必会影响学业。小华是高一学生，她距离高考的时间比小李来得远些，因此，她能从相对不太功利的角度来看问题。

厘清理由是基于试题材料提供的相关信息，通过精准、具体、清晰地解析文本中事实、材料与观点，揭示它们之间的内在关联，理出前因后果，使表达富有逻辑性。

第四，己论的辩明（谬论的辩驳）。

在设置试题的具体情境方面，我们有意识地避免单极思维、非黑即白思维、简单的二元对立思维等，而设置了较为复杂的情境，让学生结合自身的生活体验、语文体验与价值判断，对其做出分辨、断定与答辩。比如，试题材料中的"《逍遥游》《离骚》《赤壁赋》等长篇诗文"一句，就是一种具体的特定的情境设计。一方面，这几篇古诗文确实很长，对于不爱背诵的小李而言，要背下来确非易事，他确实"苦恼"纠结，于情似通；另一方面，《逍遥游》是庄子哲学思想的集中体现，《离骚》则是屈原的爱国诗篇，《赤壁赋》更是苏轼的散文代表作，背诵这些古诗文不论是对于丰富语言积累，还是提升文化品位和审美情操，都有无可替代的价值。面对这样一种缠绕纠结、似是而非、似非而是的问题，学生不能简单地说"是"或"非"，而是要在"是中有非""非中有是"的情境中辩明、取舍、判断。试题所设置的这种复杂情境尤其需要学生自身经验、理性思考与价值判断的介入，去找出立论或批驳的契合点。倘若学生对背诵长篇古诗文缺乏切身体会，没有尝过个中滋味，无论是正向辩明或反面辩驳，所谓的"看法或建议"都可能流于形式，难以触及苦恼者的"痛点"。

辩明或辩驳，要对材料中与确立的论题中可能存在的矛盾、模糊或故意混淆之处等加以审问与明辨，要结合相关内容与形式加以具体分析，做出自己的判断，寻找相关证据材料来支持自己的观点，或是质疑、反驳他人的观点，并运用合乎逻辑的方式加以阐明、论证或批驳。二者相辅相成、互为补充，在审辩中可以交叉运用。有了这样的审辩思维，表达不仅能精准、连贯、合乎逻辑，往往还富有独创性。

第五，措施的提出（苦恼的化解）。

本题的写作指令是"针对他或她的苦恼写一篇文章，谈谈你的看法或建议"，无论是选择从小李还是从小华的角度切入作文，在辩析小李或小华的想法哪些合理、哪些不合理后，继而要从多角度深入分析它们合理或不合理的原因，最后要在此基础上，对他们的"困惑"提出建议或措施，力求化解他或她的苦恼，才说得上完成写作任务。提出建议的过程应该以其人的想法或观点为前提，注意所提方法的适用范围、局限、需配合的因素等具体问题，要感同身受，设身处地，站在阅读对象的角度，入情入理地提出自己中肯而有针对性的建议。

　　上述这样详细、周密、审慎的理性思维方式，就是"审辩式思维"。其思维过程是具体的、精准的、周全的、有序的、合乎逻辑的，是一种通过严密推理达成完善表达的过程。

　　当然，有人要质疑，如此细密、具体、完善的审辩，临场写作中学生能做到吗？的确，短短的50分钟左右，要做如此完备的审辩，自然难以实现。笔者之所以不厌其烦地具体分析，是为了呈现审辩思维与完善表达之间内在关联的完整过程，是把它们作为研究解析的对象，力求揭示其内在规律。其实，现场写作并非如此。亲历过临场限时写作的人都知道，倘若平时缺乏严格训练或是训练不足，临场要"作"出一篇好"文"是不可能的，唯有训练有素的写作者，现场写作才能得心应手。因此，学生要想在考场上有"理性完善"的表达，在场下就非要有足够的"硬训练"不可。

　　那么，是否有一种便捷的途径，能使思维与表达的训练有机地契合在一起？通过研究与实践，笔者发现，在日常化的教学活动中，借助"问题支架"，联结起"读、思、写"三者的通道，可促成学生"审辩力"与"表达力"双向提升。

　　在高中语文教材中，有诸多这样有价值的好问题。比如，人教版高中语文必修一《荆轲刺秦王》课后"研讨与练习"的第四题：

　　对于荆轲其人其事，历来仁者见仁，智者见智。有人认为荆轲那种舍生忘死，扶弱济困，反抗强暴的精神是感人的；有人认为荆轲用行刺手段来达到某种政治目的，这种举动不足取。结合当时的历史背景，谈谈你的看法。[2]

　　看似简单的文字表述，其实富有多层文意，唯有仔细审读，才可精准把握与领会文字信息背后的内涵。在整体审读上，教师可指导学生利用标点与句式，把文段分成三层：第一句谈背景，第二句列论题，第三句说要求，三句话之间显然有内在的逻辑关联。在对三句话做进一步具体审读时，要指导学生运用"咬文嚼字法"，从中提取出"历来""舍生忘死，扶弱济困，反抗强暴""精神""感人""行刺手段""政治目的""举动""不足取""历史背景""你"等系列关键词链[3]，使信息的提取精准周全。这种审读材料、筛选信息、提取关键信息的"咬文嚼字"的过程即是审辩式思维在阅读中的具体运用。

　　纵然学生找到这些所谓的"关键词链"，对于一个缺乏语感或语言分析力的阅读者，这些词仍只是一个个抽象概念的并列或组合，倘若不能对其内涵加以思考与解析，思维与表达就只能停留在从抽象到抽象，空洞推演。比如，第二句中的"舍生忘死，扶弱济困，反抗强暴"等，这几个词语要加以具体辩明。因为这是抽象度高、语意丰富、与论题关联密切的词语，学生只有回到文本的具体情境中，去寻找、解释、辩明荆轲的"舍生忘死，扶弱济困，反抗强暴"与其人其事之间的关联，然后概括出这是一种"精神"，并分析这种精神是"感人"的，方能揭示荆轲"其人"与"有人"以及"人"之间的内在关联是"那种""精神"上的相通。

为了使"辩明"或"辩驳"过程更为合理充分，教师还要进一步指导学生"结合当时的历史背景"，从《左传》《国语》《战国策》《史记》等史书中收集"那种舍生忘死，扶弱济困，反抗强暴的精神"的人与事，以此来佐证荆轲"其人其事"是有时代印记的，他的那种"感人的"精神是合乎历史逻辑与文化语境的。有了这样的层层审辩，学生对问题的思考便会不断具体、周全、严密，在表达上也就自然"理性完善"不少。

指导学生学会"审辩式思维"，不仅有助于其表达从"轻率鲁莽"走向"理性完善"，还对其思维的发展与提升以及良好品格的形成意义重大。当然，思维水平的提高是一个缓慢渐进的过程，需要长期的训练和努力，而改变思维习惯更是需要漫长的过程。在这一点上，教师明确的要求与精细的指导至关重要。

参考文献：

［1］ 马正平. 中学写作教学新思维［M］. 北京：中国人民大学出版社，2003.
［2］ 人民教育出版社课程教材研究所，中学语文课程教材研究开发中心，北京大学中文系语文教育研究所. 普通高中课程标准实验教科书　语文 1　必修［M］. 北京：人民教育出版社，2006.
［3］ 李智明. 以审辩思维指导学生作文的实践探索［J］. 中学语文，2018（21）：48-50.

文言文阅读的"言"与"文"

徐思源①

文言文阅读，是中学语文阅读教学的重要内容。对学生来说，相对于现代文，文言文阅读是有难度的，所以才成为中学生"三怕"之一。但也有教师说，对语文教师而言，教文言文最容易，因为教现代文，要从学生貌似很懂之中找出不懂来教，文言文则不然，学生看不懂，教师就有了优势。还有教师说，教文言文，只需疏通字词，讲清文意就行，所以最容易。其实这些教法，都没有抓住文言文阅读教学的关键。近些年来，语文教师讨论最多的是如何处理文言文阅读教学中的"言文关系"，我觉得，这是触摸到了文言文阅读教学的关键所在。但到底如何认识"言文关系"，又如何处理好这一关系，在教学现场还是有许多问题的。因此，本文就这一点来谈谈笔者对文言文阅读教学的认识和体会。

一、"言"的问题

先来谈谈"言"的问题。文言文另列单元，因为其与学生有一个年代的距离，而这种距离感主要来自语言，文言文作为古代书面语言，与现代汉语有很大的不同。因此，文言文阅读，首先要扫除语言文字的障碍。同时，学生要达成具备阅读浅易文言文能力的目标，还要注重语词积累、语理认知和语感形成。中学的文言文学习不是古代汉语课程，重心应该放在语言积累、阅读能力提升上。那么，教师在教学设计过程中如何处理"言"的问题呢？

首先是扫除阅读障碍。教学设计中，教师要筛选出学生可能不懂、不会的文言语词、句子、特殊用法等语言现象。而筛选的前提，就是对学生文言基础和学习状况的了解。要设计合适的教学环节，帮助学生疏通文字，读懂课文。我主张让学生自读，找出不懂不会的词句，让教师解答或者师生共同释疑解惑。鼓励学生自读提问有助于引导其养成自行阅读、发现问题、提出问题的习惯。这是习惯培养，也是思维训练。

扫除语言障碍的过程，其实也是丰富语言积累、培养语感的过程。前文已述，中学文言文阅读教学绝对不是古代汉语课程，重点不在于讲词汇、语

---

① 徐思源，江苏省苏州第十中学语文特级教师。

法，而是引导学生积累。积累的重点，是文言语词和句式。教师在设计阶段需要根据学生的学习现状筛选文中相应的语词、句子等，教学过程中也要引导学生自己去梳理语言现象，形成积累。

积累梳理要注意什么呢？我自己在教学中总结了几条口诀，即"实词重常用，虚词找规律，句式看特殊，学习梳理积累，语感语理并重"。学生对实词的理解直接影响对文章的阅读，因此实词的积累是文言阅读的重要基础。但教师在引导学生积累实词时，千万要防止求难求偏，而要重视最常用的高频词，特别要注意分辨古今异义和一词多义的现象，掌握这些出现频率高的常用词，文言语感和阅读能力会明显增长。常用的虚词也要积累，人们说到古文，就用"之乎者也"来指代，"之乎者也"就是最常用的虚词。虚词重在用法，教师要重视引导学生梳理常用虚词的用法，从中寻求规律。文言句式，关键是梳理与现代汉语不同的特殊句式，从中把握文言的规律和特点。把握以上三点，学生就能具有举一反三的能力，去阅读教材以外陌生的文言文。文言积累不是语言学理论的学习，不能把关注点放在词法、语法上，而要注重语感。语理和语感的关系是很微妙的，了解一些语言知识，掌握一些语言规律，这些理性认知反过来会提升语感水平。而梳理的工作，主要是让学生来做，让他们在做中学，这是比教师"告诉"更有效的方式。通过自主合作的学习，以期达到课程标准所要求的阅读浅易文言文，能借助注释和工具书，理解词句含义，读懂文章内容；了解并梳理常见的文言实词、文言虚词、文言句式的意义或用法，注重在阅读实践中举一反三。

语言的积累，应该还包括语言材料的积累，课程标准在这方面有明确要求，还附有各学段的古诗文背诵篇目，这也是积累的重要内容。教师在文言文阅读教学的设计中，应该把诵读、背诵一定数量的语篇作为重要内容。同时也要认识到，背诵是一个要达成的目标，但绝不是最终目的。背诵，是语料的积累，更是语感的养育，所谓"熟读唐诗三百首，不会作诗也会吟"，在熟读成诵的过程中，文言的语感会潜移默化地形成。

除了语言的积累，"言"的学习还应该有对作品语言艺术的赏析。文言的主要特色是简约，多用单音节词，句子短小，言简义丰。文言散文作品往往整句散句相间，形成既整饬匀称又活泼灵动的效果，在整散变化之中，显出行云流水般的样貌，富有音乐的节律。中国古人写作喜用比拟，即便是很严肃的说理文，也往往用譬喻方式，这也是中文表达的一大特点。教师应该让学生在体味巧妙修辞的过程中学习语言的巧妙表达。我们都说，词不离句，句不离篇，任何词句的意义都是在特定语境中发生的。语言的学习，应该关注语境中的词义、句意和用法、修辞，因此最好的办法是随文学语。我们在设计语言学习环节时，一定要注意，积累的是句子中的词语、文段语流中的句子，而非孤立存在的词和句。

学语言，其实也是学思维。比如，我们在学英语的时候都说要有英语思维，那么学文言文，也要有文言思维。因此，教学设计时要有引导学生形成文言思维的意识，并设计相应的教学环节，让学生进入文言语境，以文言思维去阅读，更快地披文入情，顺畅地理解文意。这样，能帮助学生有效地增强文言语感。

二、"文"的问题

文言文要重"言"，但课文并非学习古代汉语的案例，我们最终要读的还是文章。编入教材的文言文，往往是古代散文的经典篇目，文质兼美，具有思想传播和艺术感染的魅力，是传播优秀传统文化的重要媒介。重视文言文的文章学习，是文言文阅读教学应有之义。可惜，在许多教学现场，文言文阅读教学是字词句解说的过程，讲完词句，任务完成。把思想的精华、优秀的文化、精美的艺术都丢弃了，这是多大的浪费，是多么可惜的事情！文言文阅读教学，文章千万不能丢。

学文章，要关注的主要是思想内容和艺术形式两方面。那么，我们该如何把握文章的内容和形式？哪些是应突出的重点？

内容方面，古文当然首先是传统文化传播的媒介。继承传统文化，就是继承民族的文化基因，是一个民族的必须。我们的学生作为中华文明的继承者，要守住文化的根，不能做无根的浮萍，这"根"就是传统文化。博大精深的中华优秀传统文化是我们在世界文化激荡中站稳脚跟的根基，抛弃传统、丢掉根本，就等于割断了自己的精神命脉。因此，通过文言文阅读了解并继承中华传统文化就非常重要。但同时必须清醒地认识到，对于传统文化，有一个选择的过程，我们应有的态度是鲁迅所谓的"拿来"，去粗取精，去伪存真。我们在教学中，要在理解文意的基础上，设置相应的学习环节，对作品的主旨、思路，以及文字背后作者的情感态度价值观等做出分析、判断、辨析、评价。引导学生学习分辨、阐析、判断，汲取精华，摒弃糟粕，在理解中评价，在选择中继承，达成课程标准要求的学习中国古代优秀作品，体会其中蕴含的中华民族精神，为形成一定的传统文化底蕴奠定基础。

阅读古代作品，应该是站在现代立场上，用历史的眼光去审视。这里有两个要点——现代立场和历史眼光。所谓现代立场，就是立足于二十一世纪的今天，坚持现代价值观，用现代观念去审视古人的文章，去粗取精，去伪存真，汲取精华，摒弃糟粕，汲取跨越时空、超越国度、富有永恒魅力、具有现代价值的文化精神，去实现中华传统文化的创造性转化、创新性发展。站在现代立场，绝不是用现代观念去强求古人，相反，我们要有历史眼光，把古人的作品放到相应的历史节点去观照、去理解。任何作品都是一定时代和环境的产物，与当时的时代、个人的处境等相适应，离开这些背景，就无法正确理解和评价作品与作者，所谓"知人论世"，与此同理。现在的学生常常会对古文中的人物行为、观点言说表示诧异，因为他们没能在历史节点上看历史中的人物，因而无法理解。只有将古代作品和作品中的人、事放到相应的历史节点上，我们才能正确理解他们的思想，真正读懂文章。课程标准在这方面也提出，学习从历史发展的角度理解古代作品的内容价值，从中汲取民族智慧；用现代观念审视作品，评价其积极意义与历史局限。

读文章的另一个重点，是形式方面的，即对作品艺术表现效果的体味和鉴赏。教材中的文言文，大多是艺术的精品，在艺术表达上堪称楷模。教师要借助这些作品，引导学生感受艺术魅力，学习艺术表现，传承艺术精华。

不同体裁的文章有不同的表达，艺术鉴赏当然要注意体裁的分别和时代的特点及传承。先秦散文的譬喻法说理，如五十步笑百步、鱼与熊掌不可兼得、徐公之美与讽谏之道，等等；唐宋散文的多种体裁、多样风格，如欧阳修、苏辙的纡余平和、温醇厚重，苏洵、苏轼的汪洋恣肆、雄健奔放，曾巩的严谨平实、细密峻洁，王安石的逆折拗劲、斩截有力，等等；明清小品的灵动气韵、史迁作品的叙事写人，等等，都是在阅读中要关注的。而与学生写作学习有更直接关系的内容则更要重视。论述类的文章，比如，《劝学》《马说》的譬喻说理，用比喻将道理说得清晰透彻而形象；《师说》的对比论证，在对比之中阐述从师而学的重要性和途径方式；《六国论》更是议论文的经典，多种论证方法的运用，使得文章的论述逻辑严密，推进有力。叙述类的文章，比如，被誉为"无韵之离骚"的《史记》，叙事的艺术——把故事讲得波澜起伏、引人入胜，写人的艺术——人物形象是鲜活的、立体的；《方山子传》，在对人物的描摹状写中表达自己的情志；《捕蛇者说》，通过描写捕蛇者的处境，表现对苛政的不满。写景状物或抒情类的文章，《与朱元思书》《陋室铭》《爱莲说》《阿房宫赋》《秋声赋》等，在描写景物、描摹事物中抒发情感，表达哲思。教学设计中，教师要把学习的重心放在各种表现手法的效果上，让学生去体味艺术手法产生的艺术魅力。

既然是学文章，应该还有篇章的知识。文章的思路，是我们需要研究的，有了这一步，才有对篇章的理解探究，才有对整体的深度把握，从而避免将整篇文章分解成词和句，成为碎片。让学生去梳理作者思想的轨迹，去寻求写作行文的规律，既是研究阅读文本，也是训练思维，启发写作方法。

　　有人说，古文阅读"始于具体的字句和相关的知识，终于作者的情感个性和思想观念；而思想感情的全面了解，又是字句得以确然认识的保障"。确实如此，文言文"言"与"文"的关系，是内容与形式的关系，理解文意经由语言的认知，而文意理解又巩固了语言的认知。处理好"言""文"关系，文言文阅读教学就抓住了关键，就能形成顺畅的思路，构筑生动的语文实践活动，让学生的文言文阅读能力、文言语感在学习中增强，对传统文化的情感和认知在学习中加深，理性思辨、逻辑分析能力和感受品味、艺术审美能力在学习中提升。

在语文活动中学习文言文

桑 苗[①]

一篇文言文是文言、文章、文学、文化四个方面的相辅相成。学习文言文，实质是体认它们所言志、所载道。[1]然而，在"考什么就教什么"的思想影响下，很多教师认为文言文教学不过是读读、背背、译译、记记。于是，篇篇翻译，逐句翻译，字字落实，把文章肢解成碎片。作品中那些千锤百炼的语言、斐然可观的文采、匠心独运的章法都被刻板的虚词、实词、句式所取代，课堂上没有一丝感情的波澜。

面对当今文言文教学"有言无文"的现象，笔者提出让学生在语文活动中学文言文，即巧设语文活动，创造机会，让学生变式地、多角度地阅读文言文，使学生消除与文言的隔阂，对文言产生亲近感，轻松融入文言现场；发掘文言的现实意义，在亲历中感悟文言魅力，提升对文言文的阅读能力、欣赏品味、审美情趣，激发对中国传统文化的热爱。

一、诵读活动中，"奇文共欣赏，疑义相与析"

诵读是我国传统的读书方法。诵读讲究语言的停顿（连停）、重音（轻重）、语调（抑扬）、语速（缓急），使读者于感性的声音中亲近语言。古文中都有作者表达思想情感的路径——层次分明、抑扬起伏、过渡转折，诵读要符合文章的气脉和情调。如果在应该停顿的地方没有停顿，应该奔放的地方没有奔放，应该分高低的声调没有高低变化，那么文章只是文章，读者还是读者。诵读文言，反复咀嚼，"使其言皆出于吾口"；潜心研究，细细玩味，"使其意皆出于吾心"。诵读活动处理得好，就会与作者心灵相契，读到文本的深处。

师：读文章，你觉得作者在文中哪个词语用得好？
生1："天与云与山与水，上下一白"中的"与"字用得好。
师：好在什么地方？
生1："与"字把天、云、山、水连在一起，凸显雪之大。
师：同学们来齐读感受一下。

---

① 桑苗，江苏省邳州市明德实验学校语文教研组组长，高级教师。

师：这位同学再来读读试试。

生2：天与云（、）与山（、）与水，上下一白。

师：同学们，这位同学把这句话读出了什么标点？

生（齐）：顿号。

师：我们把"与"去掉改为顿号齐读试试，感觉怎么样？

生3：变成顿号，景就散掉了，没有上下一白的感觉。

师：加上"与"，会怎样？该怎么读？（让生2再次读）

生2：天与云（、）与山（、）与水，上下一白（急速）。

师：不能这样读啊，你把云、山、水都读散了，那不是连在一起的画了！也不能读得这么着急。

生4：天与⌒云~与⌒山~与⌒水~，上下一白。（语速平缓）

师：大家听听，刚才这位女同学读得怎样？

生5：感觉上下一白，白茫茫的一片。

生6："与"把这些景连在一起，使之连绵起伏，浑然一体。

师："与"就像上天伸出的一只温暖的手，把这奇特的景象连在了一起。大家在阅读的时候要思考想象。不思考，你的阅读世界也会散掉。来，我们用刚才那位女同学的音调来读，读出连绵在一起的感觉。

师：大家思考，这些景色的顺序可不可以调换一下？

生（齐）：不能，这是从上到下的顺序。

师：若在"天与云与山与水"的后面再加一物，那是……

生："我"。

师："我"就是张岱，从上到下，物越来越小。在自然面前，人是何等微眇；在宇宙面前，人是何等卑小。让我们再来读一读，体会"与"字的奥妙。

上面是特级教师肖培东《湖心亭看雪》的教学片段。这一环节，肖老师以学生为阅读主体，指导学生诵读。刚开始，学生读得不到位，并没有体会到"与"字背后蕴藏的那份"痴"心。肖老师就调动学生的眼、口、耳、心，让学生反复地读。借助对文本停顿、语调、语速的正确处理来品味虚词"与"的精妙，体会张岱笔下的苍茫空旷之景和孤独沧桑之境。肖老师带领学生从言语声音来揣摩景物形态，体悟张岱"炼字炼句"的高妙，实现对文本的深度理解与感悟，课堂"言文共生"，语文味极浓。

二、"化译为说"，走进文言世界的"十里桃花"

对文言文教学而言，"言"是基础，不可或缺；"文"是其表现形式，

"文学"才是其真正属性。适时适当的翻译是必需的，但有些文言无须翻译，一翻译就破坏美感。

"化译为说"，把文言文当文学作品看待，以多角度、多元化阅读为前提，以"说"的形式对文言文进行"言"与"意"的转化。"说"的话题源自文本的关键处、精彩处、矛盾处、留白处或学习的困顿处，其指向是理解文章所言之志，所载之道。要求学生紧贴文本，还原文言现场，感知人物的形象，细查人物的心理，体味文章意蕴。

下面是笔者的一个教学实录片段[2]。

师：同学们，文章写到渔人回来后，"诣太守，说如此"，大家觉得渔人会对太守说什么？请结合文本，用"那里（　　），真是个（　　）的地方"句式说一说。

生：那里有弯弯曲曲的小路，整齐的房屋，上好的田地，美丽的池塘，桑树、竹子、柳树青葱茂密，真是个美丽如画的地方。

师：确实很美，不过弯弯曲曲的小路是你想象的结果吧？

生："阡陌交通"就是田间小路交错相通的意思。

师：不错，可是你说的柳树何来之有？

生：课本上说"有良田、美池、桑竹之属"，"属"就是"类"的意思，桑树、竹子之类，我就想到了柳树！

师：这位同学读书读得很仔细，说得也很妙！我们继续。

生：那里桃花灼灼，一阵风过，落花纷飞，就像下了一场场红雨，真是个自然诗意的地方。

生：那里人们安居乐业，老人和孩子脸上都带着笑容，那里真是个幸福的地方。

师（笑）：我怎么没有看到老人和孩子呢？

生："黄发垂髫"就指的是老人和孩子。

师："黄发"，老人高寿头发会由白变黄，所以称"黄发"；"垂髫"，古时童子没成年时头发是垂着的。大家看，文中没有直接说老人小孩，而是说他们的特征"黄发垂髫"，这么说是不是就更形象生动？这种修辞叫借代。好，我们继续。

生：那里人们热情，对于我这个突然到来的人没有驱赶，反而邀请到家里做客，真是个民风淳朴的地方。

生：那里家家户户都来邀请渔人这个"不速之客"，真是个充满信任的地方。

生：那里人们友善诚恳，真是个温暖祥和的地方。

生：那里鸡犬相闻，真是个太平安宁的地方。（又补充道："鸡犬相闻"让我想到"鸡犬不宁"，所以我觉得那是个太平的地方！）

生：那里没有战争，没有欺骗，真是个理想的地方。

生：那里与外界隔绝，可以避"秦时乱"，真是个"避晋时乱"的地方。

生：那里景美，生活美，人心更美，真是个"世外桃源"！

师：桃花源，多么美丽的名字，远离尘寰，隔绝人世，那片诗意灵动的地方是身处乱世的人们最伟大也最朴素的愿望，它也是厌倦了喧嚣和纷争的人们的精神避难所，它更是每个人心中永远的圣土。同学们，每个人心中都有一个桃花源，那是我们心灵的归处！它只属于理想，不属于世俗！

笔者设置的"大家觉得渔人会对太守说什么"的话题，来自文本"诣太守，说如此"，这是文中的"留白处"。话题投出，可谓是一石激起千层浪。学生兴趣盎然，思维活跃，想象丰富，"说"得精彩。通过"化译为说"的活动，学生对文本的理解既准确又深刻，相当一部分学生的表达极富创造性。"化译为说"不仅走出了"枯燥翻译"的困境，还使课堂洋溢着浓浓的"文学味"。

文言文的课堂，学生不应是被动接受，而应充满参与和体验。"化译为说"的语言活动方式是丰富多样的，学生可能会化身为导游、讲解员、评论员，还有可能穿越为作者或文中的某个物象、角色。例如，《烛之武退秦师》是篇结构短小但内涵丰富的文章，文中的文言现象也特别多。为了提升学生学习的效果，笔者采取"新闻发布会"的形式，即学生化身为"新闻人物烛之武"或是记者，对烛之武成功退秦师的经过、策略部署，以及人物心理进行历史性还原。在提问与解答的过程中，学生对文本内容极其熟悉，对人物的心理揣摩到位，对人物形象感知深刻，对文章的章法之妙、言辞之妙感受深切。"化译为说"，是学生对文本展开的细读活动，需要反复地走进文本，寻觅、感知、深究。亲历其中，不仅可以加深对文言和文章的理解，还可以"忽逢桃花林"，感受到文言的满树芳华。"化译为说"，使文言课堂充满了情感、美感和思辨。

三、链接生活，给文言学习注入活水

中学教科书中所选的文言文，都是传诵的经典，是中国文学中的优秀散文。这些古代的大文学家、大思想家的笔下，蕴含着丰富的人生阅历，深藏着深刻的思想。那些关于修身、学习、交友的警句，至今对我们仍具启发性。

在教《劝学》时，笔者设计了"选取座右铭"和"赠送勉励话语给友人"的环节。学生极其认真地选择语句，真诚地朗读。课后默写警句，制成卡片，传递真情。那些遥远的文言语句在亲切真诚的话语中复活，鲜活而炙热。

《烛之武退秦师》一课，笔者请学生交流，从个人和国家两个层面谈谈得到的启示。学生从烛之武身上发掘出了"位卑未敢忘忧国""天下兴亡匹夫有责""苟利国家生死以，岂因祸福避趋之""是金子一定会发光""千里马也许伯乐因"等正能量十足的观点。从秦、晋、郑三国关系的角度发掘出"国与国的友谊是建立在共同利益的基础上的""国家与国家之间没有永恒的朋友，也没有永恒的敌人，只有永恒的利益"等。我们在《谏太宗十思疏》一课探讨"如何用科学发展观打造绿色生活"；我们在学习《鸿门宴》时交流"一个人成功的秘诀"；在学习《廉颇蔺相如列传》时学习"人应该具有怎样的家国情怀"；在学习《五人墓碑记》时探究"何为不朽"……

学习文言文，最终的落点是文化的传承与反思。[1]联系生活，使文言文学习植根于鲜活的土壤，使学生从历史发展的角度理解古代作品的内容价值，从中汲取民族的智慧，对生活进行思考、评判，学以致用。

四、"文言微作文"，反作用于文言文阅读水平的提升

写作可以促进文言阅读的语感提升，反作用于学生对文言知识以及文本内涵的理解。"文言微作文"是指借助学生生活的体验，巧妙地连接课堂、融合文言的言语实践，即让学生把所学的文言常用词置于自己的故事里，在自己熟悉的语境中巩固加深对文言词汇的理解。它强调学生在"做中学""做中巩固"。

文言微写作时，教师要循序渐进地提出一些要求。例如，在学《劝学》时，笔者要求学生必须把文中的重点实词"中""疾""跂"正确地用到作文中，再使用一个带"于"的倒装句式；在学习《师说》时，要求学生不仅要用到重点实词，还要用上一个形容词活用为名词，再加一个带"之"的宾语前置句；再后来，要求学生尽可能地把文言句式和各种词类活用都用到"微作文"中去。在文章形式上，刚开始以片段式、日记体记录生活小趣事，后来学习《史记》的写法给教师、同学立小传，选取"史官"记录班级"奇人异事"，咏物抒怀，书信留言……学生写得兴趣盎然，文言语句清新自然。文言走进了学生的生活。

当然，笔者并不是主张把学生都培养成文言作文高手，而是希望通过写

的活动营造点文言氛围,提升学生对文言文的兴趣,进而提升学生对文言的感知能力和审美能力。正如华盛顿儿童博物馆有这么一句格言:"我听见了,就忘记了;我看见了,就记住了;我做了,就会了。"

　　韩军老师说,"没有文言,我们找不到回家的路"。阅读是我们归家的最好凭借。语文教师要学会利用资源,整合新旧、融古会今,既要重视文言文的应用价值,又要发掘文言文中的美学价值,创设语文活动学文言,使学生乐学、善学。

参考文献:

[1] 王荣生. 文言文教学教什么 [M]. 上海:华东师范大学出版社,2014.
[2] 桑苗. "化译为说"觅桃源 [J]. 语文学习,2015 (10):24-25.

学生阅读思维典型问题与教学改进
——以"整本书阅读与研讨"任务群为例

许 艳[①]

"整本书阅读与研讨"是《普通高中语文课程标准（2017年版）》设计的18个语文学习任务群之首。"阅读与研讨"的本质是阅读者连续不断思考与对话的过程，思维活动是其核心。从教学实践来看，学生阅读思维活动存在"套路化""概念化""碎片化"三类典型问题。"思维发展与提升"是语文学科核心素养的重要方面，只有真正解决学生阅读思维问题，才能促进学生思维方法与思维品质的真实发展与提升。

一、学生阅读思维问题的课堂表现

梳理大量课堂观察结果，学生在"整本书阅读与研讨"中呈现的思维问题可归纳为三类："套路化""概念化"与"碎片化"。

（一）学生阅读思维"套路化"

学生阅读思维"套路化"问题在课堂上表现为没有具体的思维加工过程，而是用固定模式去"套"作品主题。例如，阅读了"骆驼祥子"奋斗、挣扎、失败、沉沦的系列事件，不经思维过程，直接套出结论——《骆驼祥子》有力地揭露了旧社会把人变成"鬼"的罪行。学生根据什么来套作品主题？有研究者指出，目前教学中主要有两种解释模式：一是具体化的社会历史的读法及解释，关注焦点在于找到作品里"反映""批判"（或者"揭露""歌颂"等）社会、历史、现实问题的踪迹，在社会历史的框架里，寻求对于作品内容和形式的解释[1]；二是近年来出现的脱开具体社会历史的束缚，从一部作品人物的性格、心理和行为遭际之中，或者从一个类型化的情境、一个寓言化的故事之中，读出人类的基本境遇，读出人性的复杂与深刻，读出人生的美好或无奈，等等[2]。照此模式，《骆驼祥子》是一个农民进城的故事，祥子身上的农民特征被城市环境一点一点扭曲变形，最终沦为城市流氓无产者。学生掌握了固定解释模式，从阅读过程来看，由具体故事至最终解释，中间没有推理过程，直接给作品贴上标签，得出结论，完全消解了阅读过程

[①] 许艳，北京教育学院讲师，教育学博士。

对于学生思维的发展价值;从阅读结果来看,思维"套路化"背后隐藏着思维"短路化"问题,所得阅读结果常常只是作品母题,并非准确的作品主题。

(二) 学生阅读思维"概念化"

学生阅读思维"概念化"问题主要表现为一味寻求阅读结论或答案,忽视阅读过程中的感受、体验和移情。学生首先应该做的不是去解释,而是要把自己"摆"进去,带着自己的人生经验去遭遇文本里的世界,遭遇文本里的人生。夏丏尊早在20世纪30年代就曾谈到"对于文字,应有灵敏的感觉",并将之称为"语感"。"在语感敏锐的人的心里,'赤'不但只解作红色,'夜'不但只解作昼的反对罢。'田园'不但只解作种菜的地方,'春雨'不但只解作春天的雨罢。见了'新绿'二字,就会感到希望焕然的化工、少年的气概等等说不尽的情趣。见了'落叶'二字,就会感到无常、寂寥等等说不尽的诗味罢。真的生活在此,真的文学也在此。"[2]文学既是意象——直觉的,也是概念——推理的。卡西尔指出,在科学中,我们力图把各种现象追溯到它们的终极因,追溯它们的一般规律和原理。在艺术中,我们专注于现象的直接外观,并且最充分地欣赏这种外部的全部丰富性和多样性。[3]阅读过程强调独特的、细微的甚至无法重复、难以言表的体验和感受。如果一个人阅读过程中没有语言的体验、角色的介入、审美的共鸣,就无法称其为成熟的阅读者。思维"概念化"或许让学生得到了阅读结论或答案,却往往透支了阅读兴趣,影响了形象思维的发展。学生学会了做阅读题,却不理解阅读对于人生的重要价值与意义。在青少年时代,每一次阅读都应产生独特的滋味和意义。我们不仅要培养成熟的阅读者,还要培养终身的阅读者。

(三) 学生阅读思维"碎片化"

学生阅读思维"碎片化"问题主要表现为文本的多个信息之间未建立逻辑联系,散点信息与最终结论之间未形成证据链。比如,阅读《水浒传》武松落草前的十回,在"景阳冈打虎"一节,学生读到一个"为民除害的英雄";"斗杀西门庆"一节,学生读到一个"敢作敢当的好汉";"血溅鸳鸯楼"一节,学生又读到一个"滥杀无辜的暴徒"……所有这些"武松"拼接在一起,形成学生对武松形象的最终解释。武松落草前经历的一系列事件,对学生而言都是孤立的,没有建立联系。学生从孤立的信息中形成观点,再简单拼接观点形成最终结论。故事的复杂情节有其方向与目的的连贯性与一致性,信息之间并不是孤立的。如果将前后信息联系起来看,会发现武松落草前曾"两受抬举""两次下狱""两过十字坡",还曾"两遇""两打""两报仇"。"两受抬举"之中可见武松的人生追求;"两次下狱"可见当时的司法状况;"两过十字坡"可见落草并非武松的主动选择;而"无意喝醉打虎"与"有意喝醉打蒋门神"则彰显英雄本色;"两次报仇"可见武松疾恶如仇;柴进庄上"初遇宋江"与落草前"再遇宋江"首尾呼应,在叙事结构上形成一个闭环并与小说整体脉络勾连。思维"碎片化"问题在于学生没有建立信息间的联系,只是拼接从单个信息中读出的结论作为最终理解。整本书因其信息间的关联,阅读发现常常是"点"与"点"之间的联系,有赖于学生综合比较、系统思考的思维习惯。

二、学生阅读思维问题的成因分析

三类学生阅读思维典型问题,课堂表现不一,本质都是学生阅读思维的过程性问题。"套路化"省略思维过程,套出阅读结果;"概念化"缺少体验过程,片面追求结论;"碎片化"忽视推理过程,简单拼凑结论。前一种是思维过程的虚化,后两种是思维过程的弱化。

学生思维过程虚化与弱化的原因是复杂的。看重结果而忽略过程,我们肯定会归因于应试教育的负面影响。但是,抛开考试评价的影响,学生思维问题的背后一定存在着教学问题。在教学理念上,我们没有真正认识到阅读过程对于学生的发展价值;在教学行为上,我们没有化解阅读结论与学生经验之间的巨大差距。

阅读过程对于学生语文学科核心素养发展具有重要价值。在教学认识上,许多一线教师是存在误区的。特级教师宁鸿彬曾经提出一个问题,"在课堂教学中,教师应当把精力放在学生的认识过程上,还是解读课文的结果上呢?这是影响语文教学质量的一个重要问题,切不可小视"[4],并进一步指出"只学结果,学无所得""过程决定结果""参与过程,就有收获"[4]。在教学实践中,不管是理解作品的思想内容还是写作方法,都要经历一个由点到面、由浅入深的认识过程,最后得出正确的结论,即解读结果。与此同时,在过程中,学生积累知识、提升能力、建构策略并获得精神成长。结论指向作品;过程指向学生,指向语文核心素养的发展。实现阅读过程的教育价值,不能停留或局限于阅读结论本身,否则阅读教学就没有多大意义乃至根本没有意义。阅读终究是学生的阅读,学生正是在主动形成阅读结论的过程之中,通过阅读与鉴赏、表达与交流、梳理与探究等语文学习活动,在语言建构与运用、思维发展与提升、审美鉴赏与创造、文化传承与理解等方面都获得进一步的发展的。

教学过程要化解外部结论与学生经验之间的巨大差距。首先,学生不是成熟的阅读者，而是成长中的阅读者，这就决定了学生的阅读经验与阅读结论之间存在巨大的差距。其次，对于整本书这样信息量大、结构复杂、思想丰富的阅读对象，学生的困难更大。如何缩小外部结论与学生经验之间的距离，这是语文教师的重要责任。"套路化""概念化""碎片化"问题的背后，恰恰是教学行为没能合理地帮助学生化解差距。在这种情况下，学生能够学到什么、发展什么，除了一个外在的结论，内在素养发展主要依靠自己的悟性和努力。"过程虚化"与"过程弱化"不是"填鸭式"，也不是"灌输式"，教师并没有直接告知学生阅读结论，但是同样没有力图帮助学生更好地学习，没有准确把握教学活动的内在机制。杜威关注到外部结论与学生之间的巨大差距以及可能带来的学习的巨大困难，认识到直接学习外部结论会阻碍学生思维能力的发展，因而主张通过"做中学"使学生获得经验、发展思维。《普通高中语文课程标准（2017年版）》设计学习任务群，也是"旨在引领高中语文教学的改革，力求改变教师大量讲解分析的教学模式"[5]，引导学生在运用语言的过程中提升语文素养。

三、学生阅读思维问题的教学改进

学生的思维路径和思维层次受教学过程的影响。针对学生阅读思维问题成因，如何走出教学认识误区，有效改进教学行为？

（一）扭转教学观念，明确语文教学目的

教阅读结论不是语文教学的目的。我国教学论研究的一个重要成果，就是认识到"教学目标实施的精神实质乃是实现知识的教育价值"[6]。在教学情境中，知识一身二任，既是目的，又是手段，它是实现教育价值的手段。语言建构、思维发展、审美鉴赏、文化传承等就是语文学科知识的教育价值。只教阅读结论，正是由于没有认识到阅读结论的教育价值。语文教学界探讨多年的"教课文"还是"用课文教"，其理论依据也在于此。

"实现知识教育价值，要以多种活动将知识展（打）开。"[6] 蕴含在知识之中的教育价值的实现，要通过多种多样的活动将知识展开。"如果没有活动，知识就只是死的静物，任凭有多少教育价值也无从实现，只有通过活动，知识才可以激活，成为有生命的东西。"[6] 学生思维"套路化""概念化""碎片化"问题，都是没有以合适的活动将阅读结论展开。一旦通过活动将阅读结论展开，就克服了思维"套路化"导致的"短路化"问题。展开路径合理，就解决了思维"概念化"与"碎片化"问题。

知识展开"乃是'反思'或'倒转过来'的过程"[6]，展开路径是一个

"倒过来"再"转回去"的过程,简称"两次倒转"[7]。"倒过来"是指阅读结论并不是由学生首次发现,专家学者此前早有研究或者教师已有解读,结论是已知的。教师可以由结论出发梳理得出结论的思维路径。"转回去"是指教师"选择关键的、有意义的环节,进行逻辑的、结构的、系统的、有目的的展开"[7],学生得以亲身参与、经历和体验这一完整的认识活动并得出结论。当然,语文学科有其特殊性,阅读结论不能完全等同于客观"知识",但是将阅读结论展开,在多种活动中实现其教育价值,同样符合上述教学规律。

(二)细化教学行为,设计语文学习任务

教学过程要缩小外部阅读结论与学生初始理解之间的巨大差距,重中之重是"转回去"的部分,关键在于教师。一方面,教师一定要厘清得出结论的思维路径,选择其中的关键环节展开,这就是组成"语文学习任务群"的若干"学习项目"[5]。另一方面,重点关注"学习项目"中学生有问题与困难的部分。学生完成一个学习任务群,是一套完整的智力动作,但不是完成每一个学习项目都有困难。教师要把握学情,学生到底是难以区分重点信息与次要信息,还是将信息与信息之间建立起联系有困难,还是形成解释过程中缺少策略支持?只有了解学情,才能知道教学难点所在,才能在有限的教学时间内兼顾教学效果与教学效率。

此外,在教学实践中要避免"验证式学习",即教师给出阅读结论,让学生去文本中寻找从哪些地方可以读出这一结论。例如,金圣叹评点"武松平生一片心事,只是要人叫声好男子",请学生从文中找一找哪些地方可以读出?"验证式学习"其实只完成了第一次"倒转",缺少了第二次"倒转",更重要的是违背了个体真实自然的阅读过程。如果学生长期不经历真实的、完整的阅读思维过程,那么在生活、工作和学习中也很难独立完成阅读任务。

语文教学实践中长期存在学生阅读思维问题,并非教师没有认识到学生思维发展的重要性,而是未能弄清思维发展这一教学目标与实现条件之间的规律性联系,从而未能很好地落实。语言是重要的交际工具,也是重要的思维工具;语言的发展与思维的发展相互依存,相辅相成。"思维发展与提升"是语文学科核心素养的重要组成部分,只有切实解决学生阅读思维典型问题,才能实现学生语文学科核心素养的发展。

参考文献:

[1] 倪文尖,朱羽. 重塑小说观,建构新图式——《现代小说阅读》编写札记之一 [J]. 语文学习,2005(3):14-19.

[2] 夏丏尊,刘薰宇. 文章作法 [M]. 北京:教育科学出版社,2007.

［3］（德）恩斯特·卡西尔. 人论［M］. 甘阳，译. 上海：上海译文出版社，1985.
［4］宁鸿彬. 语文教学中的过程与结果［J］. 中学语文教学，2017（1）：15-20.
［5］中华人民共和国教育部. 普通高中语文课程标准（2017年版）［M］. 北京：人民教育出版社，2018.
［6］王策三."三维目标"的教学论探索［J］. 教育研究与实验，2015（1）：1-11.
［7］郭华. 带领学生进入历史："两次倒转"教学机制的理论意义［J］. 北京大学教育评论，2016，14（2）：8-26，187-188.

讲逻辑，把语文思维教育落到实处

徐 飞[①]

语文教学要重视学生思维能力的培养。《普通高中语文课程标准（2017年版）》中48次提到"思维"，首次将"思维发展与提升"作为学科核心素养，并提出培养学生的"批判性思维"。逻辑，是有效思维的标准。要进行有效的思维训练，必须讲逻辑。语文教学该如何讲逻辑？教材用知识短文或主题活动的方式集中梳理建构是有必要的，但更重要的是让逻辑和学习任务密切结合，向教学过程自然渗透。就中学语文来说，这种"结合""渗透"至少体现在以下三个方面。

一、文本解读凸显逻辑

语文教学的任务和特性决定了语文教学中的逻辑教育难以进行集中的、系统的知识传授。语文教学讲逻辑，其基本策略是：逻辑要从语文中来，逻辑要使语文学习更有意趣。在文本解读中讲逻辑，需关注两类逻辑：一是关注文本本身的逻辑——从课文中发现逻辑；二是关注解读过程的逻辑——用逻辑深入探索文本。

关注文本本身的逻辑，在课文中探索逻辑，需充分利用语文教材中的资源。初、高中语文课文中有着丰富的逻辑教育资源。例如，初中课文《晏子使楚》和《邹忌讽齐王纳谏》中有完整的类比推理；《河中石兽》暗含了排除法，还体现了科学归纳的思想；《庄子与惠子游于濠梁之上》不仅涉及归谬法，还提供了"循环论证""偷换概念"等反面典型[1]。不少研究者对此有过比较集中的梳理。这里主要探讨第二类逻辑——文本解读过程的逻辑。关注解读过程的逻辑，用逻辑深入探索课文，可以结合文本细读来进行。

1. 词义的推断

文本解读常常需要在语境中推断词义，利用得好，既是语言的积累和运用，又是逻辑推理的示范或训练。《魏公子列传（节选）》记载信陵君与侯嬴初会，其中有这样一段情节：

公子从车骑，虚左，自迎夷门侯生。侯生摄敝衣冠，直上载公子上坐，

[①] 徐飞，江苏省南京市中华中学教师，江苏省特级教师，正高级教师。

不让，欲以观公子。

"摄"，有的资料解释成"提起"，有的解释成"整理"。初看两个意思都说得通，但细推究就会发现"提起"讲不通，因为要提起衣服还可以理解，同时提起帽子就没有必要了，而且有一定难度。解释成"整理"就没有这样的矛盾，而且能体现侯嬴假装倨傲来观察信陵君为人、衬托信陵君形象的心理。再如，《刺客列传（节选）》中荆轲竭力劝说燕太子丹允许他取樊於期的人头献给秦王，有这样一段话：

诚能得樊将军首，与燕督亢之地图献秦王，秦王必说见臣，臣乃得有以报太子。

"乃"翻译为"就"还是"才"？翻译为"才"的比较多，相关教参也采用这一种翻译。翻译为"才"在语意上是说得通的，看起来还显得语气比较强烈。但是，仔细推理，就会发现不甚合理——"才"表示必要条件，无之必不然，有之不必然，没有樊於期的人头就肯定杀不了秦王，但有了樊於期的人头也未必杀得了秦王；"就"表示充分条件，有了前面的条件就一定有后面的结果，有了人头就一定杀得了秦王（当然这也意味着要杀秦王可能未必要取樊於期人头）[2]。荆轲面对"为人不忍"的太子，一定要勾画出杀秦王高度可能的愿景才行啊！从这一点看，翻译成"就"要比"才"合理。像这样的逻辑推理，在文本解读中可能随时随处发生，偶尔抓住几例和学生探讨，不仅能训练其逻辑思维，对他们形成好的阅读习惯、方法乃至心态也有裨益。

2. 语意的挖掘

一段话在字面的意思之外可能还隐藏着重要信息，想要捕捉到这些信息，往往需要细致的逻辑推理。特别是对那些"皮里阳秋"的文字，不求诸推理，是很难理解其背后的丰富含义的。例如：

（四叔）说我"胖了"之后即大骂其新党。但我知道，这并非借题在骂我：因为他所骂的还是康有为。（《祝福》）

根据这段话，可以推理出关于"我"和四叔的重要信息。

首先，"我"是新党或支持新党的人。

推理过程：因为如果"我"不是新党或支持新党的人，就不会说"但我知道，这并非借题在骂我"，而会用类似"所以我知道他不是在骂我"的表述（表1）。

表1　《祝福》中相关语段语意的推理过程

身　份	相应表述
我不是新党也不支持新党	大骂其新党，所以我知道，这并非借题在骂我
我是新党或支持新党	大骂其新党，但我知道，这并非借题在骂我

其次，四叔不仅守旧而且消息闭塞。

推理过程：根据"骂的还是康有为"的"还"字，可推知康有为等人在当时已算不得新党了。但四叔竟然"大骂其新党""骂的还是康有为"，足见其消息闭塞。

到底闭塞到什么程度呢？结合课文开头的第一句话，可以发现四叔消息闭塞到匪夷所思的地步。

旧历的年底毕竟最像年底。

推理过程：有新历才谈得上"旧历"，而启用新历是辛亥革命之后的事情。故事一定发生在辛亥革命之后，如果不是发生在辛亥革命之后，就不可能有"旧历"的说法。也就是说，辛亥革命之后的四叔骂新党骂的还是康有为。

再如，人们在遇到令人疑惑的现象时，常常会推测其原因，以求合理解释，这就是在进行溯因推理。对《记念刘和珍君》中的一段文字进行溯因推理会有惊人发现。

（刘和珍）竟在执政府前中弹了，从背部入，斜穿心肺，已是致命的创伤，只是没有便死。同去的张静淑君想扶起她，中了四弹，其一是手枪，立仆；同去的杨德群君又想去扶起她，也被击，弹从左肩入，穿胸偏右出，也立仆。但她还能坐起来，一个兵在她头部及胸部猛击两棍，于是死掉了。

现在试着根据三位学生受伤、遇害的具体情形合理猜测现场的状况。

"从背部入"：转身逃离时被射杀会造成这一结果，一定程度上说明游行学生并非暴徒；游行队伍解散时军方还在攻击会造成这一结果，说明军方并非正当防卫；被围杀也会造成这一结果，说明杀害学生的行为是有计划、有组织的。

"其一是手枪"：指挥官射击会造成这一结果，说明屠杀可能是有组织的。

"弹从左肩入，穿胸偏右出"：俯身或委于地时被射击会造成这一结果，说明军方在对方毫无抵抗能力、不构成威胁时，仍将其置于死地；射击手在制高点射击也有可能造成这一结果，说明杀害学生是有充分准备的。

"在她头部及胸部猛击两棍"：绝非正当防卫所为，目的就是致死，且是虐杀。

就这样，通过逻辑推理，学生一点点探索"言语冰山"水面以下的部分，在有限的文字中读出更多、更丰富、更意味深长的信息。

3. 文脉的梳理

其实，除了词义的推断、语义的挖掘之外，思路的梳理、主旨的把握等阅读活动，也都用得上逻辑。

《拿来主义》的中心论点是"放出眼光，运用脑髓，自己来拿"，却偏偏从"闭关主义"说起，这一点颇令学生费解。但如若厘清其内在的逻辑，问题就迎刃而解了。通俗地说，这篇文章采用的是"排除法"，规范地说则是选言推理，其推理过程如下。

或者闭关，或者送去，或者等人家送来，或者自己去拿，（当时）没有其他选择。

不能闭关，不能送去，不能等人家送来。

所以，只有自己去拿。

《逍遥游（节选）》写完大鹏之后又写蜩与学鸠，是为了对比吗？此后又写到出行的问题，这和鲲鹏与蜩、学鸠又有什么联系呢？这也是很多学生的疑惑。教师带着学生发现其中"共变"的逻辑关系，疑惑就会消除。先看出行问题：

"适莽苍者，三餐而反，腹犹果然；适百里者，宿舂粮；适千里者，三月聚粮"，实际上采用了穆勒五法中的共变法——目的地越远，需要的粮食越多，从而归纳出目的与条件之间的因果关系（表2）。

表2　目的与条件关系示例一

目的	条件
适莽苍	三餐
适百里	宿舂粮
适千里	三月聚粮

而之所以建构这一组共变，是为了通过类比证明另一组共变（表3）的合理性。庄子就是这样综合运用共变归纳法和类比推理，交代了鹏起飞如此之高的原因。这两组共变为后文正式提出"待"（即条件）做足了铺垫。

表3　目的与条件关系示例二

目的	条件
抢榆枋	起飞
图南	上者九万里

为什么逻辑对文本解读有用？因为逻辑和语言天生捆绑在一起。逻辑学所研究的思维的基本形式主要有概念、判断和推理，概念对应着日常语言中的词或短语，判断可表现为单句或复句，推理和论证可表现为复句、句群乃至篇章。所以，小到对一个字眼的适切理解，大到对一部巨制的宏观把握，往往都离不开逻辑，或者用了逻辑会事半功倍。懂逻辑，用逻辑，语文学习会更有效，也更有趣。

4. 心灵的勘探

再看《祝福》中的两段文字。

①四叔家里最重大的事件是祭祀，祥林嫂先前最忙的时候也就是祭祀，这回她却清闲了。桌子放在堂中央，系上桌帏，她还记得照旧的去分配酒杯和筷子。

"祥林嫂，你放着罢！我来摆。"四婶慌忙的说。

②冬至的祭祖时节，她做得更出力，看四婶装好祭品，和阿牛将桌子抬到堂屋中央，她便坦然的去拿酒杯和筷子。

"你放着罢，祥林嫂！"四婶慌忙大声说。

她像是受了炮烙似的缩手……

两次阻止，一次称呼在前，一次称呼在后，是随意的吗？一般学生会想到后一种表述更加强硬、更多厌弃、更少尊重。

但是这种变化的原因是什么呢？从逻辑推理的角度来看，这两回阻止之间发生了什么事，这事就可能是四婶言语态度变坏的原因。

发生了什么事？捐门槛。

捐门槛至少不会使四婶更加忌讳祥林嫂啊。

问题并不那么简单。

如果学生再关注到上面还有一句话"她便坦然的去拿酒杯和筷子"，真相差不多就出来了。以前祥林嫂去碰祭祀相关的物品，多多少少还有一点自卑与踌躇，动作可能还有点迟疑，四婶阻止她之前还来得及喊一声"祥林嫂"。但这一回，她捐了门槛，自以为赎回了尊严，再无任何顾虑，动作一定是出乎四婶意料的利索和直接，情急之下，四婶先大喊"你放着罢"，然后才来得及喊声"祥林嫂"。祥林嫂的快是四婶想不到的，四婶的喊也是祥林嫂始料未及的，正因为如此，才受到沉重的心理打击……

这就是鲁迅！这么细微的文字调度，这么丰富的情意变化，不借助逻辑推理，是很难发现"言语冰山"水面以下的部分的。

二、写作训练运用逻辑

读文章时词义推断、语义挖掘、文脉把握离不开逻辑，写文章时遣词造句、谋篇布局、修改润色也离不开逻辑。写作要能打动人，固然要在辞藻、技法上下功夫，但首先需要有正确的逻辑。一段话、一篇文章，如果逻辑出了问题，等于是把房子盖在流沙上，即使再华美，也经不起推敲检验。

王力先生就很重视写作和逻辑的关系。他曾说："学生的文章写不好，并不是由于他写了几个错别字，也不是因为他不懂语法。主要是逻辑思维问题。所谓主谓不合，动宾不合，等等，表面上是语法问题，实际上是逻辑问题。至于篇章结构，更是大半属于逻辑思维问题。"[3]

逻辑对于写作的意义是全方位的，工具、手段以及作用的方式也多种多样，这里只就审题、构思和修改三个环节谈谈少数几种逻辑方法的运用。

1. 审读材料时找一找"隐含前提"

非形式逻辑理论认为，在一个论证中，说出来的论据只是一部分，那些没有说出来的论据就是隐含前提，而且在论据或隐含前提的背后，还有一些支持这些论据或隐含前提的没有说出来的假设，这些假设称作隐含假设。这些隐含假设很有可能代表着说话人的价值观，这些价值观有的是说话人刻意隐藏的，有的是他们自己都没有意识到的。试着把这些价值观找出来，无论究竟如何看待与最终怎样评价，写作的深度都成了可能。

试看一则材料：

俄罗斯著名作曲家格拉祖诺夫听两个年轻人弹奏勃拉姆斯《第二交响乐》。他们弹得很糟。格拉祖诺夫问他们过去听过没有，他们老实回答说："没有，没听过。"格拉祖诺夫叹了口气说："你们真幸运，年轻人，有那么多美好的事物等着你们去发现，而我呢，什么都已经涉猎了，不幸啊。"

格拉祖诺夫的话可能是苦心的诱导，也可能是真心的感慨，如果是后者，怎么理解？

格拉祖诺夫的话分两部分（有下划线的部分是论点，其余为论据）：

D1 <u>你们真幸运</u>，年轻人，有那么多美好的事物等着你们去发现。

D2 而我呢，什么都已经涉猎了，<u>不幸啊</u>。

不难发现：

D1 隐含着前提："有未知之美待探索是幸运。"

D2 隐含着前提："无未知之美可探索是不幸。"

应该说，这两个前提都无可厚非，而且完全可以作为写作的立意。关键是 D2 的论据"而我呢,什么都已经涉猎了",需要进一步追问。

凭什么格拉祖诺夫认为自己"什么都涉猎了"呢?支撑的隐含假设看起来只能是:"可待我体验的美好是有限的。"

其背后可能是这样一个普遍性的假设:"一个人所能体验的美好是有限的,是个常数,有可能在生命结束之前就终结了。"

这个假设显然值得商榷,有可能体现了一种封闭的心态。如果一个人对世界抱着开放的态度,他(她)完全可以认定值得并可被探索的未知之美是无限的。一个人认知和经历的范围越大,视野和思路就会越开阔,察觉和感受到的未知就会越多。

而且,所谓"一期一会",善于纵深探索的人,因为新的经历和心境,对同一美好之物往往又有新的感受。由此,可以确立这样的写作思路:

①发现未知之物、经历未知之事是一种快乐。如果再无未知领域去探索,再无未经之事可体验,这是何等悲哀!格拉祖诺夫感到的就是这种悲哀。人应珍惜每一回全新体验、每一次未知之旅。

②人更应当不断从已知走向未知,直到生命终结。格拉祖诺夫自以为已经经历了一切,却不知未知世界永远比已知世界广阔,这是他的第二种悲哀。曾经有一位非常博学的人说:我比别人更能感受到自己的无知……

③怎么防止陷入"格拉祖诺夫误区",而在生命终结之前不断体会世界的神秘与探索的快乐呢?

这就到了精彩之处了,即使仅仅把这个问题提出来,这样的思考也比一般人走得要远。是逻辑把思路带到了这里!写作者还可以继续走下去,回答这个问题。

2. 整体构思时想一想"虚拟论敌"

中学生议论文写作比较常见的模式是"观点+例子",其内在逻辑如图 1 所示。观点绝对化和结构扁平化这种模式容易出现问题,而在构思时制造一个"虚拟论敌",则有助于解决这些问题。

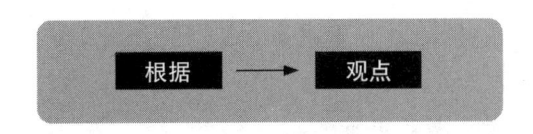

根据 ⟶ 观点

图 1 "观点+例子"写作模式的内在逻辑

"虚拟论敌"的思想来自逻辑学家图尔敏提出的论证批判模型(以下简称"图尔敏模型"),图尔敏模型在逻辑学发展中最大的贡献是在论证中引入对自身的"辩驳"。面对合理的辩驳，论证者可能在根据和观点之间加入"保证"甚至是对保证的"支撑"，也有可能对观点加以"限定"，这样就形成了更加精致和圆融的论证框架（图2）。

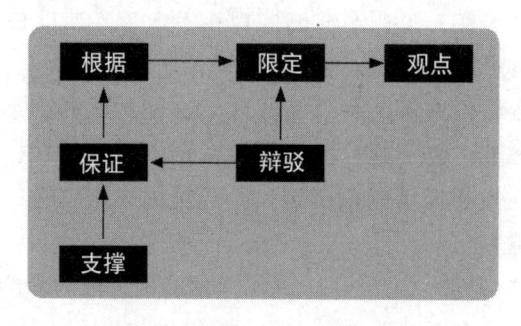

图 2 图尔敏模型论证框架示意图

借鉴图尔敏模型，指导学生在证明某个观点时，可以同时想象存在一个驳论者，不妨称其为"虚拟论敌"。这位"论敌"可能会针对我们的论点举出反例或从论点推出错误，也可能会质疑论据及隐含前提的可靠性，抑或指出论证中存在的逻辑问题。面对这些可能受到的攻击，我们需要再进一步考虑应通过怎样的措施使自己的论证能免于受到攻击或能抵御攻击。让学生考虑"兼听则明"的论证提纲，先让他们找出反例，再让他们限定前提、构建框架。

主要反例有：

"三人市虎""父子骑驴"，听了越多越糊涂；《邹忌讽齐王纳谏》中齐王听了宫妇左右、朝廷之臣、四境之内的评价还不够，李世民有时听魏徵一个人的就够了。

随后建立以下的论证框架。

提出论点：兼听则明。

剖析原因：突破局限、拓宽视野。

指出关键：在"多"，更在"异"。

限定前提：听者有胸怀，善辨别。

总结原则：独立思考，为我所用。[4]

3. 修改时让材料观点更加统一

写作中，材料和观点应是统一的，从逻辑的视角看通常就是归纳或类比成立。

归纳的推理形式是：S 类的部分对象 S_1、S_2、S_3……S_n 具有 P 属性，且未遇反例，所以，所有的 S 都具有 P 属性。

写作时要注意的是，所举之例的主体是否真的属于 S 类，是否真的具有 P 属性。再进一步的要求是，考察 S 和 P 之间有无内在联系。

类比的推理形式是：A 具有 C 属性，B 具有 C、D 属性，所以，A 也具有 D 属性。

写作时要注意的是，A 和 B 是否真的都具有 C 属性，B 是否真的具有 D 属性。再进一步的要求是，考察 A、B 两种对象是否具有可比性（尽量避免范畴迥异和层级悬殊），C、D 两种属性是否有内在联系，等等。

再看一个归纳的例子。有学生在论证"做事要把握好度"的观点时，用了这样的例子：

冯文潜先生有一次走到一个卖陶器的摊子前，想买把夜壶，挑了又挑，都嫌大，就对这位陶器工人说："好是好，就是嫌大了。"这个工人应声说："哎，冬天，夜长啊。"如果这位工人不懂得语言得体，直接说："大是大，小便装得多啊！"恐怕冯先生一定会尴尬地走开。

这事例颇有意味，但用来证明"做事要把握好度"则缺乏支持性，用来阐述"话要巧说"倒是颇为得当。结论是 A，前提证明的却是 B，逻辑学称作"错失主旨"。

作者用卖夜壶的事情来证明"做事要把握好度"，是典型的归纳，现在回看归纳的逻辑形式——要推出所有 S 具有 P 属性，至少要求给出的某个 S_i 具有 P 属性。这就要求上面的例子中体现出冯老之所以买下夜壶是因为卖主说话有度。不妨做这样的补救：

说话贵有度，有度才能得体，才能让对方欣然接受。卖主要说服顾客，当然要揣度顾客的身份特点，在俗与雅、直白和含蓄之间找到合适的尺度。对方看似文人，太俗太直接会有辱斯文，太雅太隐晦自己未必说得来，也不符合商品的特点，所以才采用了这个朴实而又含蓄的说法。若对方是乡村野夫，恐怕又得是另一种说法。可见，所谓度，并非一味折中或平均，而是审时度势，实事求是，因事制宜。

三、教学过程贯穿逻辑

一堂课，不是学生一味跟着教师走，而应是师生一起跟着逻辑走。怎样让教学过程贯穿逻辑呢？

除了在教学的各个环节始终依循逻辑外，比较理想的做法是根据教学任务，借鉴相关逻辑思想方法，形成特定的教法。

借鉴"假说演绎法"（"假说演绎法"，即对科学假说进行演绎推理，再通过实验检验演绎推理的结论。如果实验结果与预期结论相符，假说得到确证；反之，假说被推翻。这是一种被普遍采用的科学逻辑方法），形成"假设—推演—思辨"教法，可以对小说等叙事类文本进行"思想实验"，发现常规阅读不易涉及的问题。例如，《祝福》中的祥林嫂若不是有两任丈夫均遭不测、阿毛又被狼叼走这些带偶然性的遭遇，其一生又当如何？这一推演必定会带来对《祝福》究竟是社会悲剧、性格悲剧还是命运悲剧的思辨。

借鉴"最佳解释推理"（"最佳解释推理"认为，如果与其他的假说相比，某个已知假说提供了对证据的"更好"解释，那就可以推出该已知假说为真。这是一种得到越来越多人认同的科学逻辑方法）的逻辑方法，形成"替代—竞争—最优"教法，可以对诗歌进行开放性探究。大部分诗歌的解读有多种可能性，而最佳解释推理恰恰是在多种解释中寻求最合理解释的推理，对诗篇、诗句或具体的字眼产生初步解释之后，不妨再找一找替代解释，由此构成和原先解释的竞争，竞争中将会诞生最合情、最丰富、最可爱的解释。这也可以用于说明文的探究，设想和尝试不同的说明顺序和方法，比较孰优孰劣，探寻个中原因。还可以用于议论文的教学，构造竞争性的观点及论证，在碰撞和争鸣中对原文的写作情境和策略有更深的理解，同时也发现在新的语境下改进的可能。

更具广泛适用性的是综合上述逻辑思想和教法功能的"质疑—整合—共解"教法。所谓质疑，就是针对学习材料提问题；整合，就是对学生提出的所有问题进行梳理、概括、分类和排序；共解，就是师生针对问题共同探究。这三个环节都需要逻辑，也训练逻辑。

下面以欧·亨利《最后的常春藤叶》一文的教学为例，说明逻辑是怎样贯穿"质疑—整合—共解"的教学全程的。

关于这篇课文，学生的问题主要有：

①反复出现"杰作"的说法有无用意？
②写贝尔曼做模特的情节有什么作用？
③贝尔曼是什么时候决定画常春藤叶的？
④贝尔曼的事业失意，为什么画藤叶画得那么逼真？在雨中他是如何画上去的？
⑤琼珊为什么急于一死？
⑥琼珊是什么时候发现真相的？
⑦琼珊活下去是因为藤叶，还是因为知道了贝尔曼的献身？
⑧"海湾""大衣""披肩""男人"……医生的一段话什么作用？

⑨康复和死亡发生在同一天有无用意?

⑩为什么以苏艾的视角写?主人公是谁?苏艾事先知道真相或知道贝尔曼的计划吗?常春藤叶有没有什么象征作用?

几乎每一个问题都基于文本,反映学情,也体现逻辑。其中有些问题背后有着缜密的推理。例如,学生之所以怀疑苏艾事先知道贝尔曼的计划,是因为琼珊亲口对苏艾说过:"等到最后一片叶子掉下来,我也就该去了。"可每次琼珊让她拉开床帘看外面的叶子时,她都没有表现出应有的忐忑。此外还有一些细节似乎也指向苏艾的知情,例如,苏艾"只睡了一个小时的觉",贝尔曼显然没有一直给她做模特,剩下的时间她做什么了呢?

整合问题也要遵循逻辑。学生的问题很多,一问一答无法确保课堂的渐进过程,甚至会导致凌乱无序。最好的办法是让学生问完问题之后,对所有的问题进行梳理:筛选、分类、排序、整合。这些工作也必须遵循逻辑。就拿划分类别来说,首先要有一个划分的标准,这个标准很大程度上决定了整合和求解的顺利与否。学生最容易想到的是按小说环境、情节、人物三要素来分。事实证明这是一个不大不小的陷阱,环境问题还好识别,情节和人物的问题就不大容易区分了。最简单有效的方法就是按人物划分,其余的先放一放。一般来说,问题归属哪个人物是比较好判定的,毕竟小说的核心是人物,把问题落到人物上更容易抓住重点。

求解过程更需要运用逻辑。解答合理不合理,首先看逻辑。另外,要特别注意问题和问题之间的逻辑联系。例如,关于"苏艾事先知道真相或知道贝尔曼的计划",学生是这样作答的:

苏艾事先不知道真相。

理由一:从情节看,贝尔曼完成"杰作"后,"看门人在楼下的房间发现他痛苦得要命。他的鞋子和衣服都湿透了,冰凉冰凉的",苏艾事先知情的话就不会发生这样的情况。

理由二:从人物看,贝尔曼的特立独行的个性与完成"杰作"的抱负决定了他会在无人知情的情况下独立完成他的计划。

理由三:从作者看,如果把贝尔曼作为中心人物塑造,那就没有必要也不应该安排苏艾知情和参与。

至于说苏艾"没有表现出应有的忐忑和焦虑",则很有可能是因为她对琼珊荒唐的信念不以为意,而经历过更多人生风霜的贝尔曼却认识到其中的危险和希望。[4]

整个作答,已经构成了一个逻辑严密的论证。值得注意的是,这也是在前面"杰作""主人公"等问题得到解答之后才形成的,很好地利用了问题之间的逻辑联系。

逻辑,说到底是对有效思维规则的概括,人们努力遵守逻辑来思考,仿佛在聆听高于自己的声音,就会使心灵逐步走向作品的核心,甚至拓展出未曾有的境界,生成未曾有的观点。

参考文献:

[1] 徐飞. 逻辑知识的随文渗透[J]. 中学语文教学,2018(7):11-15.

[2] 徐飞. 高三复习也要批判性思维——以古诗文阅读为例[J]. 教育研究与评论(中学教育教学),2017(9):13-16.

[3] 王力. 王力文集(第十九卷)[M]. 济南:山东教育出版社,1990.

[4] 徐飞. 批判性思维与学科教学融合——以高中语文为例[J]. 课程·教材·教法,2018,38(7):61-66.

高中语文学习任务设计的问题与建议
——以《边城（节选）》一文的教学为例

刘正旭[1]

前不久，笔者应邀参加了一次县级市教学新秀的评选工作。这次活动要求参评教师围绕"以任务驱动课堂教学"的理念，针对《边城（节选）》（苏教版高中语文必修二）开展同课异构。一天课听下来，笔者感到，任务驱动确实改变了以往课堂教学中大量讲解分析的教学模式，但教师对学习任务设计的理解与实践差距较大，有的甚至表现出明显的不足。下面结合具体案例的分析，简要谈谈个人对高中语文学习任务设计的一些看法。

一、《边城（节选）》学习任务设计的三个案例

【案例一】以探寻边城之美为学习任务，让学生通过"我是朗读者""我是演员""我是记者"等活动来理解作者的创作意图，梳理积极向上的价值观。

活动一：探寻风俗美。设置"我是朗读者"的情境。挑选文中最能体现湘西特色民风民俗的描写语段进行朗读，并谈谈自己的朗读感受。

活动二：探寻人性美。设置"我是演员"的情境。挑选文中有关人物的对话描写，两两组队进行角色扮演，体验人物情感，感受人物形象。

活动三：探寻美的意义。设置"我是记者"的情境。进行一次模拟采访，对课文的"作者"提出这样的问题——为什么将边城人的生活写得如此之美？并联系自己的生活实际，写一写从课文中获得的审美感知。

课后作业："我是画家"。将你探寻到的文本的美用海报的形式绘制出来，并配上一段文字。

【案例二】以边城的环境美为学习内容，引导学生关注传统文化，感受不同地方的不同习俗、民性，帮助学生建立起自身阅读体验与社会现实生活的勾连。

情境任务：展示有关凤凰古城旅游景点不良之风的报道，提供地方政府要重塑古城形象而向社会征集意见的假设，由学生根据文本描写的环境之美为当地政府提供合理建议。

---

[1] 刘正旭，江苏省南菁高级中学党委副书记，无锡市语文学科带头人。

活动一：设置情境、明确任务。投影展示有关凤凰古城景区旅游不良风气的报道和图片，如果当地政府有意重塑古城形象，并为此向社会广泛征求意见，作为一个《边城》的爱好者，你希望呈现出怎样的古城呢？请按照所给句式，依次从风景、风俗、人情三个方面来表达你的想法。

句式：我希望看到一个_____的凤凰古城，因为《边城》第（　　）部分第（　　）节描写了_____。

活动二：撰写宣传语。经当地政府和人民的共同努力，凤凰古城恢复了原有的古朴风貌、淳朴人性、热闹风俗，现在邀请你做形象大使，你会宣传它的哪些迷人之处呢？请你以"来凤凰吧"为开头，以文中出现的人、事、景等细节为内容拟写一段宣传语。示例：来凤凰吧，来掬一捧这绿色的江水！

活动三：探究思考。有人说《边城》是一曲对"美"与"爱"的赞歌，更是沈从文对故土湘西的乡土风俗的优美挽歌。对"挽歌"的说法，你认可吗？为什么？

【案例三】以梳理分析翠翠等"边城人"形象，判断其人文内涵和艺术价值为学习内容，帮助学生从作品主题、文化内涵等层面感受、理解、阐释经典文学形象及其独特价值，提升学生的审美能力和鉴赏水平。

任务设计：寻找"翠翠"。编制"中国现代文学画廊人物谱"之《边城》人物篇。

活动一：认识翠翠。细读课文，对描写翠翠这一人物形象的内容圈点勾画，旁注简评形象特点，同学之间开展交流。

活动二：寻找"翠翠们"。选取给你留下深刻印象的其他人物（摘录、批注、鉴赏），写一段话，概括"边城人"共同的美，说明这些人物让自己感动的理由。

活动三：谁孕育了"翠翠"？探究"作品背后蕴藏的热情"，完成"文学画廊人物谱"之中国现代文学小说人物"翠翠"篇（边城人群像）。

二、对案例的观照与分析

《普通高中语文课程标准（2017年版）》指出："'语文学习任务群'以任务为导向，以学习项目为载体，整合学习情境、学习内容、学习方法和学习资源，引导学生在运用语言的过程中提高语文素养。"上述三个设计的共同特点是，都能运用"任务群"的学习方式，让学生在所给定的任务情境中完成对《边城（节选）》有关内容的学习。

《边城》是沈从文先生的代表作。小说写了边城茶峒的一个老船夫的孙女翠翠和船总的两个儿子天保、傩送兄弟之间纯洁、凄美的爱情纠葛，展现的是一幅古朴的湘西风俗画。风景美、风俗美、人情美是鉴赏这篇课文一般意义上的重点。案例一、二都是从"三美"的角度来设计学习任务的。但案例一将"学习任务"简单地等同于"活动"，用"活动"代替了"学习任务"。三个活动看似热闹，也有一定的任务指向，但过于游离文本之外，实际上并没有真正去指导、引导、帮助学生理解文本。案例一中"我是演员"的活动应该属于综合实践活动的范畴，短短一节课学生是无法完成"演员"的要求和任务的；而"我是记者"的活动设计，要求学生采访假想的作者，完成对作者写作意图的揣摩，多会流于"为活动而活动"。

　　案例二显然想打通文本和现实的勾连，以生活现象驱动学生对文本的阅读。活动一设计以文本内容的截取、概括来向政府提出改进意见。其中的问题显而易见：一是以《边城》描绘的景物、风情、人情作为理由向政府提出改进意见，是"纸上谈兵"，不具备强大的说服力。从引导学习的角度说，问题的驱动力不够；从解决问题的角度说，未必有利于学生的能力提升。二是这个过程的实质是概括和提炼，仅仅是以活动的"瓶子"装着知识教学的"旧酒"。活动二以文本中的美丽画面为想象中的古城新景设计宣传语是一种能力训练，练习的结果恐怕也只是"镜中月、水中花"。活动三能将课堂学习引向深入，却离开了课堂开始时设置的整体情境，有割裂之感。

　　案例三跳脱出了一般意义上的学习重点，从人物形象的分析入手组织学生活动，符合文体教学的基本规律，也符合学生学习的基本认知规律。活动设计在人物这个点上逐层深入，由翠翠到边城人，由具体的边城人到边城人群像，学生掌握的不仅仅是人物形象的分析方法，更重要的是人物形象的典型意义以及阅读小说的基本方法。"文学画廊人物谱"活动则是将学习由课内延伸到课外，融合了知识学习和思维提升。因此，相较而言，无论是从单篇学习的层面看，还是从学生继续学习、能力提升的层面看，学生在这节课上的收获无疑是最大的。当然，如果课前再布置"翠翠的故事""爷爷的故事""傩送的故事"等的提炼整理，一来整体把握较长的节选内容，二来将简单问题前置，抬高课堂教学起点，会更有利于学习活动的顺利推进。

三、对高中语文学习任务设计的思考与建议

（一）学习任务设计要指向素养

　　任何一个学习活动的设计都应该指向语文核心素养或者其中的某一个方面。案例二当中的情境设计"由学生根据文本描写的环境之美为当地政府提

供合理建议"，看似围绕课文培养学生的语言运用与思维发展能力，实际上，因为解决问题思维逻辑上的偏差，这样的训练越多，学生离生活将越远。而将情境改为"学生阅读文本后，联系新闻报道和生活实际谈谈感受"，或许在贴近学生生活实际的前提下更有语文价值和生活价值，更有利于学生语文核心素养的培育。另外，指向核心素养的学习任务设计要与课堂问题设计区别开来。现在语文课堂提问普遍存在一种从学习评价角度检测阅读理解效果的现象，而不是引导学生通过学习任务的完成，达到提升语文素养的目的。"请用《边城（节选）》中的一个字概括你的阅读感受，你觉得哪个字最恰当"就属于这样的问题。而我们换个角度，让学生在交流阅读感受的基础之上，再进行概括，则既引导了思考表达，又关注到了核心素养。

（二）学习任务设计要讲究适切

首先，学习任务设计与学习内容要相适切。任务驱动内容学习，若设计的任务不能切合要学习的内容，就产生不了驱动作用或达不到任务设计所期待的效果。案例一中"我是记者"设计问作者"为什么将边城人的生活写得如此之美"，问题突兀、生硬，难以激发学生真情实感。其次，学习任务设计与语文活动设计要相适切。学习任务多侧重于内容要求，而语言活动多侧重于形式要求。学习任务可以是语文活动，但语文活动不一定是学习任务。比如，朗读是任务也是活动，而"我是朗读者"是语文活动而不是学习任务。案例一"我是演员"活动中设计的任务"挑选文中有关人物的对话描写，两两组队进行角色扮演，体验人物情感，感受人物形象"与活动本身就不能很好地契合。学生只能以分角色朗读的形式草草完成表演的任务。事实上，如果都以"读"来贯穿课堂活动，也是个不错的选择。

（三）学习任务设计要符合逻辑

学习目标的完成往往需要几个任务的共同实施才能完成。而不同的任务之间要有一定的逻辑关系，最好能形成一个完整的体系。有体系才合规律，而符合规律的是美的。具体来说，学习任务设计要符合生活的规律、学生认知的规律，任务与任务之间要有内在逻辑。案例二中的活动三和前两个活动之间就没有必然的逻辑联系。对于《边城（节选）》的教学，还有教师设计了这样的情境：做一期以"遇见湘边的翠翠"为主题的文学小报。具体过程分为四个任务：一是解风情，写展现民俗风情的语段；二是谈恋情，制作人物名片；三是悟忧伤，理解翠翠情感；四是加编者按，了解创作意图。四个任务由浅入深，构建明确的任务关系，符合学生认知规律，符合小报制作流程，可以说是一个有完整体系的任务设计。

(四)学习任务设计要凸显审美

审美力是诸多能力中最靠近学科育人的一种能力。美的形态不仅是形象的,也是抽象的;不仅是感性的,也是理性的;不仅是文学的,也是科学的;不仅是外显的,也是内在的。就语文学习而言,我们要经由文本的形式美,走向文本深处的情感美和思想美。这是学习任务设计能够凸显审美的基础。具体而言,就是任务情境给人以愉悦感,任务完成给人以充实感(完成知识积累、能力提升、情感丰富和人格成长),任务评价给人以鼓励感。简言之,就是让课堂有情趣、有思想、有担当,这是学习任务设计的较高要求。

让语文课在灾疫场域中展开

唐江澎[①]

2020年初的新冠肺炎疫情，不像地震或是海啸，灾难瞬间降临，之后更多的是废墟的重建与精神的修复；甚至不像洪涝，会让我们在灾难中沉浸那么长久的时间。这一次，两个多月中，全体社会成员一直处在疫情的阴云之下，不能在阳光下散步，不能与亲朋们聚会，只能无奈地选择以居家和隔离的方式艰难阻抗病毒无孔不入的浸染。对于在"非典"疫情前后"出生"的高中学生而言，许多人会从此在生命中刻下关于灾难的真实记忆，而这些记忆也必将融入他们的精神建构。

作为承担促进学生精神整体成长责任的教育人，作为参与学生人文精神建构的语文课，在灾疫场景提供的教育机会面前，必须思考我们该有怎样的作为。这是开发"校长阅读课：'灾难当前'专题"的思考起点，也是整体课程设计的问题指向。

一、校长阅读课："灾难当前"诞生的专题课程

"校长阅读课：'灾难当前'专题"是江苏省锡山高级中学在疫情期间，基于灾难情境自主开发的一门面向高中学生的语文综合学习课程。课程组合了《普通高中语文课程标准（2017年版）》（以下简称"课程标准"）中"当代文化参与""跨媒介阅读与交流""语言积累、梳理与探究""文学阅读与写作""思辨性阅读与表达""实用性阅读与交流""中华传统文化经典研习"等任务群的学习要求，共9个专题18学时。每个专题由"导语""文本推荐嘉宾""阅读材料""思考探究（阅读提示、活动设计）""链接拓展"5个板块组成，分导读（阅读课）、自读（课外阅读）和实践活动3种类型。从2月4日（无锡市启动疫情防控一级响应第十天）在学校微信公众号推出第一课至今，按计划在开学时结束。2月10日我校"匡园云校"开课之后，以每周2课时纳入教学计划，由任教教师回收相关课程作业，完成课程评价，合格者获1个学分。

之所以称之为"校长阅读课"，既是接续"体悟教学"关于"校长推荐

[①] 唐江澎，江苏省锡山高级中学校长。

阅读"的长期实践，也是特殊时期面向全校学生推进课程实施的现实需要；还有一层，是便于以自身人脉资源汇聚专家智慧。我和团队的年轻人深知，宅家之际、仓促之间开发阅读课，优劣高下的关键是文本质量，这就需要借助学者、专家的眼光。必须郑重感谢那些院士、教授、作家、评论家，感谢他们以责任和学识对"灾难当前"课程的支撑！

推出"校长阅读课"不仅是基于"停课不停学"的现实考量，需要为已能预判的绝不会短暂的开学延期预做语文学习的准备，更多的是要进行一种探索与尝试，让课程与教学在疫情变化中、在灾难发生中同步推进、共时展开，从而在灾难教育与语文课程视域的双重观照下，思考追问课程内容组织、教学方式改进等方面的一些重大问题。

二、"灾难当前"的学习内容选择

不论我们是否意识到，"灾难当前"就是受教育者目前所处的教育环境，他们前所未遇的经历、震撼心灵的体验和铭心刻骨的记忆，就是他们所获得的教育。甚至语文教育所涉及的课程、教学、活动这样一些重要元素，都在"灾难"主题的统摄下，汇集于具体的时空场域，作用着、影响着学生的生命成长。但是，灾难展示的场景是全方位的，传递的信息是多样化的，灾难提供着丰富的课程资源，也展现着芜杂的教育主题，需要我们去选择、去整合。"校长阅读课"的设计中，我们结合高中生精神成长的需求，凝练出具有鲜明灾难特征、深远精神影响的人文主题，以主题统摄大单元内课程内容，实现教育目标。

我们认为，如果仅让泪水浸泡学生的灾难意识，让他们在一次次悲情面对中感受生命的无力；或者更多地引导他们把视线从灾难中移开，而去关注灾难过后的课业压力，把所有的痛苦都转化成当下励志苦学的动力，这些显然都不足以支撑起灾疫场域中语文课程主题的应有高度。主题不能浅表化地回应灾难，更不能实质性地抛开灾难，以功利化的教育内容疏离灾难当下的教育情境。

那种漠视灾难现实，简单以原有课程内容填充灾难教育机会，弥补"停课"损失的做法，似乎实有所得，失去的却是不可多得、不可复制的"可教的时机"，甚至可能使灾难中的学生在价值次序的错位选择中产生价值误判。经典的教育定义告诉我们，教育是有目的、有计划的影响人的社会活动。因此，这样特殊背景下的灾难教育课程设计，必须以拉高学生精神视线的课程主题明晰地呈示学科立德树人的目的，具体地表达语文课程的人文性追求。

同时，也应该指出，课程主题凝练的明晰化与具体化，更多地体现为课程设计者的内在图式清晰而不模糊，不可也不能贴标签式呈现，大概没有谁愿意在触摸一篇作品之前先被告知：你将在此受到某种教育。

这里以"校长阅读课"第二课《人类，在与灾难抗争中进步》为例，谈谈课程主题设计与呈现的思路。

这一课的阅读材料，是材料推荐嘉宾、评论家汪政自己写的《我们需要怎样的"抗疫文艺"？》一文。单元导语给出这样的提示："作为文艺评论家，汪先生的文章从精神生产的角度思考'灾难文艺'，提出文艺以自己的方式通过对灾难的表现参与到了社会与文明的进步中；作为受教育者，更应该从精神成长的角度来审视灾难的价值与意义，系统性弥补我们'灾难教育'的缺失。这不仅是防灾自救的技能与本领，更重要的是通过启蒙灾难意识，让我们在灾难认知、灾难反思中建构科学精神、人文精神，从而承担人类的责任。"

学生借助文本阅读，在灾难当前的场景中，与文艺评论家展开的这场关于灾难价值的心灵对话，不仅会把身历其境的感性体验升华为理性思考，更会加深对课程主题的体认、理解。汪政先生认为，不同阶段的灾难文艺会体现出不同的思想情感主题，当下阶段必然会"将反映疫情与民众生活，同情和悲悯受难者，特别是发掘抗疫主体的不屈精神、大爱情怀与无私奉献的勇气作为中心主题，以提振民众抗击灾难的信心"；随着抗疫进程的发展，"特别是抗疫中涌现的动人故事与英雄人物的表现，对在抗疫中体现出的民族大义、人道情怀，对在这次抗疫中生成的特别的精神力量将是创作的重中之重"；而影响长远的优秀的灾难文艺，还应该"在发现与反思中建构人文精神"，"不约而同地去寻找、去思考灾难中的人们所体现出来的精神和这种精神的渊源、内涵、现实表现以及对国家、民族、人类与未来的意义"。

文以载道，文艺是语文教学所直接依赖的精神产品的生产者、供给方，配置在课程教材中的作品主题常常就是教育主题。阅读课所能展现的教育主题就在作品文本之中，结合高中生精神成长的需求，课程设计中我们凝练了"感受人性光芒、发展理性精神、崇尚责任担当、探讨问题解决"的课程主题，表达为"直面灾难，用我们的善良、智慧和责任，向世界贡献问题解决的行动"，并以此作为单元阅读文本的选择标准。

课程主题不仅是教学材料取舍的依据，在课程资源配置中还处在"辐辏"格局的中心，对整体教学活动的设计发挥着统摄作用。在与评论家梳理"灾难文艺"主题之后，"链接拓展"中又推荐阅读毕淑敏《我希望是预见，而非重现》及被誉为"神预言"的"灾疫名作"《花冠病毒》。借用作品的序言给受疫情迅速蔓延威胁的学生以精神激励:"在身体和心灵遭遇突变,就像本书中出现的那种极端困厄的情况下,最终能依靠的是你的心理能量";"在没有特效药的当前,一定要保持坚定的信心和良好的情绪,多进行正面积极的思维,让自己的心理能量温暖饱满,它和药物治疗同等重要,甚至更加重要,要有永不放弃的信念"!

接着,我们推荐阅读了新闻特写《武汉疫情爆发12天:这17个普通人的故事,看哭了……》中节选的三个片段:驰援武汉的包机上,乘务长哽咽着告诉医生乘客:"待你们完成任务,我们接你们回家!";金银潭医院旁边的店主小姐姐,看到医护人员"想吃大米饭"的渴望,动员家人赔钱配菜:"看到朋友圈里的话,受不了,我想做这事!";安庆医院的护士长,行前给哭喊的女儿说:"妈妈要去打怪兽了,很快就回来!"。围绕"逆行天使"选择的这三则材料,从不同侧面展示了普通人身上的人性光芒,启发学生认识:这个世界上人们所能感受到的温暖与美好,常常并不在于宏大的宣示,而在于细节,在于困境之中闪现着人性光芒、可以解决问题的行为细节。

摘引上述内容,想要还原设计课程时的一种心理感受:那种泪流满面的阅读行为,那种心灵震撼的共鸣,发生在作品与阅读者共时同感的灾难情境中时,已经超越了一般阅读教学的意义层面,而直抵内心深处的精神建构。泪流满面,不是教育者追求的煽情效果,也不是阅读者脆弱情感的失控,而是每个学生精神成长的需要,需要在泪流满面中滋养我们的善性,在泪流满面中坚定我们价值体系中对于正义与伟大的定义与崇尚!从这个意义上看,泪流满面就是课程主题价值实现的过程,这也是我们努力追求在灾难情境中展开灾难教育的原因。

这样的时文阅读,可能会引发语文教学文本经典性的讨论。其实有太多灾难文学经典也可供课程选择,有学者曾说,一部人类史就是灾难经典展现的人类与灾难的抗争史。单是南京大学文学院丁帆教授推荐的阅读清单,就有长长的一列:有《传染病》《流感》《切尔诺贝利》《海啸奇迹》《唐山大地震》《泰坦尼克号》等经典大片,也有《世界重大灾害事件记事》《鼠疫》《霍乱时期的爱情》《人类历史上的大灾难》等世界名著。精选之后,"校长阅读课"先后推出"影视中的灾疫经典""名家灾疫经典诗文""《红楼梦》中的灾疫描写""《白鹿原》上的疫情"等专题。这些经典本身所蓄积的超越时空的力量,在被灾难情境激活后释放出来,让阅读者获得了全新的体验与震撼!不妨设想:没有挥之不去的瘟疫笼罩,有多少"00后"的孩子会从

"借问瘟君欲何往,纸船明烛照天烧"诗句中体会出毛泽东《送瘟神》的快意、豪情?同样,曾巩《越州赵公救灾记》中"盖灾沴之行,治世不能使之无,而能为之备。民病而后图之,与夫先事而为计者,则有间矣;不习而有为,与夫素得之者,则有间矣"的卓越见识,又能引发多少人千载之后的深沉感慨?

是否可以这样概括:灾疫场域中的语文课程设计,强调基于灾难情境凝练单元主题、统摄教学活动,追求以教学内容的当下性呈现深化受教育者的共时性体验,经"体"而"悟",进而将个体碎片化的灾难体验转化为一种理性的思考,积淀成一种生长的品格。

三、做真实情境、任务驱动下的"真语文"

我们反复强调,灾难中的语文课程不能坐失教育机会,变成疏离人文性的机械训练;也不能仅仅高扬人文旗帜而离开语文实践,搞成架空工具性的灾难教育。因此,在深刻领会课程标准核心理念的基础上,我们试图把握并体现语文综合学习活动的基本学科逻辑:基于真实情境,注重任务驱动,突出实践运用,致力在真实情境、真实任务、真实运用的设计上有所突破,以期学生的语文核心素养在灾疫场域语文课程的融通中得到整体发展。

先说情境。从具体课例入手分析,第四课《"冠状病毒"是怎么回事?》要求从陌生知识背景的科技类文本中准确、快捷地获取信息。我们不妨假设,在两种情境下阅读这一组文章:一种是完成考卷阅读题的情境下——这实在不是假设的情境,而是我们太多的语文课经常创设的现实情境;另一种是2020年2月18日的疫情情境下——17日全国新增确诊病例1886例(首次降至2000以内)、新增重症病例1097例、新增死亡病例98例(首次降至100以内)、新增疑似病例1432例。那么,两种情境下的阅读与学习究竟会发生怎样的变化?会有什么不同?对此的追问与思考,也许会让我们更深刻地认识到,真实情境的价值是否就在于以整体的场景、氛围、事件凸显出人类学习本来应有的意义?武汉病毒所科研人员介绍"新冠病毒"的科普文章,南京大学专家基于大数据预测2月18日后疫情发展趋势的研究报告,那一个个专业的概念,那一组组繁复的图表,在这一场景的学生阅读行为中,就不再是平常那种与生活无涉,只与考试相关的混合文本或练习材料,而是隐含了攸关生命关键信息的重要资料。在灾难场景的阅读期待中,阅读的真正意义发生了!"阅读,不应只是文学类文本的赏鉴、论述性文本的理解,更要关注实用类文本,关注连续性的、非连续性的多种文本,学会在海量信息中快速辨识筛选、准确概括归纳、有效转化使用，提升攸关我们学习力、胜任力的核心素养"——导语中这些我们念叨了无数遍的学习要求，也许在历经了灾难场景阅读的学生那里才实有体悟。

真实的情境就在真实的生活中，完全不是刻意营造创设出的虚假场景；语文课程设计要做的是借"境"而为、顺势而行。第六课《口罩可以"佩戴"吗？》，在当下语境中探讨语言使用的法则与规范，它不是灌输记忆知识教条，而是在辨析中增加语言使用的理性。在第四课的导语中我们还叙述了有关文选的真实过程：

选学理上站得住、科学性上经得起推敲的科技类文本，从来都是难题，好在这次有北京大学生命科学院赵进东院士破解。我与赵院士在全国政协同组，对他的学问、人品素来钦敬，受邀当晚他就推荐了这一篇并留言："是石教授课题组写的，不错，看看是否可用。"还不忘嘱我"重任在肩，保重"。这是2月4日，那一天全国确诊的新冠肺炎病例已经从我们放寒假（1月20日）时的291例骤增至24324例；也就在那一天，武汉病毒研究所卷入舆论风暴。选文牵涉风暴中心的人物，我们的阅读课会否因此而被"怒喷"？犹豫间发了条"石正丽教授？"的信息，院士心领神会，澄清"网上那些说她的东西不实"。虽如此，还是不敢轻易去"犯众怒"，和几位老师商量"让子弹飞一会儿"再说。这一拖又过了两周，其间关于石正丽教授的传言彼伏此起、不绝于耳，而17日又出了场零号病人研究生的"过山车"事件。看样子石教授的事一时还难有个结论。怎么办呢？仅仅因为文章涉及一位舆论中心的人物，我们就回避阅读，那又何以培养出与创造品质密切相关的批判性思维能力？罗素说过，许多事情不那么容易用经验加以检验，摆脱某些武断看法的好办法，就是去听听不同人们持有的种种看法。

这一段故事创设了文本阅读的另一重真实情境，既对学生的信息获取与价值判断造成干扰，又引导学生走出轻率选边、盲从臧否的误区，从而发展阅读的理性。这也是课程主题关注的重点，它不仅与人的思维品质有关，还会因价值关切影响阅读投向，直接影响我们的生命质量。

再说任务。在我们的理解中，任务就是驱动学习活动的事件。不能把任务简单等同于活动，也不能将其当作学习方式的别称。比如，在第四课中，显然不能把阅读南京大学专家的疫情研究报告当成任务，真正的任务是快速从报告中获取有关疫情预测的关键信息。区分这些有意思吗？可能的价值在于，让我们的课程设计逐步聚焦驱动单元活动的大任务，而不是交叉重叠的小活动。什么是大任务？看看下面的"任务驱动：校长的演说稿怎么改？"任务设计。

2月23日，全体同学参加了一次特殊的开学典礼，在线听取了我《用我们的善良和智慧，向这个世界贡献问题解决的行动》的直播演讲。演讲被多家微信公众号转载，引发热议。25日，接到教育部新闻发言人来电，邀我以此为基础，保持演讲主题，录制一节10分钟左右的《战"疫"公开课》，通过教育部官微平台推送给全国学生。任务来了，演讲稿怎么改？PPT怎么做？请你来完成。

完成校长演说稿的修改，这就是一个具有驱动性的事件，要求学生必须围绕完成这一任务展开系列的学习活动：这里有对文本进一步的研读梳理，有对《战"疫"公开课》背景信息的搜集了解，有听众对象改变之后文本内容的调整重组，有全新场合、目的下演讲主题的呈现表达，甚至有个人风格的把握，还有图片资料的选择、设计等。你分不清学生是在阅读与欣赏、积累与运用，还是在表达与交流，你甚至无法确定这个任务应归于哪个任务群，但有一点可以肯定，学生是在受任务驱动做着语文的事，而且是在具体的语言运用实践中做事；这种综合的、实践的事做多了，一定会促进学生形成一生带得走的语文能力，而不是一时记得住的语文知识！因为，语文素养从来都是在运用中、实践中历练出来的，而不是在听讲中提升上去的。

3月2日，学生的改稿交来了，那一刻我被震撼。学生修改的篇幅大都在50%以上，大量的感人事例，深刻的思考见解，就连PPT的总体水平都远高于我。很多稿子里不约而同地加上了我校刘家宁同学的故事——为疫区孩子创作歌曲《蓝色的风铃草》，入选"'一首歌温暖一座城'战'疫'名曲"并在央视展播。高一（1）班何龚意同学的改稿删掉了原稿的第9～14段，在第15段与第16段之间添加了700多字，谈"最好的教育往往来自经历和体验，所有危机都是绝佳的教育契机""经由灾难的思考获得的智慧是生命最好的礼物"；"在这艰难的时刻，更需要独立思考，只有拥有自己的独立思维，才能坚定人生信念。真理和优秀的思想，往往是从相互质疑、反复较量的自由竞争中脱颖而出的。正是有了不断的质疑，社会才能充满真实，才能进步，并且走向法治文明"。高一（6）班讨论出修改稿的评价标准：切合受众（不能一半篇幅在谈省锡中）；主题明晰，与原来一致（绝不能改为劝勉同学好好上网课）；更偏重战"疫"（以原稿为基础上升到国家高度）；符合校长讲话的一贯风格（平易、稳健、以真感人）。

还要说运用吗？必须重复的，似乎也就是语文课程标准对学科特质经典而科学的定义：语文课程是学习祖国语言文字运用的课程，是综合性的、实践性的课程！

疫情来临，语文课可以这样上

杨　梅[①]　袁晗毅[②]　陆春建[③]　朱正忠[④]　王　哲[⑤]　张丽娟[⑥]

面对突如其来的事件或灾难，学校应如何迅速反应，积极应对？江苏省锡山高级中学唐江澎校长带领他的团队，从 2020 年 2 月 4 日开始在学校微信公众号上推出系列"校长阅读课"。"校长阅读课"以"灾难当前"作为专题名，结合高中生精神成长的需求，凝练具有鲜明灾难特征、深远精神影响的人文主题，在真实的情境中，以任务驱动的方式引导学生开展语文综合学习。以下文字呈现了唐江澎校长和他的"体悟教学"研究团队在疫情中是如何引导学生学习的。

体悟灾难之于生命的意义
杨　梅

语文学习不能仅仅局限于文本，将文本与现实联系起来，通过亲历实践去体验、去感悟、去应用语言文字，才能形成语文素养。面对疫情的到来，我们结合《普通高中语文课程标准（2017 年版）》"当代文化参与"任务群学习，精选了一组古今中外有关"灾难"主题的经典作品推荐给学生，同时设计了系列语文实践活动，让学生在研读与实践中体悟生命的意义。

1. 体验疫期家乡传统风俗和个人生活方式的变化

疫期正值春节、元宵节，我们设计了体验疫期家乡传统风俗和个人生活方式变化的实践活动，提示了传统节日、"宅文化"、购物、迁徙、上网课等多个角度，让学生在真实情境中通过观察、对比、体验等方式，切实感受家乡传统风俗文化之于个人的意义，感受灾疫对个体生命带来的深刻影响，感受个体生命置身大灾难中的积极作为，并用文字、图片进行记录、梳理和总结。

大年初一，我起了个大早，感觉异样的安静，待看到楼下只有零星的鞭

[①] 杨梅，江苏省锡山高级中学教师。
[②] 袁晗毅，江苏省锡山高级中学教师，一级教师。
[③] 陆春建，江苏省锡山高级中学语文教师。
[④] 朱正忠，江苏省锡山高级中学教师。
[⑤] 王哲，江苏省锡山高级中学教师。
[⑥] 张丽娟，江苏省锡山高级中学语文教师，中学语文特级教师。

炮碎片时，我就明白了，这个春节是不一样的春节。计划在这一天办寿酒的姑公，取消了酒席。大年初四表姐的结婚酒席也取消了，只是在自家门上贴了喜字、放了鞭炮算有个仪式。家里的亲人喜欢在春节期间扎堆办酒席，有的是为庆贺结婚、添丁、高寿，有的也没个名目，主要是欢聚。春节，对于我们来说最重要的还是让大家从各种忙碌中抽身，从工业文明回到乡土文化场，在相聚中感受浓厚的亲情，体验各种快要被淡忘的传统仪式。在这个特殊的春节里，我更感受到了春节之于中国百姓的重要。

除夕当天，我们从无锡到安徽，途中服务区人不多，服务区入口已经有交警在测量体温。1月26日（正月初二），在两天惴惴不安地观察疫情发展后，我们决定当日返回无锡，以避免无锡或安徽封城导致的交通不便。下车的那一刻，心里真的很害怕，手里拿着酒精喷雾（22日买的医用品）到处喷，手上戴着一次性手套，鞋脱下来放在外边的走廊上，心里感觉哪里都有可能存在病毒。其后，不出我们所料，我们回来的第二日，虽然并没有封城，但各个路口陆续封闭。

上面两段文字是两位学生分别从"春节"和"迁徙"两个角度记录的疫期体验感受。在这样的体验实践中，学生加深了对当下文化自觉的观察和思考，体味了灾难之于生命的意味。

2. 疫期生活证据收集与整理

"若干年后，当我们回望这段历经磨难的特殊岁月，我们用什么来证明我们曾经经历的一切？我们用什么来证明我们曾经做过的各种努力？我们的反思与进步又建立在怎样的真实生活细节之上？"锡山高中的"校长阅读课"设计了"疫期生活证据收集与整理"实践活动，引导学生用拍照、收集实物等方式，保存疫期临时通行证、倡议书、标语公告等物件，并为这些物件配上解说词，以此参与记录当下文化现象。

这是一种实证主义的研究方法，也是一种活动体悟式的学习方法。一位学生收集了社区出入证并配上了如下解说词。

家里有三种社区临时通行证。橙色的是刚开始的时候办理的，一人一张，凭身份证、户口本、房产证到物业管理处办理。出入小区时，出示临时通行证和身份证，并测量体温。红色双开版的是第二次办理的，用来采购油盐蔬菜，规定一家每两天只能由一人出去一次。蓝色的是第三次办理的，爸妈复工之后，带着单位的复工证明到物业办理，凭此证每天均可出入。这三种临时通行证恰好印证了疫情由严峻到好转的过程。

3. 连线同学，采访家长，记录他们的疫期生存状态

课程设计"连线同学，采访家长"活动，让学生在实践中提升口语表达与交际能力，在实践中获得更丰富的人生体验，在实践中参与当代文化生活，在更广阔的视野下思考、体悟灾难之于生命的意义。

这个寒假，我们一家人开车回老家——湖北省荆州市监利县，加上往返的两天，总共安排了五天的行程。……大年初三返程碰壁之后，我们又在爷爷奶奶家住下了。刚开始大伯拍着胸脯说田里有的是蔬菜，还养了鸡鸭，饿不着我们。结果随着滞留的时间越来越长，回去的日子又遥遥无期，家里囤的肉都吃得差不多了，刚回来时一顿能有两三种肉，而现在能有肉吃就不错了。大伯这会儿胸脯也拍不响了，一个劲地调侃着："看看这萝卜青菜赛人参啊！"

这是高一的储同学连线因春节返乡探亲而滞留在湖北的黄同学之后，根据黄同学的口述整理而成的一段文字。储同学设计了访谈提纲，在教师的指导下进行修改，并进行模拟访谈再修改，最终电话连线远在湖北的同学进行访谈，通过实践活动了解、记录他们的生存状态，与自己的状态形成对照，这些都是当代生活的注脚。

此外，教师还设计了视频辩论和写作任务，让学生在深入探讨中深化思悟，有所发现。

例如，在视频辩论中完善思维。给学生一些与当前灾难有关的思辨性材料，让其根据材料自主设计辩论主题，进而围绕主题组织班级或年级视频辩论，根据辩论流程、规则展开线上"交锋"，其他同学参与自由辩论并设计评价量表对双方四位辩手进行评价。视频辩论课中，学生是主持人、辩手、评论员，是课堂的主体，决定着课堂的思维深度与精彩度；教师只是任务的设计者，探讨启悟学习方式的引导者，辩论与评价技术支架的提供者。

通过视频辩论，学生对当下的灾难进行更深刻的思考、剖析的同时，也能更好地掌握用声音、表情、手势增强感染力，用逻辑思维方法增强说服力等技巧，并在辩驳、追问中深度探讨，深化思悟，完善思维。

再如，在写作中探讨灾难之于生命的意义。"校长阅读课"在设计写作任务时，不拘泥于形式，可以是议论文、日记、古诗，甚至是只言片语，还有根据不同的情境对演讲稿进行改写等。题目有：

（1）围绕"灾难对于精神成长者的意义"这一话题写一篇作文，文体自定，题目自拟，不少于800字。

（2）以"抗'疫'日记"的形式记录你在疫情期间的所见所闻、心路

历程。

（3）写一首五言或七言律诗，表现当前"决胜疫情"的主题。尽量符合近体诗的格律要求。

（4）灾难当前，隔离彰显理性，战"疫"凝聚人情。请结合你的所见所闻，以"每个发生都是一份照见"为话题，写一个200字左右的议论性片段。

（5）教育部邀请唐江澎老师以匡园云校开学典礼讲话为基础，录制一节面向全国学生的《战"疫"公开课》，要求：原讲话主题保持不变，面向全国学生，时间10分钟左右。据此，你对演讲稿有哪些修改建议？请写出需要修改的段落号并改写。你能否依据主题提供更好的材料？

这些都是真实情境下的写作任务，旨在引导学生观察、思考当下的生活，唤醒学生的精神立场，让学生在写作中探讨问题、深化思维、收获精神成长。写作完成之后，通过教师点评、课堂展示、微信公众号推送等方法加强交流与探讨，让学生在思维碰撞中获得更多的精神启发。

在跨媒介阅读中感受语言的力量

袁晗毅

疫情下的居家学习，实现了学生在不同媒介的阅读语言转换中的阅读交流，新课程标准中的任务群"跨媒介阅读与交流"就这样自然真切地成为学生语文学习的真实存在。教师在课程设计上通过"探究思考"的任务布置，将文字、声音、视频等不同文本进行整合转换，促进学生语文核心素养的形成。

如《战"疫"中，言语的力量》一课，在文本形式上以视频、音频为主，"现场演说"内容之一《张文宏医生在CC讲坛的演讲》，是一段约10分钟的视频。教师设计了以下学习任务。

结合张文宏医生的演讲，说出流行性感冒与流感的区别，不超过50字；班主任通知你在明天的网络班会上就"新冠肺炎"防治话题进行6分钟左右的演讲，你将借鉴张文宏医生哪两种演讲策略？简要阐述理由。

在拓展视频《新华社记者专访钟南山》《白岩松连线温州市市长姚高员》中，设计了以下学习任务。

记录内容要点，在此基础上思考并回答：（1）专访围绕什么话题展开？结合钟南山院士的回答，推断记者提出哪些问题，并用简洁的语句表述。（2）姚高员市长的回答，态度坦诚、思路清晰、数据翔实、全程脱稿，获得舆论好评。结合姚市长的回答内容，并对比一处灾难危机现场表达失败的案例，分析上述特征的表达效果。

让学生用不超过 50 字概括流行性感冒与流感的区别、用简洁的语句回答"专访围绕什么话题展开？结合钟南山院士的回答，推断记者提出哪些问题"，有效引导学生在观看视频的过程中留意核心概念、整体内容、关键信息，并把握、梳理内部逻辑关系。而让学生在演讲中尝试借鉴张文宏医生的演讲策略、在对比中分析姚市长的言语表达效果，则是更高阶的语文学习活动，对学生分析和解决问题的能力有更高的要求，意在从言语交际的角度通过情境任务让学生赏析视频中表达者的口语表达特征，在言语交际方面进行深度体悟。通过上述学习任务，学生将画面、声音信息很好地转换成文字，完成了视频媒介向文字的转换。更为重要的是，在这一转换过程中，学生切身感受到了语言的魅力和力量，语文能力也得以有效提升。

从科技文中学习信息的准确提取

陆春建

阅读科技文，获取有价值的信息，是融媒体时代需要具备的基本技能之一。随着新冠肺炎疫情的到来，网络上出现了铺天盖地的科技类文章，抓住这一契机，我们选用了中科院武汉病毒研究所张晗、胡犇的科技文《冠状病毒"这一家子"都是怎么回事》，张文宏的视频演讲《感染病：人类与微生物的故事》，毕啸天制作的科普视频，以及黄宜华的统计报告四份科普材料，设计了学习单元，开展科技文阅读指导活动，让学生通过阅读科技文，学会准确捕捉、提取正确信息，并加工、理解、运用信息，同时从中濡染科学精神，感悟人生意义。

疫情下的居家学习模式，突破了纸质媒体单向输入的桎梏，阅读形式丰富且新颖，充分体现了融媒体"音视频阅读"的时代特色。《冠状病毒"这一家子"都是怎么回事》以图文映照的形式告知学生新冠病毒的形状、类属，以及其与 SARS 等病毒的异同；黄宜华的大数据分析统计，引导学生借助表格，尤其是曲线变化图来分析疫情的变化情况，如可以根据新增确诊人数变化的曲线图推断疫情发展的拐点，然后对照图后的数据分析文字说明，来印证自己的判断，进而提升阅读非连续性文本的能力。这类图表的呈现让科技文具备了活动空间，使学生和文本之间产生呼应，学生的读图能力在呼应中获得提升。张文宏的视频演讲和毕啸天的科普视频则诙谐易懂，解读另辟蹊径。前者以故事串接的方式介绍微生物与人类相伴相生的发展历程，条理清晰，深入浅出，学生可以边听边记，掌握发展历程，让专业高冷的生物学知识以一种有趣和有温度的方式储入学生大脑；后者则从阅读论文的角度分析，角度新颖，诙谐理性，引导学生在海量论文中寻找需要的信息，理性看待、正确认识科研论文的价值和意义。学生阅读此类材料，既是在习得信息筛选的技能，也是在接受未来科研的初始教育。同时，由于这些材料均选取自国内顶级专家的观点，严谨科学，富于理趣，对学生将来投身科学也起到潜移默化的引领作用。

科技文本有其自身特点，以获取信息为导向。在指导中，我们注重从整体厘清文脉，筛选信息，重点部分咀嚼涵泳，辨析比较。如《冠状病毒"这一家子"都是怎么回事》一文，全文详细介绍了冠状病毒的方方面面，包括形状、宿主、侵入途径、种属类别、传播途径、产生源头等。但这篇文章纯文字就有3094字，还有7张图片，阅读量相当于高考全国卷同类文本的4倍。文本字数多，阅读量大，阅读容易流于形式，也极容易出现网络媒体常见的碎片化的浅阅读。为此，教师为学生提供了四道探究思考题。这四道题以三类指导形态出现。

第一类，信息筛选题。题目为：

1. 什么是"冠状病毒"？请根据第一部分的内容做简要解释。

3. 阅读梳理相关内容，填表（表头为"可感染人类的冠状病毒"。表格略）。

这两道探究题指向文本核心信息，第1题给冠状病毒下定义，即要求学生梳理文本第一部分。学生可依据"冠状病毒是一类主要引起呼吸道、肠道疾病的病原体"这一句话进行信息扩充，完成阐释。这种策略简单易操作，引导学生阅读时关注文本核心信息。第3题信息筛选指向文本第二部分，这一部分材料主要介绍冠状病毒的"家谱"。学生需要依据文本首先找出答题区域，筛选出"可感染人类的冠状病毒"的相关信息主要在这部分材料的第2、4小节，然后填写病毒名称、特征和致病性。相较于第1题，这道题更为综合，涉及辨析与筛选两种能力。用填表的形式考查学生对信息的筛选与梳理较有新意。

第二类，句意理解题。题目为：

2. 讨论对"由刺突糖蛋白组成的刺突来识别和结合位于宿主细胞表面上的受体，就像'钥匙'和'门'的关系一样"这句话的理解，几位同学各有看法，你同意哪一种意见？说说你不认同其他看法的原因。

A同学："钥匙"和"门"分别指刺突糖蛋白和宿主细胞的受体。刺突糖蛋白如同钥匙一般，能识别和结合宿主细胞的受体，打开宿主细胞的大门。

B同学:"钥匙"和"门"应该是指宿主细胞表面上的受体和宿主细胞,由刺突糖蛋白组成的刺突只要能识别宿主细胞表面上的受体,就能侵入宿主细胞。

C同学:"钥匙"和"门"就是冠状病毒粒子和宿主细胞的受体。冠状病毒粒子入侵宿主细胞的受体,细胞将被病毒感染。

D同学:"钥匙"和"门"其实是指冠状病毒和宿主细胞,一旦冠状病毒将宿主细胞的大门打开,被病毒感染将不可避免。

对"钥匙"与"门"关系的推敲,是为了帮助学生理解"刺突糖蛋白组成的刺突"与"宿主细胞表面上的受体"的关系。如果说第一类考查侧重"面"上信息的整合,第二类考查则侧重于"点"上信息的辨析。点的考查,选点要符合文体特征,要与文题有相关性,要有确需辨析的价值。本题所选点涉及对冠状病毒入侵宿主方式的理解,这是文本的重点,也是难点。

第三类,理性辨析题。题目为:

4. 针对网上的议论,结合今天学习的相关内容,用简洁的语言说明两个问题(不超过50字):国际学术期刊上发表预印本文章有什么特点?石正丽教授团队研究的结论到底有什么价值?

这两个问题的信息点在文本第三部分,但从探究内容来看,需要学生在阅读第三部分的基础上进行信息的整合思考。比如,预印本文章具有交流速度快的特征,如何看出来?需要结合这则材料以及"延伸"部分的大数据材料整合思考。石正丽团队的文章发表于2020年1月23日,而根据大数据材料,1月23日全国确诊病例259例,其中湖北105例,病毒尚属萌发阶段,对病毒受体以及序列的分析已经出来,可见预印本文章具有交流速度快的特点。而引导学生讨论石正丽团队研究结论的价值,带有批判性思考的意味,如果能与"链接拓展"黄教授的科普视频结合起来思考,科技精神的体味会更为深刻。这样也就脱离纸面考查的桎梏,产生真正意义上的阅读。

"阅读材料1"中,四位学生曾就某句子的理解产生争论,真实情境下的阅读激发了学生的批判性思维和质疑精神;通过填写图表的方式进行可感染人类的冠状病毒的区分,以及运用思维导图的形式画出非洲锥虫病成功救治的案例等,均要求学生整合运用所获得的信息及相关知识,促进了学生对知识的整合和运用。

材料中"为毕啸天科普视频拟写一个标题",则是典型的任务型阅读。"根据对钟南山医生的采访记录,推断记者提了哪些问题"则有助于思维的训练与精神的濡染。

真实情境中的语用能力培养

朱正忠　王　哲

突如其来的新冠肺炎疫情，客观上催生了大量与疫情及其防控有关的应用文本，为学生的语文学习提供了真实的情境，为语文实践活动提供了大量生动鲜活的语言文字材料。

例如，疫情之下，出现了一些不恰当、不得体的语言表达，教师设计让学生"上网浏览、搜集各地的宣传语，选出你最喜欢的一条、最反感的一条以及最无感的一条，并从表达是否得体的角度说明具体理由"的语文实践活动并组织讨论。

课上，教师先将学生各自挑选出来的最喜欢、最反感和最无感的宣传语分类汇总，然后让学生体悟，再各自说明具体理由。如——

温柔型：口罩你不戴，病毒把你爱；少吃一顿饭，亲情不会淡；亲戚不走，明年还有；朋友不聚，明年再叙……（通俗易懂）

无效型：生命重于泰山；现在请吃的饭都是鸿门宴……（没有场合意识，放在工厂、建筑工地等似乎都合适；缺少对象意识，如"鸿门宴"就不是每个农村人都能明白的）

冰冷型：有的新闻媒体在报道中，把医务人员因抗击疫情去世称为"死亡"，而不是"牺牲"或"殉职"；把病人称为"病号"而不是"病患"……（没有场合、目的意识，"死亡"虽然是一个中性词，但是在这特殊的时刻，这样的称呼缺少对医务人员英勇献身应有的尊重和肯定，很难让大众产生共情；"病患"比"病号"更能表达对感染者的同理心）

恐吓型：今天到处串门，明天肺炎上门；今天沾一口野味，明天去地府相会；隐瞒症状不上报，黄泉路上提前到；今年上门，明年上坟……（没有表达方式意识）

然后组织网上讨论，最后在教师的引导下，学生总结、归纳出语言表达得体的几个关键要素。

（1）对象意识——根据交际的对象来决定。关注对象的年龄、身份、地域、经历、文化背景等。

（2）场合意识——根据交际的场合来决定。如同样是发言，在公众场合应该庄重一些，在私交场合可以随意一些；面对突发状况，还要顾及各方面主体的感受。

（3）目的意识——根据交际的目的来决定。如广播稿是念给人听的，所以要多用短句、口语、不容易引起歧义的词和常见的词等。

（4）方式意识——根据交际的方式来决定。如给对方提建议时，最好是用温婉、商量的语气，使对方容易接受。

此外，教师还借疫情下学生身边触手可及的各种通知，引导学生思考通知类应用文的基本格式和要求，考虑表达上是否准确、得体。例如，教师设计了以下学习任务。

关于小区启动封闭式管理的通知

尊敬的常宁苑居民：

由于新型冠状病毒肺炎疫情变化发展速度快，市政府已采取一级响应措施。为保障本小区居民及百姓的安全和健康，常宁社区决定于2020年1月27日响应政府号召，对小区采取临时封闭管控措施：

1. 小区外来访客人员原则上不准进入本小区。非小区业主车辆不准进入小区，同时建议业主近期减少访客邀约。

2. 常宁苑二期A南小门卫、三期北门卫、四期北门卫临时关闭，通行日期另行通知。

3. 即日起，敬请小区居民遵守政府倡议，尽量待在寒舍，不邀请客人来小区，不群聚聚会，不串门拜年，尽量减少外出和对外接触，外出需戴口罩，做好自我防护。

为了您和家人及他人的健康，请大家务必配合，共同控制疫情传播！

2020年1月27日
常宁社区

学习任务：阅读《通知》，其中有格式和表达上的错误，请各找出两处并加以修改。

应用文写作是学生将来走向社会后实际语文能力的重要检验方式。本专题学习中，我们还安排了拟写倡议书、感谢信、慰问信等实践活动。如先推荐阅读《迎战新冠肺炎倡议书》，让学生揣摩总结倡议书的基本格式、主要内容、表达规范等，然后完成"疫情当前，你所居住的小区仍有人外出不戴口罩，针对这一现象，拟写一份倡议书"的学习任务。学生在完成这些类似任务的过程中，不仅需要关注基本的格式体例，还需要关注表达的目的、对象、方式、场合等。通过此专题的学习，师生再次深刻感受到语文学习的内容和素材就在身边，只要有心，唾手可得。在真实的语言情境中，方可练就过硬的语言技能，形成语言素养。利用灾难当前的真实情境，不但可以真正实现在语文实践中培养学生的语言文字运用能力的目标，而且可以提升学生的公民责任意识，培养学生对生命的关怀以及良善等品质。

蛰居陋室，仍需诗和远方
张丽娟

人类发展史就是人与灾难不断抗争的历史。古诗中有大量关于灾疫的记载，校长阅读课第三课"名家灾疫经典诗文"遴选了毛泽东的《七律二首·送瘟神》和曾巩的《越州赵公救灾记》，以及陆游的《冬暖》、范成大的《民病春疫作诗悯之》等十首经典诗文，配合合理的读写任务实践，引导学生在阅读中还原灾难场景，体会内在情感。

毛泽东的乐观豪迈和赵公的深邃细腻，是国家领导人的大气和地方长官的从容，也是人类面对灾难更为积极的态度，这种蔑视瘟神、战胜灾难的豪情壮志，从容部署、纾解灾难的谋略措施，与陆游等人的悲悯情怀一起，构成了灾疫当前中国领导人和民众悲天悯人、众志成城的精神之源。这种精神代代相传、生生不息，成为中华传统文化中最有价值的精神财富，对学生的精神成长会有巨大的启发和激励作用，这就是优秀的文化经典所蕴含的力量和教育契机。

1. 纵向比较

从纵向的时间角度看，我们看到了毛泽东的诗对于传统灾疫诗词的继承和超越。表现手法上，毛泽东的诗善于化用典故、推陈出新。诗中化用了李贺的诗句"红雨"，并且反其意而用之，将悲伤之意转为乐观之意。艺术风格上，毛泽东的诗表现出一贯的豪迈乐观的气概和革命浪漫主义情怀，有别于以前那些悲伤忧郁的封建文人。艺术形式上，因为对于传统文化的熟稔和对古典诗词的钟爱，毛泽东采用传统诗歌的形式，"旧瓶装新酒"，在格律的束缚下尽情挥洒，将才气与豪情熔铸成撼人心魄的伟大诗章，为传统文化的创造性转化和创新性发展做了最好的诠释。

2. 横向联系

从横向的空间角度看，我们看到了传统诗词辐射和影响的广泛，以及由此积淀和蕴蓄出来的善良和共情的力量。在链接材料中，特别提到了当下抗疫时期日本友人捐赠物资上的诗文："山川异域，风月同天""岂曰无衣，与子同裳""青山一道同云雨，明月何曾是两乡"。这些诗文或直接引用，或化用中国传统诗文，让中国古典诗词不仅穿越了时间的长河，也跨越了地域的遥远，彰显了独特的魅力，表达了灾疫时期异国友人的温情和善意。这些诗文引发了国人对汉语优雅表达的渴望和对直白浅俗表达的不满足，这正是语文学习最好的真实情境。

3. 深度激活

学生如果不能在新情境中运用所学诗歌，那么诗歌学习就仅仅停留在"浅层学习"的水平上。在真实情境下，"选诗句"这个任务能有效激活学生内在现存的古诗文知识，实现已有知识和自身生活经验的迁移。据此，本专题学习设计了情境任务——"选诗"：仿照日本友人的做法，根据自己的积累，请为中国的捐献者提供一些可供选择的古诗文名句，并说明出处和适用的场合。

学生所选诗句略摘如下：

给抗疫医务人员——"黄沙百战穿金甲，不破楼兰终不还。"（王昌龄《从军行》）；"捐躯赴国难，视死忽如归！"（曹植《白马篇》）。

给武汉人民——"山重水复疑无路，柳暗花明又一村。"（陆游《游山西村》）；"沉舟侧畔千帆过，病树前头万木春。"（刘禹锡《酬乐天扬州初逢席上见赠》）。

给新冠病毒——"借问瘟君欲何往，纸船明烛照天烧。"（毛泽东《七律二首·送瘟神》）。

在搜集选用过程中，学生将现实情境与原有感知联系起来，收获独特的情感体验，感到诗歌离自己不再遥远。

除了"选诗"，教师还设计了"写诗"的情境任务：学习借鉴毛泽东两首诗的写法，写一首五言或七言律诗，表现当前"决胜疫情"的主题。

高中学生有一定量的诗歌储备，加上正是诗情画意富有创造力的年龄，又有毛泽东两首诗歌作为学习模仿的对象，在特定的灾疫情境中，在真实的任务驱动下，学生写出了许多不错的诗篇。

【作品示例】

（一）数九寒声里，疫情笼汉城。火神拔地起，国士毅出征。四海心相印，举国志如虹。春来花烂漫，华夏展雄风。

（二）旧时九省通衢地，今朝三镇车马隔。滚滚江水东逝泪，春风不度又如何？白衣天使削长发，铁甲斗士奏战歌。待到樱花烂漫时，黄鹤楼上故人多。

（三）中原岁末降瘟神，江城一朝陷牢笼。难时常见抱薪影，祸起初闻吹哨人。医者至爱勇上前，军防严守卫城门。同族齐心驱疫魔，九州灯火复缤纷。

（四）疫鬼犯江城，白衣赋采薇。四海义撼地，八方势破围。赤焰驱邪瘴，惊雷立雄威。战场无生死，不惧裹尸归。

学生初学写诗，难免不合格律甚至多有错漏，如第二首原诗"白衣天使削发去，分明铁甲与战歌"不对仗，在教师指导下改为"白衣天使削长发，铁甲斗士奏战歌"。又比如，第三首原诗"祸起总闻吹哨人，难时常鉴八方声"不押韵，后大家讨论改为"难时常见抱薪影，祸起初闻吹哨人"。再比如，第四首原诗是这样的："疫鬼犯江城，白衣赋采薇。四海义撼天，八方势破围。赤焰驱障邪，惊雷立雄威。战场无死生，误惧马裹归。"奇数句末字用了平声，更改见上。

重提古典诗词写作，并不是主张死守格律、寻章摘句，而是通过了解格律，从写作的角度去赏读诗歌，发现诗词之美。古典诗词多样化写作包括改写、扩写、续写、仿写、写赏析和评论文章等，以写促读、读写一体，用创作带动起学生学习古典诗词的欲望与热情；学生借助写诗，委婉含蓄或者朴素直白地表达出自己在抗"疫"战争中真切的震撼与忧虑、崇敬与盼望、体悟与反思，抒写了灾难当前青年学子的悲情、温情与豪情。古典诗词高贵的人文精神与高雅的艺术审美情趣更是深深感染熏陶了每一位学子。

第二节　高中语文教学方式新探索

在语文专题学习中释放文本价值

张洪玲[①]

课文是构建语文教材最主要的原材料。在一本语文教材中，课文是占最大篇幅的，也是最受人关注的。除了极少数情况，作为教学文本的课文在被编入教材之前，已经天然地、客观地存在了。只因为它符合了选入教材的条件，能满足教材编写者某种需要而被选入教材，其身份便从一般文本变成了教学文本，鲁迅的《记念刘和珍君》如此，朱自清的《背影》、沈从文的《边城》亦如此。那么，在它们从社会文本变成教学文本的身份角色转变中，课堂教学对文本价值会有什么影响呢？对学生的语文学习又会产生哪些影响呢？

一、文本价值的多元与现有教材下课堂教学的矛盾

人们常说，"有一千个读者就有一千个哈姆雷特"。读《红楼梦》，每个人心中都有一个自己的林妹妹。鲁迅先生更是一针见血地说："经学家看见《易》，道学家看见淫，才子看见缠绵，革命家看见排满，流言家看见宫闱秘事……"[1]

作品，尤其是经典作品，其内涵具有多义性和模糊性。然而在语文课堂上却不是这样的，因为"在一篇课文中追寻语文教学元素的面面俱到"[2]是为人所诟病的，教师追求的是"一课一得"，于是，一般意义的阅读便与语文阅读教学产生了矛盾。

再进一步分析，会发现这"一课一得"的"得"其实是由教师确定的，是教师给学生设计的"得"，且这"一课一得"的"一"，对于作为教学文本的精挑细选的课文来说也有些太少了。《义务教育语文课程标准（2011年版）》一再强调："阅读是学生的个性化行为"，"不应以教师的分析来代替学生的阅读实践，不应以模式化的解读来代替学生的体验和思考"[3]。但现实课堂总是难以使人满意，学生经常不幸沦为"看客"，用 L. W. 安德森等人一致

---

① 张洪玲，北京师范大学出版社副编审。

性理论来衡量,即"课堂上虽然发生了有效的教学,但没有发生有效的学习"[4]!那么,学生想"得"的去哪里了?没有学生这个"语文学习的主体",教学的内容也不一定是学生真心情愿想"得"的。

再从教材的视角看。《诗经》在中华文明中的价值无疑是巨大的。孔子说:"不学《诗》,无以言。"当代作家王安忆曾说:"由于时间的关系,我们永远生活在《诗经》的下游,感受其芬芳,接受其哺养。"[5]但是学生接触到的《诗经》作品有多少呢?他们初中学了《关雎》和《蒹葭》,高中必修学了《氓》和《采薇》。[6]所以,在学生眼中,"《诗经》是我国最早的一部诗歌总集,共有305篇,分风、雅、颂三部分。《诗经》的表现手法是赋、比、兴",仅仅是考试时用来填写的几个空而已。而"《诗》可以兴,可以观,可以群,可以怨""迩之事父,远之事君""多识于鸟兽草木之名"则闻所未闻。至于"《诗经》是'东亚传给我们的最出色的风俗画之一,也是一部真实性无可争辩的文献','以古朴的风格向我们展示了上古时期的风俗习尚、社会生活和文明发展程度'"[7]更是不知所谓。

语文学科核心素养的提出,一定程度上肯定了课文多元的文本价值,也对语文课堂教学、语文教材建设提出了方向。现在,语文教学中的经典文本,客观上量不够多,篇幅多为节选,教学时间不充分,文本教学价值被窄化。现有教材编排模式和单篇教学的课堂教学模式成了经典文本的桎梏,面对社会对语文教学的批评和期待,教学与教材应当共同承担。

二、突围教材和课堂,专题学习实现文本价值

文本价值的实现,靠的是教师对学生个体的尊重,是对学生批判质疑、发表不同意见的鼓励和学生学习方式的转变。课程标准要求学生"学习多角度多层次地阅读,对优秀作品能够常读常新,获得新的体验和发现"[8]。真正的语文学习,应放手让学生自己去阅读,自己去思考,自己去评判。教师不应该把自己嚼食后的东西再塞到学生嘴里。

既然如此,要改变课文文本教学价值不完整、传统课堂无法满足学生个性化解读、一般教材不能满足学生大量阅读的现状,无论是教材还是教学都应该有一次艰难的破冰之旅。好在,"专题学习作为当前语文教学困厄的突围之举",它倡导的整本书阅读精神主旨已被教育界广为接受,它营造了一个每个人都可以关注的语文学习环境。

语文专题学习的特点之一即是"完整经典",学生阅读的文本不再是节选,而是一篇无删节的文章,或是一本完整的书[9]。这是需要勇气的!一直

以来，社会文本在变为教学文本的时候就进行了一次梳理和改造，因而专题学习的"无删节"和"完整"是现有语文教科书难望其项背的。为了避免经典文本本身丰富的阅读价值被"一课一得"的教学模式阉割，除了原作，还有"背景材料（包括作者传记、生平轶事、创作心理、思想波动、时代语境等）""鉴赏解读""互文比读"，甚至"学生习作"也是阅读文本的一部分。如此一来，学生的阅读量是传统语文教材不可想象的。在北师大出版社出版的"语文专题学习设计指导"丛书中，《长恨歌》专题阅读共68000字；建立在《诗经》不仅是一部诗歌总集，更是一部"伦理的歌咏集"基础上的《诗经》专题阅读，包括原作20首，其他27篇，学生作品5篇；鲁迅杂文专题阅读仅直接构成课堂教学内容的课外文本约31篇，超过100000字。围绕一篇课文，拓展这么多篇目、这么多字数的阅读，这在我们以往的教学中是没有的[10]。

专题学习将时间还给学生，让学生来阅读，来思考，在各个专题的导引下，自主完成选定的专题，从而实现个性化的语文学习。教师鼓励学生按照自己的思维方式去理解和解读，并以小论文的形式呈现出学习成果。这是一种全新的教与学的方式。这种有针对性的大量文本的阅读，教师又是怎能一个"讲"字就好！

语文专题学习阅读的文本不再受教材束缚，学生的学习千帆竞渡；知人论世，文本的丰富价值得以充分实现。有参与专题学习的学生说："觉得鲁迅离我们太遥远了，遥不可及，初中老师让我们死记硬背的那些关于鲁迅的文学常识我一点儿兴趣也没有。""到最后，我发现鲁迅是一个很有意思的人，不是那么冷冰冰的，而是有血有肉、有自己的喜怒哀乐的人，纠正了我之前的一些偏见，原来鲁迅不是'金刚怒目'式的人物，而是一个情感很炽热、思考很深刻的活生生的人。"[10]开始思考"鲁迅的偏激与伟大"，想要认识和了解鲁迅。

语文专题学习打开了教师的思路，给了学生丰富的文本价值世界，为学生全面发展核心素养提供了契机。

参考文献：

[1] 鲁迅. 鲁迅全集（第八卷）[M]. 北京：人民文学出版社，1981.

[2] 张秋玲. 语文教学设计：优化与重构[M]. 北京：教育科学出版社，2012.

[3] 中华人民共和国教育部. 义务教育语文课程标准（2011年版）[M]. 北京：北京师范大学出版社，2012.

[4] 魏本亚，尹逊才. 十位名师教《老王》[M]. 上海：上海教育出版社，2014.

[5] 沈祖芸. 与作家王安忆对话 [N]. 中国教育报，2002-04-02.

[6] 吴泓. 兴观群怨亲风雅:《诗经》专题 [M]. 北京：北京师范大学出版社，2017.

[7] 夏传才. 关于《诗经》再评价的几个问题 [J]. 社会科学战线，2001 (2)：101-108.

[8] 中华人民共和国教育部. 普通高中语文课程标准（实验）[M]. 北京：人民教育出版社，2003.

[9] 陈大伟. 寻踪觅影话长恨:《长恨歌》专题 [M]. 北京：北京师范大学出版社，2017.

[10] 方孟珅. 我以我血荐轩辕：鲁迅杂文专题 [M]. 北京：北京师范大学出版社，2017.

语文专题教学的批判性思考和策略性建构

肖峰旭[①]

语文专题教学作为指向学生核心素养发展的新型课堂呈现形式，风靡于当下语文界。其在理念上顺应了改革要求，在内容上体现了系统与整合，在关系上有助于师生和生生互动等，彰显着丰厚的价值内蕴。但如果语文专题教学成为语文教育中话语表述的唯一声部，特别是一些语文专题教学被夸大实效性，淡化梯度和针对性等，则容易在某种程度上伤害语文教学的话语情境，致使此种理念一家独大，初衷虽好，却可能影响语文教学的常态生长。

语文教学中不同的、多样的教学方式都有其存在的必要和价值，因为教学对象、教学情境、教学内容、教学阶段等各有不同，要防止仅仅把语文专题教学作为一种应景的形式主义的做法。

一、关于单篇与整体

专题教学，在概念范畴层面，指向于在一个大的认知理念下（如"主题""文体""作者""阶段"等方面）的整体设计。无论从哪一个切口进入，由小至大、积少成多都是专题教学最根本的一种途径。如果语文教师对单篇文本没有足够的重视和敬畏，不能对其进行充分发掘和感悟，那么其主导的专题教学必然流于空疏和泛化。专题教学的前提是单篇教学的透彻到位；专题教学的依归是单篇教学的结论性贯通和呈现；专题教学的方式是对单篇文本的各个击破，将其纵横关联，分析共性。没有单篇教学做支撑，专题教学就如同无源之水、无本之木。而单篇教学首先考验的是语文教师对文本的解读能力。现在众多语文教师或随帮唱影，或云集响应，或碍于虚荣，或迫于权威，就语文专题教学高谈阔论，他们没有考虑"专题"和"教学"的内在逻辑关联，以为专题教学是一种横空出世的新颖做法，而人为破坏了语文教学的连续性和基础性。

实践专题教学的目的不是为了实现一种形式上的呼应，而是致敬于单篇教学的有效成果，化散为整，提纲挈领，融会贯通，建构知识体系。语文教师先要在单篇教学上花大功夫、下真气力、出好成果，提升理论素养和实践

---

① 肖峰旭，北京市中关村中学高中语文教师，海淀区骨干教师。

能力，再开展专题教学，方不茫然和随性。因此，我们探讨的专题教学，其背后隐匿着语文教师对教学规律的体认和掌握等信息内容，彰显着语文教师的学科素养和在单篇文本方面的教学功力。现在的问题在于，很多教师预设或自设了相关具体的单一"专题"，以此为纲领性的架构边际，和学生在此间开展所谓的教学沟通和对话，教学内容"宏大"，但教学目标模糊或有所缺失，极易导致学生在经不住推敲的"大思维"和"高站位"下，缺乏扎实的听、说、读、写等基础能力。

二、关于守正与创新

实施专题教学，语文教师要具备综合贯通能力来进行教学切入和突破。一般而言，统编版语文教材中的单元设置本身应是最好的专题教学设计范例和参考。但很多语文教师却舍近求远，抛开教材，刻意追求创新，于是出现了一些粗糙的专题。

语文教学实践中的"新"，其价值不只在于它自身的独创性，主要在于其自身彰显的基础性、针对性和连贯性。凭空的"新"有时带来的只是虚假的热闹。专题教学也好，其他教学方式也好，都是为了学生的语文素养能得到真正的提升。专题教学的本质是让学生有"类"的眼界，有"通"的领悟，有"法"的摸索，有"合"的意识。教师在创设专题前，吃透教材，准确理解、把握教材的编排意图，结合学生实际最大限度地用好教材才是首要。

三、关于目标与方式

开展专题教学活动是为了让学生的语文核心素养得到提升。专题教学只是一种方式，而不是终极目的。不能因为对"器"的过于注重而忽略了最需要也必须要关注的真正对象——学生，或将学生变为演绎"器"的附属。教师基于专题教学应该思考清楚：为什么某一个专题可以在某一阶段出现？不同专题之间是否有序列性？同一类型的专题在不同学段，其侧重点该如何调整？等等。此外，还要明确语文专题教学真正的有效性对接语文教师对语文课程标准的真正理解和具体实践，专题教学必须实现对语文教学规律的彰显和对学生语言思维发展品质的提升。

四、语文专题教学的策略性建构

一是语文教师的思维要转换。具体来说，语文教师应对专题教学有充分关注与了解，在大胆尝试、勇于探索的同时，不高推其唯一性，不夸大其实效性，灵活运用，并使其和其他的教学策略相辅相成，相得益彰。

语文教师需建构自身的整体课程观，明确专题教学是被其统摄、由其涵盖的子项目之一。在遵循教学规律的前提下，对专题教学的出现时机和呈现样态、比例分布与程度预设、体系考量与逻辑关系等不同因子都应有相应的掌控，让专题教学的序列行进有规范性保障。

专题教学的出现不仅导源于教师的整体课程观，还应基于学生的语文预习和过程性学习后的生成结果这一双重要素的综合。教师应基于学生的兴趣，关注学生的阅读能力和反应，以此判断是否需要开展专题教学及具体呈现样态等。

二是专题教学的可行和有效，需要宏观和多维度的评价。评价首先应该由接受此种教学路径的学生群体来达成。学生的评价形态不一定指向于量化或者问卷调查、考试结果检验等方式，而是由学生在课堂的参与程度、问题反馈，学生在课后的兴趣反应和延伸关注、拓展思考，以及师生和生生互动讨论等来完成。

语文界学者和专家对语文教师所做的评价，应基于教师面对的实际学情，打破固有僵化思维和唯我意识，发现教师提供或呈现的学理依据；关注此种教学模式的过程性亮点，省察其中的点滴问题；关注差异，从动态的横向对比来对实施专题教学的不同语文教师之间的同异进行客观分析，关注教师自身的实际情况和其面对的学情；从动态的纵向变化来整体剖析语文教师在专题教学层面的脉络是否连贯，程度是否深入。

三是加强对语文专题教学的理论研究。研究者应力求在学理层面对语文专题教学的内蕴性加以开拓，对其是否具有普适性予以客观的理性判断，对其实效性加以追踪式的数据存现和积累。从宏观的视野和人文的格局，适当拓展语文专题教学的话语情境，明确语文专题教学的理论依据，并对其进行内涵性建构和理论性探讨。

指向语文学科核心素养发展的单元教学整体设计

纪秋香①

2019年秋季，普通高中语文统编教材（以下简称"统编教材"）开始推广使用。教材编写坚持立德树人，重视落实普通高中语文课程标准的要求。教材以学习任务群为线索组织单元，课文以主题聚合、打破文体、单篇加多篇的方式呈现，设计了重视整合与实践的单元学习任务。如何准确理解教材，突破传统的以单篇、文体教学为主的固态，以促进学生语文学科核心素养的发展，是高中语文教师需要面对的问题。下面以统编教材必修上册第一单元为例，谈谈如何进行单元教学的整体设计，以促进学生语文学科核心素养的发展。

一、逻辑与关系：整体把握教材，精准解读课文

统编教材重视语文学科核心素养的发展，以学习任务群为线索组织单元，单元编排包括单元提示、课文、学习提示、单元学习任务和必要的学习知识材料。理解统编教材，要重视理解教材编写的逻辑结构与内容，一方面要整体把握，明晰单元学习重点；另一方面要聚焦分析，解读单元选文内容。

1. 整体把握，明晰单元学习重点

统编教材必修上册第一单元属于"文学阅读与写作"任务群。从教材编排看，必修部分共编排了五个体现"文学阅读与写作"任务群学习要求的单元，几个单元选用的文本体裁不同，分别以不同的文学阅读与写作的核心概念为重点，从不同角度促进学生获得审美体验，提高文学鉴赏力和表达能力，这与《普通高中语文课程标准（2017年版）》的相关要求一致。本单元是高中阶段"文学阅读与写作"学习任务群的起始，单元提示内容呼应"文学阅读与写作"任务群的学习要求，提出"理解诗歌运用意象抒发感情的手法，把握小说叙事和抒情的特点，体会文学作品的独特魅力；感受文学作品意蕴的丰富性和语言表达的特殊方式，学习从语言、形象、情感等不同角度欣赏作品，获得审美体验，提升审美能力；尝试诗歌写作，增强语言表现力"等学习重点。不难发现，"诗歌意象与抒情""小说叙事与抒情""文学作品意

---

① 纪秋香，北京教育学院石景山分院基础教育研修中心高中语文教研员，中学高级教师。

蕴的丰富性"和"诗歌写作"等是文学阅读与写作的核心概念，是本单元学习的关键点。

统编教材有机融入社会主义核心价值观，落实立德树人根本任务。整体把握教材，要重视单元的人文主题及其在学生成长中的促进作用。第一单元的单元提示以富有启发性的语言引导学生思考青春与自己未来生活的关系，进而概说单元选文在青春主题内容表现上的特色，然后明确提出本单元学习要从"青春的价值"角度展开。

2. 聚焦分析，解读单元选文内容

解读统编教材中的文章，教师不仅要认真分析每一篇文章的内容，同时还要建立宏观理解的视角，围绕单元学习重点，理解各课文章之间、每课课内文章之间的关系，全面把握整个单元文章与单元学习目标的关系。

首先，理解课文之间的关系。本单元共三课，诗歌两课、小说一课；文体上包括诗歌一组、小说一组。诗歌一组分成两课，一是单篇成课，一是多篇成课。《沁园春·长沙》在本单元中是唯一的单篇成课，这是一篇经典课文，体现了诗人在民族危难之时所显现出来的担当精神，能够引起当今时代中学生对生命意义的思考，激发他们为祖国发展而奋斗的责任意识。第二课共四首诗，两首精读，两首略读。两首精读诗歌是中国现代诗歌早期诗作代表，《立在地球边上放号》是郭沫若诗集《女神》中的代表作，歌赞"五四"时期狂飙突进的时代精神；《红烛》是闻一多同名诗集的序诗，是诗人诗歌艺术探索的一个总结，是融合了东方文化与西方文化的代表诗作。两首略读诗歌，一首是中国当代诗，一首是外国诗，都是诗坛巨星的经典之作，它们增强了单元学习内容的丰富性，也引导学生向更宽阔的地方去阅读。诗歌一组内容，第一课在表现单元人文主题及诗歌艺术特色上更具经典意义；第二课以中国诗歌学习为主，既有中国当代诗歌的纵向学习，也有延展到外国诗歌的横向探讨。第三课的两篇小说除了突出表现单元人文主题、在小说叙述与抒情表现方面有特色外，还都以特定时代为宏大叙事背景，用笔别致，塑造典型人物，反映时代精神追求。整体来看，单元选文有诗歌、小说不同的文学体裁，在青春主题、情感表达形式上各有特色，共同指向单元学习重点的落实。

其次，基于教材编写意图解读单元课文。本单元的人文主题是青春，学科核心素养指向下的文学阅读与写作的学习重点是"诗歌意象与抒情""小说叙事与抒情"等，应围绕单元提示重点，分析各篇文章的特色。如《沁园春·长沙》意象灵动，意境丰盈深邃，通过对秋景的描绘和革命斗争生活的回忆，抒发了诗人以天下事为己任的豪情壮志和革命乐观主义精神，这是战斗的、豪迈的青春；《致云雀》以云雀为中心组成密集的意象群，云雀是诗人理想化自我的写照，追求光明，蔑视低俗，向往理想的世界，这是拥有崇高理想并为之奋斗的青春；《百合花》写了小通讯员送文工团女战士到前沿包扎所及随后发生的系列故事，通过典型的细节描写，表现了战争年代纯洁、崇高的人际关系，这是平凡而伟大的青春。

另外，基于教材编写意图解读单元课文，还需要分析学习提示。过去的教材，课文书页间有必要的注释，课文后面有研讨与练习，有的课文前面还有导语等，而今的统编教材只有必要的注释和课后学习提示。与研讨与练习相比较，学习提示不再局限于练习题目，内容更加丰富全面，促使教师发挥自身优势创造性地使用课文。学习提示在单元学习重点与课文之间搭起桥梁，帮助教师更准确地理解教材编排设计的意图和篇章学习侧重点。分析第一单元每课的学习提示可以发现，它提供了多方面的信息，如简介课文内容、提出学习重点、提示阅读策略、提示延伸阅读、明确背诵要求等，这能够帮助教师更准确地理解教材编写意图，更好地解读教材中的课文，有效落实单元教学任务。

二、基础与发展：全面分析学情，确定教学目标

指向语文学科核心素养发展的教学以学习者为中心，单元教学设计要分析学生的单元相关学习内容掌握情况、学习心理及思想状态等，以了解学生的学习需要与起点，确定整个单元的教学目标。

概括分析高一新生的相关情况，从学习心理与精神状态看，学生刚刚开启高中新生活，青春生命昂扬，多数人会思考自我生命价值的相关问题。但由于处于信息社会，外界诱惑复杂，他们对个人、国家与未来的思考不够清晰，需要进一步树立正确的价值观。从文学阅读能力看，经过初中语文学习，落实《义务教育语文课程标准（2011年版）》的要求，学生应该能够"欣赏文学作品，有自己的情感体验，初步领悟作品的内涵，从中获得对自然、社会、人生的有益启示；对作品中感人的情境和形象，能说出自己的体验；品味作品中富于表现力的语言"。他们过去阅读学习文学作品以感受体验、获得启示、品味语言为主，文学鉴赏能力还有待提高。本单元学习中，教师应引导学生开展文学欣赏活动，帮助他们在文学作品阅读的过程中了解诗歌、小说等文学体裁的基本特征及主要表现手法，从诗歌意象与抒情、小说叙事与抒情等方面开展探究学习，并尝试从多个角度欣赏作品，获得审美体验，提高鉴赏能力，体味作者独特的艺术创作手法。

教师在掌握学生的学习基础、厘清本单元的教学起点、明确学生学习的提升方向的基础上，结合前面教材理解分析的重点，可确定本单元的教学目标。

1. 通过参加"校园朗读者"系列活动，阅读单元选文及拓展资源，理解诗歌运用意象抒发感情的手法，把握小说叙事和抒情的特点，体会文学作品的独特魅力。

2. 感受文学作品意蕴的丰富性和语言表达的特殊方式，学习从语言、形象、情感等不同角度欣赏作品，获得审美体验，提升审美能力。

3. 捕捉灵感，尝试诗歌写作，抒写自己的青春岁月，正确认识自我，树立远大理想，为中华民族伟大复兴而努力。

三、情境与任务：整体设计，整合语文实践活动

《普通高中语文课程标准（2017年版）》指出："语文学科核心素养是在具体的阅读与鉴赏、表达与交流、梳理与探究等语文实践活动中形成与发展，并通过具体、多样的实践活动表现、展示出来的。"语文教学应以具体情境为载体，以典型任务为主要内容，整体设计单元教学，整合语文实践活动，关注内在学习品质，以评价促进学生的学习。

图1是第一单元的整体设计，创设了以青春价值为主题的"校园朗读者"的真实情境，核心任务是感受第一单元内容，借鉴学习，参加"校园朗读者"活动。围绕核心任务，本设计分为学习准备、嘉宾招募、组织展演三个阶段，每个阶段都融入关于青春的人文主题内容。在完成核心任务的过程中，学生从诗歌意象与抒情、小说叙事与抒情、文学作品意蕴的丰富性以及文学作品写作与朗读等方面开展自主、合作、探究学习，获得文学作品的阅读体验，提高文学欣赏能力，促进语文学科核心素养的发展。

校园朗读者：青春的价值

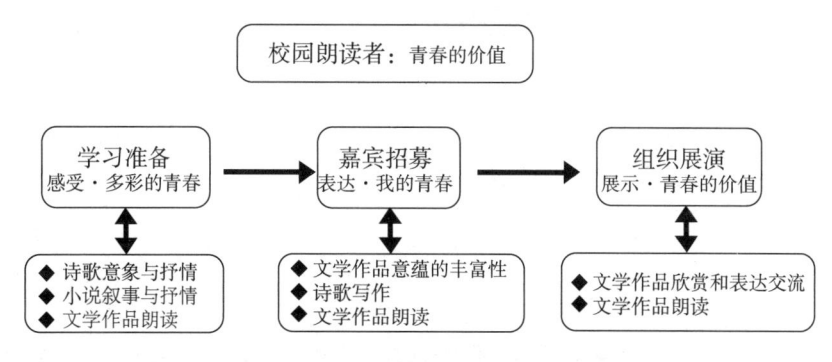

学习准备	嘉宾招募	组织展演
感受·多彩的青春	表达·我的青春	展示·青春的价值
◆ 诗歌意象与抒情 ◆ 小说叙事与抒情 ◆ 文学作品朗读	◆ 文学作品意蕴的丰富性 ◆ 诗歌写作 ◆ 文学作品朗读	◆ 文学作品欣赏和表达交流 ◆ 文学作品朗读

图1　普通高中语文统编教材必修上册第一单元整体设计

本设计注意融入教材的单元学习任务。单元学习任务是编者精心设计的落实单元学习重点的整体任务，强调真实情境下的语文活动，重视整合与实践，强调学生学习的主体性，以不同形式强化语言建构与运用这一语文基础素养，并有机融入社会主义核心价值观，落实立德树人根本任务。用好教材，在单元教学设计中呼应单元学习任务，能够更加有序地提升学生的语文素养。同时，本设计关注学生内在学习品质，配合学习任务设计了配乐朗读、校园朗读者活动招募、校园朗读者活动文案等评估表，通过评价引导学生学会学习，自觉提升语文学科核心素养。本文案例的具体教学过程体现为三个阶段的学习任务设计。

第一阶段是学习准备阶段，分为诗歌意象与抒情、小说叙事与抒情、文学作品朗读三个板块，共4课时。学习任务设计如表1所示。

表1　朗读者学习准备环节学习任务设计

板块	学习资源	学习任务
诗歌意象与抒情	1. 教材第一单元中的五首诗歌 2.《中国古典诗歌的意象》（袁行霈）、《从浪漫诗到现代诗》（袁可嘉）	1. 五首诗歌风格各异，但诗人都善于运用意象来表达自己的情思。请依照下面表格要求，梳理、分析五首诗歌中的意象 2. 诗歌最基本的特点是抒情，意象是诗歌艺术中基础的表达元素。欣赏诗歌，如何从意象切入去理解诗歌的情感？请阅读拓展文章，并结合教材选诗内容写一篇札记，阐释你的认识
小说叙事与抒情	1. 教材第一单元中的两篇小说 2.《小说与抒情》（高远东、吴士增）、《竹林的故事》（废名）、《荷花淀》（孙犁）	1.《百合花》《哦，香雪》两篇小说分别讲述了什么故事，塑造了怎样的形象？两篇小说都被改编成电影，下面两张图片分别是电影中的小战士、香雪的头像。如果你入选为"校园朗读者"的嘉宾，并朗读两篇小说中的片段，你愿意选下列图片作为你朗读的背景吗？请结合小说内容说明理由 2. 在很多人印象中，小说是叙事艺术，与抒情无关。事实上，以真挚的情感打动人、以高洁的情趣净化人，原本是文学作品重要的价值取向。怎样在小说中凸显抒情效果？请阅读拓展文章，并从两篇小说中各选择一两个感人的片段，揣摩人物的心理活动，分析典型的细节描写，写一篇札记
文学作品朗读	教材第一单元中的诗文	学生会设立了"校园朗读角"，便于同学们随时交流朗读感受、切磋朗读艺术、提高朗读水平。请到"校园朗读角"去朗读，完成以下任务 1. 随众朗读，自觉提升。坚持每天去朗读角，大家一起朗读本单元的诗文 2. 配乐朗读，挑战自我。从本单元诗文中选择自己最喜爱的一篇或一段，反复朗读，并配上合适的背景音乐。在"校园朗读角"展示自己的配乐朗读，请大家帮助自己进一步提高朗读能力

第二阶段进入朗读嘉宾招募环节,侧重阅读之后的表达输出。学生从文学作品意蕴的丰富性、文学作品朗读等方面获得审美体验,反思自己的青春生命,共3课时。学习资源包括单元所有选文,以及拓展内容《水调歌头·游泳》(毛泽东)、《赤光的宣言》(周恩来)、《笔立山头展望》(郭沫若)、《致云雀》(华兹华斯)等诗文和中央电视台《朗读者》节目的视频或音频。学习任务设计如下:

朗读嘉宾招募环节学习任务设计

1. 选定参加招募活动的朗读文章,并对其进行深入鉴赏。

根据小说、诗歌不同的艺术表现方式,从语言、构思、形象、意蕴、情感等多个角度欣赏作品,感受作品具有的丰富意蕴。为选定的朗读文章写一个朗读脚本。

2. 认识自我,梳理自己的青春故事,发挥想象写一首诗,给未来留下珍贵的记忆。

注意借鉴本单元诗歌在意象选择、语言锤炼等方面的手法,使诗作多一些"诗味"。

3. 录制朗读音视频,参加校园朗读者招募活动。

第三阶段是朗读者活动的展示阶段,是基于前面各阶段学习的整合,在语文实践活动中加强合作、探究学习,提高审美鉴赏能力和表达交流能力,共2课时。学习资源为前述所有学习资源。学习任务设计如下:

朗读者活动展示环节学习任务设计

1. 完成校园朗读者活动文案。

讨论嘉宾选定的朗读文段及嘉宾的青春故事,拟写出每位嘉宾的访谈提纲;整体编排各位嘉宾出场的顺序,根据嘉宾的访谈内容、朗读的文段,撰写主持人的串词;整体感受文案内容,从主持、嘉宾、观众等视角提出修改意见,推敲、修改文字,提交节目文案定稿。

2. 组织进行朗读者展演。

依照《朗读者》节目文案设计,有序组织活动。

微屏时代的经典阅读
——高中语文统编教材必修下册第四单元学习任务设计

满春燕[①]

在数字化、信息化时代背景下,平板、手机、电子书等新技术的应用日益广泛,不仅深刻影响着人们的生活,也改变着人们获取信息的方式乃至思维方式。当抚摸纸张的温度变成握在手中的屏幕,经典阅读的新方式已经开启。经典阅读是跨媒介阅读与交流的学习情境之一,是信息时代语文生活不可或缺的组成部分。本文以《老人与海》经典阅读为例,探讨跨媒介阅读与交流单元任务的设计及深度学习的实践路径。

一、探讨微屏时代经典阅读的必要性

高中语文统编教材必修下册第四单元《信息时代的语文生活》提出了跨媒介阅读与交流任务群的单元任务——认识多媒介、善用多媒介和辨识媒介信息。信息化社会中,语言表达方式和思维方式发生了很大的变化,理解传播媒介对信息内容的影响,理解社交化阅读对信息获取和阐释的影响,辨识传播主体所持立场并运用多媒介进行表达,这些不仅是媒介素养的体现,也是培育语文核心素养的应有之义。"跨媒介阅读与交流"学习单元要求学生在含有语文问题的情境中完成任务,在完成任务过程中主动学习、主动探究,这正是素养本位时代、信息化社会中语文学习的重要方式。经典是指具有典范性、权威性的著作,经典阅读是学生语文学习和语文生活的重要部分。微屏时代的经典阅读已经发生,这既是社会生活的情境,也是学科认知的情境,我们必须正视并做出引导。

学生问卷调查显示,短篇文本、碎片化时间、便携式设备是大多数学生微屏阅读时的"标配"。但微屏阅读只适合进行浏览信息等碎片化的学习吗?作为语文阅读中最重要的组成部分——经典阅读,是否也可以在微屏时代达成?……微屏时代的经典阅读需要解决的核心问题是批判性地接受媒介信息,这既是"跨媒介阅读与交流"单元的核心任务之一,也是深度阅读的需求。微屏阅读是超文本阅读,也就是以读者为导向,以可移动屏幕为基础,由网络协助的阅读,[1]包括搜索查找、超链接等,也包括视频、音频等的阅读;经

[①] 满春燕,江苏省常州市第一中学语文教师,中学高级教师。

典阅读的本质是深度阅读。微屏时代的经典阅读是否也可以体现深度阅读特征，这是需要我们共同面对和探索的问题。

二、《老人与海》微屏阅读任务设计

（一）选文依据

《老人与海》这部译文约 5 万字的中篇经典小说是《普通高中语文课程标准（2017 年版）》中的"关于课内外读物的建议"篇目之一，难易适中，经典文本的改编形式丰富多样。选择《老人与海》的电影、动漫作为跨媒介阅读的资源，有利于从理性层面思考对经典的接受、传播、评价在多种媒介并存时代发生的变化，有利于思考跨媒介阅读的本质问题。

（二）任务框架

本任务学习由阅读与比较、表达与交流、综合实践构成大单元，围绕"为微屏时代的经典阅读开处方"这一核心任务设计了"调查了解文学名著的渠道""比较电影、动画对原著的改编""总结纸质阅读和微屏阅读的异同"三组活动。"调查了解文学名著的渠道"是跨媒介学习的前提；"比较电影、动画对原著的改编"是辨析媒介传播内容，以便理解媒介与信息的关系；"总结纸质阅读和微屏阅读的异同"是对跨媒介阅读与交流进行理性分析，理解阅读方式的不同对信息的获得和阐释的影响。

"为微屏时代的经典阅读开处方"是跨媒介阅读与交流的应用与深化，有利于学生形成独立判断的能力和跨媒介表达的能力。总体任务框架如图 1 所示。

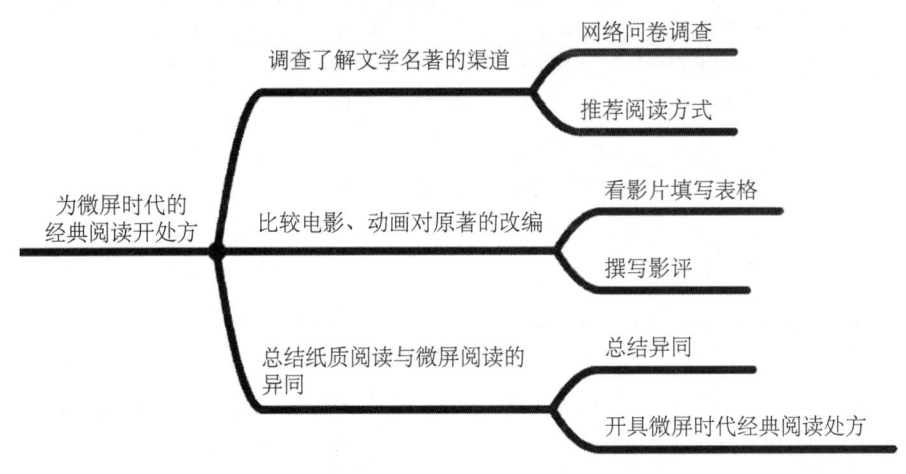

图 1 "为微屏时代的经典阅读开处方"任务框架

（三）学习活动示例

活动1：关于了解文学名著渠道的调查。

（1）网络问卷调查。调查问卷从阅读内容、阅读方式、阅读目的、阅读感受等方面入手，了解学生的阅读现状，同时也运用开放性的问题搜集更多的资料，为推荐阅读方式及理由做准备。具体内容见表1。

表1 "关于了解文学名著渠道的调查"问卷内容

选择题（单选或多选）	①过去的一年里，你读过哪一类经典文学作品？ A. 小说 B. 诗歌 C. 戏剧 D. 散文 E. 其他 ②你选择了什么途径来了解这些作品？ A. 纸质书籍 B. 微屏阅读 C. 看视频 D. 听音频 E. 其他 ③你为什么选择这些途径了解名著？ A. 更直观丰富 B. 更易沉浸深入 C. 可以双向互动 D. 有利于独立阅读 E. 其他
简答题	你还有什么新发现想和同学们分享？

（2）根据调查问卷结果，以小组为单位概括在经典阅读时更喜欢纸质阅读或者微屏阅读的原因，能辩证思考这种阅读方式的优势与不足，完成表格（表2）。

表2 小组推荐阅读方式及理由

阅读方式	推荐理由
更喜欢纸质阅读	优势：①价廉物美；②便于查阅和收藏；③图片和文字的表现形式，提供了较大的想象空间；④内容更具系统性和整体性；⑤正规出版社有严格的审查制度，书籍质量有一定的保障；…… 弊端：①更新慢；②不能提供全方位的阅读体验；③携带不方便；④容量小；……
更喜欢微屏阅读	优势：①方便快捷；②信息更新快；③有辅助阅读的功能；④便于检索、查阅、互动；…… 弊端：①信息良莠不齐；②有娱乐化倾向；③信息量过大；④信息真伪难以辨识；……

活动2：比较《老人与海》电影、动画对原著的改编。

（1）海明威的小说《老人与海》获得诺贝尔文学奖之后，电影界开始以小说原著为依据改编成同名电影，其中较为成功的是1958年美国拍摄的故事片和1999年俄罗斯拍摄的动画版同名电影，两部电影都荣获了多个奥斯卡奖项。学生利用节假日阅读小说，并从两部影片中任选一部观看，以小组为单位完成对比表的填写（表3）。

表3　比较《老人与海》电影、动画对原著的改编

艺术形式	小说	故事片	动画片
叙事媒介	文学语言	镜头语言	背景音乐+玻璃油画
叙事结构	出海前—海上三天三夜—返回岸上	同前	同前
叙事视角	外视角与内视角交替。小说开头交代故事的背景，八十四天一鱼不获是外视角；老人一个人捕鱼过程以内视角为主	外视角为主。例如，电影在开头部分用画外音的形式简单介绍了圣地亚哥的生活环境、状态，为故事的叙述节奏提供了延伸的空间	外视角为主。例如，动画片开头的画面描绘了在海滩上唯美的画面，伴之以明净悠扬的音乐，烘托了温馨、和谐的气氛
叙事主题	硬汉精神	和谐与爱	爱与希望
叙事语言	文学语言为主，心理描写突出，简洁质朴，明快有力	电影中的语言、旁白、独白、对白流畅连贯，与电影镜头语言相匹配	主要采用独白、对白，语言更加精练，配合动画片中的画面、音乐和声效

（2）撰写影评：尝试从不同的角度对改编的影视、动画作品进行鉴赏和评价。要求：①字数在800字以内。②观点鲜明，有依据、说服力和感染力。③备选角度可以是改编内容的依据、改编后故事的内在的逻辑性和完整性、改编作品对原著价值的挖掘、媒介运用的恰当与创意、语言文字与媒介的匹配等，亦可自选角度。

活动3：总结纸质阅读与微屏阅读的异同。

（1）课前重新阅读小说《老人与海》，选择纸质阅读或微屏阅读中的一种方式谈谈阅读体验。阐述角度：媒介特征、阅读方式、阅读习惯、阅读效果等。

（2）课上以小组为单位讨论、总结两种阅读方式的异同，填写表格（表4）。

表4　纸质阅读与微屏阅读总结表

	纸质阅读	微屏阅读
相同点	都有文字阅读	
不同点	个性化阅读	双向互动阅读 超文本阅读、跨媒介、可以查找和搜索
	内容的系统性、整体性、逻辑性	海量信息
	阅读持续时间较长	阅读易中断
	个人阅读为主	社交阅读 互动：及时评论，分享
	激发想象力、创造力	碎片化呈现

（3）《读屏时代：数字世界里我们阅读的意义》的作者 Naomi S. Baron 对电子阅读提供了阅读处方：①既要能够进行纸质阅读，又要能够进行电子阅读（形式追随功能）；②不管是娱乐性阅读还是学术性阅读，都要找到有效的不分心的阅读方法；③面对面活动时要专注；④尊重纸质版和其他任何媒介上作品的著作权；⑤努力进行持续性阅读，努力阅读篇幅长而且内容更丰富深刻的作品（深度阅读很重要）；⑥检测并分享数字设备和纸张的环境成本；⑦在根据阅读平台制定教育政策时，不要为了成本放弃对学习效果的考虑；⑧不要只是因为读者拥有和使用许多数字设备，就以为自己知道读者的阅读偏好。现有一家杂志的编辑向你约稿，请你为中学生经典文本的跨媒介阅读也开具一个处方，形式可以多样，如文字处方、思维导图处方、漫画处方等，但要确保处方的可信度。

（四）学习资源

本单元任务的学习资源及线上支持如表 5 所示。

表 5　学习资源与线上支持

学习资源	1.（美）欧内斯特·海明威著，《老人与海》 2.（美）Naomi S. Baron 著，《读屏时代：数字世界里我们阅读的意义》，电子工业出版社 2016 年版 3. 梁彩群，《〈老人与海〉小说原著与同名电影的叙事对比》，《文学教育》2016 年 4 月 4. 高中语文统编教材必修下册第四单元学习资源 3 篇
线上支持	1. 资源支持 ①奥斯卡金像奖动画《老人与海》（导演：亚历山大·彼得洛夫，1999 年上映） ②电影《老人与海》（导演：约翰·斯特奇斯、弗雷德·金尼曼、亨利·金，1958 年上映） 2. 活动支持 网络调查：关于了解文学名著渠道的调查 3. 评价支持 ①过程性评价：线上填写阅读方式对比表、影片改编对比表等 ②综合评测：填写微屏时代的经典阅读处方，并分享交流

（五）评价建议

活动 1 根据调查问卷结果，以小组为单位概括更喜欢纸质阅读（或者微屏阅读）的理由。学生无论从生态环境、成本、便捷性、实物感、眼睛疲劳度、互动性、信息量等哪一方面谈都可以，不求统一答案，无论是阅读经验还是教训都可以畅所欲言。概括应尽可能准确，能够辩证地分析纸质阅读和微屏阅读的优势和问题。教师以此来把握活动展开的方向，将思考点引导到媒介与信息、传播者与接受者的关系上。

活动2中，小说、电影、动画都是基于叙事的艺术，叙事就是讲故事。电影、动画对原著的改编对比表已经列出了对比点，叙事视角需要教师简单介绍。具体评价时内容不必完全与表格一致，重点是引导学生思考媒介对信息的影响，形成一定的辨析和鉴赏能力。撰写影评评价标准参考表（表6）。

表6　撰写影评评价标准参考表

观点	内容	备选角度
正确，鲜明，新颖；有说服力、感染力	1. 对作品内容的把握及对老人形象的个性化理解 2. 关注叙事媒介的变化对人物语言风格的影响 3. 改编作品对原著内容的挖掘和丰富，关注改编作品的审美价值和社会价值	1. 改编内容的依据 2. 改编后故事的内在逻辑性和完整性 3. 改编作品对原著价值的挖掘 4. 媒介运用的恰当与创意 5. 语言文字与媒介的匹配 6. 亦可自选角度

活动3"为微屏时代的经典阅读开处方"作为核心任务，可以从处方内容的具体可行性、发布的内容与选择的媒介匹配、小组合作情况等方面进行评价。这是一个反思性的创造活动，学生可以结合完成任务过程中的体验，个人思考后由小组合作完成，并在网络发布；也可以根据示例处方先集体讨论一个评价量表，再合作完成任务，重点围绕媒介、意图、阅读方式等对信息的真实性、优劣的影响进行讨论。

三、实践反思

"为微屏时代的经典阅读开处方"是具有前瞻性和探索性的跨媒介学习任务，开具处方的目的是更好地适应信息时代对阅读行为提出的新要求。但无论怎样变化，无论何种阅读形式，都要指向经典文本的深度阅读，这是阅读的本质，也是跨媒介经典阅读的重要支点。

1. 综合实践学习单元是以教材的单元任务为核心还是以学习活动示例为核心？语文综合实践活动的目的是培育相关语文核心素养。素养的养成自然离不开语文在生活中的实践应用，即要在实践中建构经验、养成习惯、学习语言、锻炼思维。因此，单元任务才是核心。如果教师有更适合学生的经典阅读文本和跨媒介改编的资源也是可以选用的，有助于完成单元学习目标的活动都可以尝试。本任务中的经典作品只是跨媒介阅读与交流的例子，重点内容是理解、辨析、评判媒介信息，辨识其立场，并多角度地分析问题，形成独立判断。如果直接让学生进行跨媒介改编，任务的难度就高一些，需要学生有一定的跨媒介阅读的积累。总之，只要是能引起学生的跨媒介阅读期待、引领学生的跨媒介理性表达的任务，教师都可以自行开发，但要注意任务设计的结构化，要凸显新课标"大任务、大情境、大活动"的设计理念。

2. 跨媒介学习中是先阅读纸质文本还是先阅读跨媒介改编文本？对于本课例活动2的设计，是先阅读《老人与海》纸质书，还是先阅读经典作品的视频和动漫等改编作品？笔者起初认为应先读纸质书，因为熟读文本是一切跨媒介阅读的起点，小说阅读首先要从通读文本、梳理故事情节开始。但在实际阅读过程中能够真正把作品读下来的学生并不多，能够感受其深层魅力的就更少了。他们会跳过很多自认为单调枯燥的情节，而这些恰恰是海明威"以琐细的经验来写精神的形状"[2]，是小说思想性的体现。因此，也许可以根据调查问卷中的阅读方式进行选择。不管是从纸质文本进入经典还是从跨媒介作品进入经典，只要是基于学生已有阅读经验的都可以尝试，最后以探索出一条支撑经典作品的深度阅读的有效路径为终结性评价内容，完成"为微屏时代的经典阅读开处方"的核心任务。

3. 统编教材的教学是否可以整合不同的学习任务单元？"任务群教学在绝对课时不可能再有增加的前提下，如何提高学习效益"这一课程实施的核心命题已被提出。[3]整合不同的学习单元是提高任务群学习效益的一条可尝试的路径。这里的整合首先是任务群的整合，例如，将"跨媒介阅读与交流"和"文学阅读与写作"进行整合，然后便是学习内容的整合。从核心素养培育的角度来说，任务群的教学很难单独进行。整合不同的学习任务单元，特别是将综合实践单元与阅读单元进行整合，应该是一种值得探索的做法。由此扩展开去，还可以将综合实践单元与"整本书阅读与研讨""实用性阅读与交流"等单元进行整合，甚至可以将综合实践单元与学期的复习整合起来。除了综合实践单元之外，"整本书阅读与研讨"与"思辨性阅读与表达"等都可以整合在一起实施，在更加复杂的情境、更加具有挑战性的任务中实现素养的内化与结构化。

参考文献：

[1] （美）Naomi S. Baron. 读屏时代：数字世界里我们阅读的意义［M］. 庞洋，周凯，译. 北京：电子工业出版社，2016.

[2] 谢有顺. 小说写作的几个关键词［J］. 小说评论，2012（1）：47-59.

[3] 郑桂华. "整本书阅读与研讨"任务群：理念细究与实施推进［J］. 语文建设，2019（9）：4-9.

"跨媒介阅读与交流"学习任务的设计开发

满春燕[①]

媒介改变着我们认识世界的方式和世界认识我们的方式,它扩大了交流空间,丰富了交流路径。跨媒介是学生信息获取、呈现和表达的主要渠道和重要方式,跨媒介阅读与交流也是对传统语文学习方式的有效补充。"跨媒介阅读与交流"是2017年版普通高中语文课程标准提出的18个语文学习任务群中的学习任务群3,是7个必修任务群之一。媒介是为满足人类生产生活需要而创造发明的信息传播载体;"跨"即为跨越,跨越两种或两种以上媒介的阅读,即为跨媒介阅读。课程标准中提出的"纸质文本、电子文本的阅读,或参观展览"等学习方式,就是在以纸质媒介阅读为主的传统学习方式之外,还要增加数字媒介阅读和现实空间的实践性阅读。

语文课程的设计"最终要落实到母语的运用上,实践性是语文课程的重要特点;它不是理论课,更不是纯知识的课程"[1],因此将"跨媒介阅读与表达"任务群的学习放在具体情境下引导学生主动探究、主动建构十分重要。本文以"向世界介绍我的学校——为学校编写网络百科词条"为例,从跨媒介任务的设计依据、设计内容两方面来介绍如何进行"跨媒介阅读与表达"任务群学习的设计开发。

一、设计依据

"跨媒介阅读与交流"任务群的总任务为"引导学生学习跨媒介的信息获取、呈现与表达,观察、思考不同媒介语言文字运用的现象,梳理、探究其特点和规律,提高跨媒介分享与交流的能力,提高理解、辨析、评判媒介传播内容的水平,以正确的价值观审视信息的思想内涵,培养求真求实的态度"[2]。具体的学习内容既包括媒介这一工具如何使用,又包括媒介信息的判断、媒介立场的辨识和媒介运用对语言的影响。

本任务旨在引导学生"学习跨媒介的信息获取、呈现与表达","学习运用多种媒介展开有效的表达和交流",指导学生运用比较分析的方式梳理不同媒介的语言文字运用的规律,恰当地选择媒介来表现特定内容,从而有效提

[①] 满春燕,江苏省常州市第一中学语文教师,中学高级教师。

升学生跨媒介表达和交流的能力。"任务群在主题统领下，以学习为主线，将诸多语文教育元素，有机融入主题单元，形成了新的秩序。"[3]要完成"向世界介绍我的学校"这一任务，学生既要了解媒介的特点，又要了解自己学校的特色文化，然后尝试用跨媒介的方式向世界介绍。不难看出，这个任务在发展学生"语言文字的建构与运用"素养的同时，重点落实"思维的发展与提升"素养，同时学生的家国情怀以及合作创新的素养也会得到提升。

基于以上思考，"向世界介绍我的学校"这一主题任务的学习目标为：

(1) 能够浏览优秀的纯文本词条和网络百科词条，学习跨媒介的信息获取、呈现和表达，探究纯文本表达与跨媒介表达的特点，形成对跨媒介表达的理性认识。

(2) 能够比较不同的网络百科词条，从内容选择和媒介匹配的角度了解不同媒介的特点，思考不同媒介的语言文字运用规律。

(3) 能够提高理解、辨析、评判媒介传播内容的水平，根据表达内容的需要选择恰当的媒介，展开有效的表达交流。

二、设计内容

（一）主题情境

任何一所学校都可以向世界展示自己，在世界的任何一个角落都可能有人需要了解我们所在的学校，为学校编写网络百科词条，无论是学校的历史、风光、教师、校友还是一场有意义的活动，都可以成为信息词条传播出去。"向世界介绍我的学校——为学校编写网络百科词条"这一主题为引导学生学习跨媒介阅读与交流提供了生活中的真实的任务情境。网络百科词条整合了文本、图片、声音、视频等不同媒介，综合了这些媒介的所有特征，在编写过程中能够达成跨媒介学习的目标。

对于刚刚进入高中的学生而言，了解自己的学校是高中生活的重要组成部分，资源的支持也比较容易得到。"介绍我的学校"是学生感兴趣的媒介应用领域，直接参与词条编辑或创建可以调动学生跨媒介阅读的兴趣和跨媒介交流的内驱力。大学是大多数学生迈向未来的通道，选择大学的网络百科词条来了解媒介，学习媒介表达，有利于激发学生持续完成任务的动力和激情。

（二）任务框架

本学习任务计划安排3~4课时，由阅读与比较、表达与交流、综合实践构成大单元，包括归纳纯文本表达与跨媒介表达的特点、梳理不同媒介的语言文字运用规律、运用跨媒介创意表达三个活动。前两个活动侧重于认识媒介、辨识媒介传播内容，第三个活动则是侧重于媒介使用者的主动运用。总体任务框架如图 1 所示。

```
任务：为学校编写网络百科词条
├─ 活动一：探究纯文本表达与跨媒介表达的特点
│   ├─ 阅读"清华大学"《辞海》词条和网络百科词条
│   ├─ 比较内容的选择和媒介的选择的异同
│   └─ 探究纯文本表达与跨媒介表达的特点
├─ 活动二：梳理不同媒介的语言文字运用规律
│   ├─ 精选两所大学的网络百科词条阅读
│   ├─ 比较两所大学的文化特色
│   └─ 梳理不同媒介的语言文字运用规律
└─ 活动三：运用跨媒介创意表达
    ├─ 制订网络百科词条编写评价量表
    ├─ 设计网络百科词条方案
    └─ 评选创意方案
```

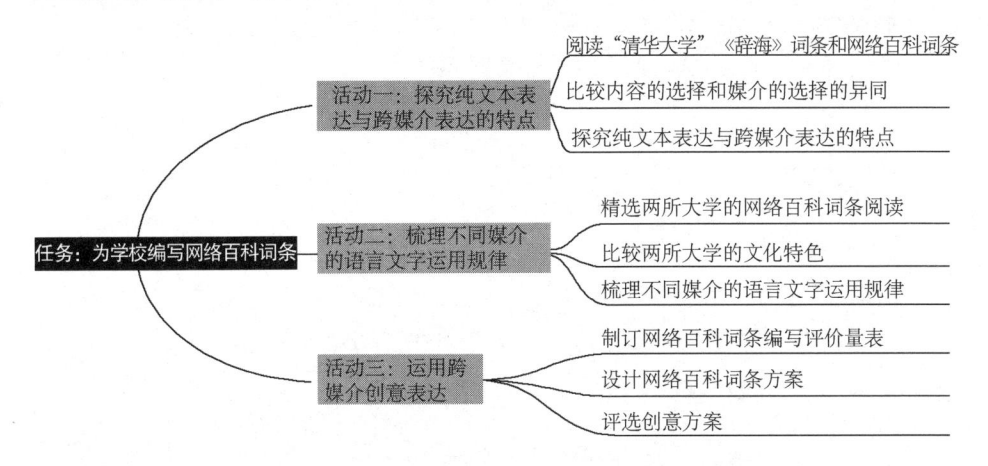

图 1 "为学校编写网络百科词条"任务框架

（三）学习资源

教师可以提供一些具体学习资源，也可以提供资源库供学生检索、筛选，以培养学生判断信息的可信度、时效性以及与其需求的关联度的能力。阅读内容可以根据学生兴趣进行选择，除了提供的"清华大学"的词条内容，还可以精选学生自己喜欢的另外两所大学的词条进行阅读积累。参考本校的介绍资料，从学校理念、历史沿革、传统文化、校园风光、建筑特色、课程特色、教师介绍、校友故事等方面进行了解，为编写词条做内容和媒介选择的准备。具体内容如下：

"为学校编写网络百科词条"学习资源

1. 纸质文本

"清华大学"词条

中国以工科为主的综合性大学。校址在北京。前身为清华学堂，是 1911 年（清宣统三年）清政府用美国退还的庚子赔款办的一所留美预备学校。1912 年改名为清华学校。1925 年设立大学部。1928 年改名为国立清华大学。1937 年南迁长沙，与北京大学、南开大学联合组成国立长沙临时大学。1938 年迁昆明，更名为国立西南联合大学。1946 年迁回北平（今北京）复校，设文、法、理、工、农五个学院。1952 年后经院系调整，成为一所多科性工科大学。1980 年后逐步发展为综合性大学。1999 年中央工艺美术学院并入。2006 年中国协和医科大学更名为北京协和医学院（清华大学医学部）。是国家"211 工程"和"985 工程"重点建设高校。（《辞海》第 7 版）

2. 电子文本

①清华大学百度百科词条网址：https：//baike. baidu. com/item/%E6%B8%85%E5%8D%8E%E5%A4%A7%E5%AD%A6/111764？fr＝aladdin。

②精选两所感兴趣的大学的网络百科词条。

③校园网站等。

3. 参观展览

本校校史馆。

(四) 学习活动示例

活动1：探究纯文本表达与跨媒介表达的特点。

(1) 阅读"清华大学"《辞海》词条和"清华大学"网络百科词条，对纯文本表达与跨媒介表达形成一定的感性认识。

(2) 从"内容选择"和"媒介选择"角度比较纯文本表达与跨媒介表达，形成一定的理性认识。

(3) 学生讨论，归纳纯文本表达与跨媒介表达的特点，完成表格（表1）。

表1　关于"清华大学"的词条表述对比图表（参考）

	《辞海》中的词条	网络百科词条
选择的内容及特点	①历史变革 ②内容简明扼要 ③内容不可更改	①既有历史，也有现实 ②内容翔实、丰富，有信息链接 ③内容可修改
选择的媒介	①印刷媒介 ②以纯文本语言为主	①网络媒介 ②包含文字、图片、图表、声音、视频等跨媒介形式
媒介的特点	①信息表现单一 ②容易有限制，易存储 ③时效性差 ④交互性差，不可更改 ⑤可信度高 ⑥对受众的文化要求高	①信息载体多元 ②容量较大，存储条件高 ③时效性强 ④交互性强，可多次编辑（参与性高） ⑤网络信息的可信度不稳定，要辨析媒介立场和信息真伪 ⑥对受众的文化要求不高
其他（如版面的外观、信息生产方式等）	单调；精英式	美观、易阅读；大众式

活动2：梳理不同媒介的语言文字运用规律。

(1) 浏览大学网络百科词条，精选两所大学的词条进行阅读，思考他们所选择的内容及表现的媒介。

（2）比较这两所大学的文化追求以及不同媒介在表达中所起到的作用。

（3）梳理不同媒介的语言运用规律，小组讨论语言文字在文本、图片、图表、声音、视频媒介中的运用规律和起到的作用（表2）。

表2 不同媒介特征及语言运用规律（参考）

媒介种类	特征 （媒介呈现与传递信息的特点与规律）	语言文字特点
图片	①直观性、真实性 ②丰富性、艺术性 ③创新性	①说明性文字，也可提炼主题 ②口头语言或书面语言均可 ③语言简洁，内涵丰富
图表	①现象或某种思维的"可视化" ②有条理，便于对比	①数据、文字等简洁、清晰 ②准确、概括性强
声音 （微访谈）	借助长短、语速、重音、停顿等方法丰富文本，增加感染力	①解说词有口语化、艺术化、抒情化特点 ②表达方式具有感染力 ③访谈主持人的提问、追问、总结艺术是语言的运用重点
视频 （微视频）	①视频的表意单位是镜头 ②导演通过"蒙太奇"语言传递意图	①视频解说词具有说明性、间接性、顺序性、口语化等特点 ②规范，用语严谨

活动3：运用跨媒介创意表达。

（1）制订网络百科词条编写评价量表，在编写学校网络百科词条方案之前，引导学生从使用媒介、运用场合、交流对象和目的等角度进行梳理探究，归纳总结编辑一个好词条的要素，最终从内容设计、媒介选择、小组团队合作等方面形成网络百科词条编写评价量表（表3）。

表3 网络百科词条编写评价量表（参考）

等第	内容		
	内容设计	媒介选择	小组团队合作
优秀	内容完整，来源可靠，原创性强，突出校园文化特色。为词条设计合理的分类，整体构思有创意。有趣味性和时效性	媒介选择多样，所选媒介能够充分表现内容的特点，突出内容的完整和真实	组内分工合理，组员既能独立完成任务，又能相互协作
良好	内容完整，来源可靠，有一定的原创性，设计有整体感。有趣味性和时效性	媒介选择多样，所选媒介能够充分表现内容的特点	组内分工合理，组员只能独立完成任务，不能相互协作

(续表)

等第	内容		
	内容设计	媒介选择	小组团队合作
一般	内容不完整，设计没有整体感，但词条的部分内容有创意，有思考	所选媒介对内容的表达起到一定的辅助作用	组内分工不合理，组员不能相互协作，任务由个别成员独立完成
需要改进	内容不完整且缺乏可信度，原创性低，没有整体设计	媒介选择单一，对内容的表达没有起到任何辅助作用	组内分工不合理，组员不能相互协作，任务没有达成
……	……	……	……

（2）评选创意方案。评选活动中每小组派一名代表进行演讲，交流本小组词条的设计理念、特色和创新之处，阐述选择媒介的理由以及语言文字在不同媒介中达到的表达效果。最终由全体学生上网投票评选出创意词条方案（表4）。

表4　网络百科词条方案

方案名称	
项目组成员	
词条方案的理念、特色	
具体内容	内容的选择： 媒介的选择： 举例：
组内分工	

（五）评价

课堂评价的目的是反思学习过程，优化学习方法，因此应该以参与学习过程的学生为评价主体，综合运用个人反思、同伴互助、教师评价等多种方式。评价应特别关注学生学习过程中的行为表现，以及这些外在表现所体现出的学生的思维特征和情感态度倾向。

活动1中填写"关于'清华大学'的词条表述对比图表"，通过阅读、比较、归纳，了解纯文本词条和跨媒介词条的特点。浏览纯文本词条、网络词条的过程要专注，要分类概括内容和媒介特点；要辩证地分析两种词条形式的优势和问题，这既是各小组的学习结果，也是评价的主要内容。教师可以在媒介信息的可信度判定、媒介立场的辨识等方面进一步地引导优化学生的思维。

活动2中填写"不同媒介特征及语言运用规律"表格，小组成员通过浏览网络词条和查询相关知识，能够有基本认识即可。该活动让学生主动思考不同媒介的特点和语言文字的运用规律，从更理性的层面认识媒介素养对现代人获取信息、处理信息、应用信息的重要性，理解语文学习的意义。这一环节很好地体现了教学评一致的理念，教师不可随意省略。

活动3中根据"网络百科词条编写评价量表"进行自评和他评，根据小组演讲内容进行网络投票。网络百科词条编写评价量表是为词条编写完成后的评价反思做准备，按照内容设计、媒介选择、小组团队合作共同梳理出编写词条的要点，这是词条编写整体方案中的重要内容，"这个评价的过程，本身就是具体的、多样化的教学活动，也是很有意义的教学过程，更是提高学生任务群学习质量的保证"[4]。在这些评价活动中，学生的语言运用能力、批判性思维能力和文化理解力得到了提升。

（六）教学反思

此"跨媒介阅读与表达"任务群学习的案例，教师可以从以下几个方面展开反思。

（1）学生是否能够区别纯文本表达与跨媒介表达的特点？

（2）学生是否能够通过实例分析提炼出不同媒介信息存储、呈现与传递的特点？

（3）学生能否恰当地选择本校的文化特色？能否合理选择、恰当运用不同类型的媒介来表现内容？

（4）教师如何引导学生理解多种媒介运用对语言的影响？

（5）综合评价是否可以结合本地、本校的实际来进行设计？

…………

总之，教师要引导学生认识媒介发展与社会进步之间的关系，认识不同媒介之间的优势与互补关系，提升每个人对媒介的科学认识与合理运用的能力。本课中，教师根据自己的教学重点想清楚一两个问题即可。

参考文献：

[1] 王宁. 新语文课标是语文老师实践经验的总结——兼谈顾德希老师的语文教学经验［J］. 中学语文教学，2018（7）：4-10.

[2] 中华人民共和国教育部. 普通高中语文课程标准（2017年版）［M］. 北京：人民教育出版社，2018.

[3] 陆志平. 语文学习任务群的特点［J］. 语文学习，2018（3）：4-9.

[4] 黄厚江. 预防任务群教学"跑偏"的策略性建议［J］. 中学语文教学，2018（8）：16-19.

基于项目式学习的"当代文化参与"实践探究

朱再枝①　何章宝②

《普通高中语文课程标准（2017年版）》（以下简称"新课标"）中提出，"当代文化参与"学习任务群旨在通过参观、考察、调查、访问、梳理、探究等活动，引导学生关注和参与当代文化生活，以增强学生文化自信，提高学生语文综合实践能力。这一任务群的学习具有活动性、综合性、实践性强等特点。如何实现语文学习与实践活动的深度融合呢？项目式学习是一种导向核心素养养成的学习方式，它强调以学生为主体，在"做中学"，突出学习的过程性、实践性，因此，我们认为项目式学习可以与"当代文化参与"学习任务群目标要求的落地实现对接与价值转化。

普通高中语文统编教材必修上册第四单元"家乡文化生活"正是由人文主题"家乡文化生活"和学习任务群"当代文化参与"两条线索组成的综合实践单元。本单元在学习目标、情境、内容、方式等方面有着较大的突破与创新。具体表现为：学习情境多为真实的生活情境，学习内容与资源主要来源于现实生活和相关文献资料，学习方式采用采访、考察、调查和查阅文献等形式。基于此，本文以"家乡文化生活"单元为例，探索基于项目式学习的"当代文化参与"学习任务群实践路径。在实践中，笔者以选择研究项目、规划方案、项目设施、评价与反思等项目式学习的四个关键性环节为基点设计并实施学习活动。

一、选择研究项目

选择研究项目即提出问题，它是项目式学习开展的前提与基础，不仅影响着学习过程的实施，也制约着学习目标的实现。新课标关于"当代文化参与"学习任务群提出的学习目标与内容主要有：聚焦特定文化现象、关注当代文化生活、文化活动参与等，这些内容成为我们选择研究项目的依据。不仅如此，学习项目的选择还要符合课程要求，遵循学习规律，满足学生身心发展需求等，具体要求见表1。

---

① 朱再枝，安徽省无为第三中学语文教研组组长，中学一级教师。
② 何章宝，安徽省无为县教育局教研室主任，中学高级教师。

表1 基于项目式学习的"当代文化参与"选题要求

学习目标	1. 发展学生关注和参与当代文化生活的意识 2. 学习剖析、评价文化生活现象的方法 3. 增强文化自信
课题来源	1. 特定文化现象 2. 当代文化生活热点 3. 社区文化生活 4. 教材经典文本拓展延伸的文化生活
课题特征	1. 真实，贴近学生生活，富有挑战性 2. 主题典型，有研究价值 3. 有兴趣取向，易操作 4. 通过开放式学习完成

以"家乡文化生活"专题学习为例。教材设计的三项学习活动都要求选择活动课题（即主题），如"先要了解采写的对象，确定访谈的主题（如家乡名称的来历与演变、家乡的历史传说等）""开展家乡的文化生活调查可以选择不同的主题，如人际关系、道德风尚、文物古迹的保护、文化生活的方式等""可以考察家乡的风俗习惯、邻里关系、生活方式、文化环境等，选择其中的一项"。[1] 如何选择活动主题？一方面要依据"当代文化参与"的选题要求，另一方面要对三项学习活动进行整合，使之结构化，即要选择一个具有统摄价值的主题将三项活动主题关联，以便将研究的问题聚焦，使之目标化、清晰化。

基于上述要求，笔者设计的主项目活动主题为"我为家乡文化生活振兴献一策"。选题依据为：（1）学生熟悉家乡，了解家乡的传统习俗与文化生活方式；文献资料和实物资料的收集、实地采访、调查等简单易操作。（2）随着我国现代化建设进程的加快，家乡传统习俗有的被传承下来，有的被新兴的文化生活方式所替代。调查当下家乡文化生活方式，与传统习俗相对比，分析其中的"变"与"不变"，剖析"变"与"不变"的原因，为家乡文化生活的振兴献策。（3）家乡文化习俗反映了家乡人的生活方式、理想信念、价值意识、精神诉求等，由此可以观照当代社会文明的进步程度，为创建精神文明和构建和谐社会献计献策。

二、规划方案

规划方案是为学生完成项目任务、找到解决问题的路径而设计的，是项目式学习实施的保障，它包括项目主题、情境、核心素养目标、学习方式以及任务驱动等方面。以"我为家乡文化生活振兴献一策"项目学习为例，项目小组设计出如下方案（表2）。

表2 "我为家乡文化生活振兴献一策"项目学习方案

主　题	我为家乡文化生活振兴献一策
情　境	党的十九大报告提出"实施乡村振兴战略",乡村是时代发展的缩影。我们所在乡村社会的知识结构、价值观念、乡风民俗、社会心理、行为方式等"乡村文化"元素正悄然发生变化,探究其变化原因,剖析家乡文化生活图景及特点,从而认同、解释和传播乡土文化,为家乡文化生活振兴建言献策
核心素养目标	1. 通过访谈、调查研究、科学论证进行项目探究,培养学生的科学精神 2. 剖析、评价家乡文化生活变化的原因 3. 为家乡文化生活振兴建言献策,培养学生的参与意识,增强学生的文化自信
学习方式	自主学习、小组合作式学习、探究性学习
任务驱动	1. 利用互联网、报纸、书籍等查阅、了解家乡文化生活方式、特点 2. 搜集、调查、访谈、探究家乡文化生活方式形成的历史根源与现实图景 3. 剖析、评价家乡文化生活变化的原因 4. 风采展示:制作家乡文化生活名片,绘制家乡文化旅游路线图 5. 提出"我为家乡文化生活振兴献一策"具体措施

三、项目实施

项目实施即问题解决,是实践项目方案、落实核心素养的关键性环节。项目学习小组将一个主项目分解成若干个子项目,由各小组分工协作完成。项目实施过程以任务为驱动,学生完成项目的过程是小组按照规划方案分工实施的过程,也是思维进阶的过程。以"我为家乡文化生活振兴献一策"为例,笔者在班级里组建4个项目学习小组,进行如下活动。

【项目活动1】认识家乡文化生活。

(1) 学习文化理论书籍,如《中国民俗文化》《文化源流例谈》《乡土中国》以及《文化哲学十五讲》的部分内容,了解文化的构成、特点,认识乡土中国的文化生活方式、理想信念、价值观等。

(2) 学习毛泽东的《调查的技术》、王思斌的《访谈法》、钟敬文的《节日与文化》等,为项目学习活动提供技术指导。

(3) 利用互联网、报纸、书籍等查阅家乡文化生活种类、涉及范畴,了解家乡文化生活方式及其特点。

(4) 项目小组筛选、整合学习资源,提炼出与活动主题相关联的学习资料,小组交流分享。

【项目活动2】"家乡传统习俗"访谈。

(1) 项目小组以"家乡文化的记忆"为主题写一篇文章,展现记忆中家乡的文化景观,小组交流分享。

(2) 组织开展"家乡传统习俗"访谈,拟定访谈提纲。

(3) 填写访谈记录表(表3)。

表3　访谈主题:家乡传统习俗的传承与变化

访谈对象		性别		年龄	
访谈成员				访谈时间	
访谈提纲	1. 家乡过节日有哪些风俗习惯?寄予了人们怎样的理想、情怀与精神诉求? 2. 你的家乡经常举办哪些庆祝活动?他们以何种方式庆祝这些活动? 3. 家乡在娶、嫁、丧、祭中有哪些风俗习惯? 4. 近年来,家乡的传统习俗有哪些被传承下来?哪些已悄然发生变化?你更喜欢哪一种习俗? 5. 家乡最有特色的传统习俗是什么?具体谈谈这一习俗的内容与意义			访谈记录	1. …… 2. …… 3. …… ………

(4) 搜集相关文献资料和实物资料,写一篇《家乡传统习俗志》,如记述端午节文化与屈原等。

【项目活动3】"多彩的家乡文化生活方式"调查。

(1) 选择研究主题。

(2) 按调查报告结构表开展调查(表4)。

表4　"多彩的家乡文化生活方式"调查报告结构表

标　题	"多彩的家乡文化生活方式"调查
摘　要	家乡文化生活方式丰富多彩,既有传统方式的现代传承,也有新兴文化生活方式的悄然兴起,调查、访谈、搜集资料,对比分析其优劣,为家乡文化生活健康发展提出合理化建议
调查背景与目标	随着我国现代化建设进程的加快,家乡文化生活方式良莠不齐,影响着人们的日常生活和精神文明创建。通过调查、分析,为家乡文化生活健康发展提出合理化建议
调查步骤与方法	1. 网络查阅、文献资料查阅,了解家乡文化生活的历史图景与现实状况 2. 专题访谈,访谈社区或村委会负责人,了解家乡文化生活方式现状 3. 实地考察,了解家乡文化生活方式 4. 记录总结

(续表)

调查内容与分析	
结论和建议	

【项目活动4】"我为家乡文化生活振兴献一策"。

(1) 根据项目主题和研究资料，项目小组以书面形式为家乡文化生活振兴建言献策，并交流分享。

(2) 项目小组将现实性、针对性、操作性较强的策略汇集、整理，以书面报告的形式上报给有关部门。

四、评价与反思

为了更好地落实"文化传承与理解"这一核心素养，新课标中对不同学段学生学业成就表现做了"质量描述"，把学业质量水平划分为五个等级。笔者根据"当代文化参与"的学习目标与内容，结合该任务群的学习特点，从中提炼出适合"当代文化参与"学习评价的"质量描述"（表5），并根据"以终为始"的原则，采用逆向式设计，把项目成果前置，提出明确的学习任务，用任务驱动项目式学习的完成。

表5 "当代文化参与"学业质量水平

水平	质量描述
1	能主动梳理语文课程中涉及的文化现象，了解其中包含的中国传统文化内容，重视优秀传统文化的继承
2	能运用所学的知识对学习中遇到的一些文化现象发表自己的看法。关注当代语言文化现象，积极参与相关的多种语文实践活动
3	关心当代语言文化现象，积极参与多种实践活动，通过调查访问、辩论演讲、专题讨论等活动发展自己的文化理解与探究能力
4	能主动参与语言文化问题的讨论和相关的社会实践活动，能综合运用所学的知识，对自己感兴趣的某些语言、文学、文化现象及社会热点问题进行专题探究，尝试撰写相关调查报告或专题研究报告，发展自己的文化理解与探究能力，主动吸收先进的文化，传承中华优秀传统文化
5	能主动参与语言文化问题的讨论和相关的社会实践活动，能综合运用所学的知识，对生活中自己感兴趣的某些语言、文学、文化现象及社会热点问题进行专题探究，写相关调查报告或专题研究报告，组织专题讨论和报告会，对当代文化建设发表自己的见解

"当代文化参与"项目式学习侧重文化现象的剖析与探究、文化生活参与等,注重对学生批判性思维能力、问题解决能力、团队协作能力和自我管理能力的培育。因此,该项目式学习的评价方式多种多样,特别注重过程性评价和质性评价。笔者在引导学生开展"我为家乡文化生活振兴献一策"项目学习过程中,设计了专门的评价量规(表6),以便实现多元评价。

表6 "我为家乡文化生活振兴献一策"项目式学习评价量规表

评价指标	评价等级及分值			得分		
	A（5分）	B（4分）	C（2分）	自评	互评	师评
关注、参与当代文化建设的意识	积极参加项目学习小组查找资料、社会调查、考察、访谈等系列活动,关注家乡文化生活,有很强的参与、合作意识	在教师的要求下参加项目学习小组查找资料、社会调查、考察、访谈等系列活动,关注家乡文化生活,参与、合作意识淡薄	不能积极主动参与项目学习小组各项活动,任务不能按质按量完成,没有较强的团队意识			
剖析、评价家乡文化生活现象,探究其变化原因	能从不同维度深入剖析家乡文化生活现象,能透过文化生活现象的表层,探视文化生活的深层规定和特征	对家乡文化生活现象剖析较肤浅,能透过文化生活现象的表层,认识一些普遍规律性问题	对家乡文化生活现象做客观表述,没有对深层规律性问题的探讨			
家乡文化生活的传播与交流	家乡文化生活名片制作新颖、有创新,凸显文化特色,能使用视频、PPT等开展交流分享活动,借助网络平台进行交流	家乡文化生活名片能真实反映家乡原貌,创新点不多,能使用视频、PPT等开展交流分享活动,借助网络平台进行交流	家乡文化生活名片能真实反映家乡原貌,无创新点,交流、传播形式单一化			
家乡文化生活振兴建言献策研究报告	提出的振兴措施真实、具体,有可操作性,能从物质文化、精神文化、制度文化等层面思考	提出的振兴措施真实,但较宽泛,可操作性不强,思考层面单一化	提出的振兴措施宽泛,不具有操作性,思考不够深入,层面单一化			
小计						

"当代文化参与"任务群的学习与探究不能一蹴而就,也不可能只通过一两个专题学习就能完成课程任务,实现育人价值。因此,专题设计应着眼于"高中生的精神成长为根本的价值取向"[2],着眼于"立德树人"的价值

目标。具体设计时,要打通任务群之间的壁垒,要通盘考虑,有组织地连续安排。学习内容的选择要呈现序列化与结构化,学习深度与广度的把握要体现思维进阶的过程,要实现任务群学习目标学段化,要注重能力层级的发展和学生的个性差异,切不可"一刀切",或"拿一把尺子量到底"。

参考文献:

[1] 中华人民共和国教育部. 普通高中教科书 语文 必修 上册 [M]. 北京:人民教育出版社,2019.

[2] 杨九俊. 如何落实语文学习任务群 [J]. 七彩语文(中学语文论坛),2019(1):8-11.

高中语文项目化学习设计探究

张学明[1]

语文项目化学习对于实现高中语文课程从"知识本位"向"育人本位"转变，从"碎片学习"向"整体学习"进发，促进学生深度学习，推动学生核心素养提升具有重要价值。基于此，本文从"依据课程标准，精准把握项目选题取向""创设学习情境，整合构建项目学习体系""优化测量评价，提升完善项目学习效度"三个维度探讨高中语文项目化学习的设计策略，以期引导高中语文教与学方式的转变。

一、依据课程标准，精准把握项目选题取向

《普通高中语文课程标准（2017年版）》（以下简称"语文课程标准"）对课程内容进行了系统性整合重构，首次概括提出"语文学习任务群"的概念，"从祖国语文的特点和高中生学习语文的规律出发，以语文学科核心素养为纲，以学生的语文实践为主线，设计'语文学习任务群'。'语文学习任务群'以任务为导向，以学习项目为载体，整合学习情境、学习内容、学习方法和学习资源，引导学生在运用语言的过程中提升语文素养。若干学习项目组成学习任务群"[1]。项目化学习的开展，有利于学生在真实言语实践情境中通过思考、认知和关联，进行复杂的决策，有利于学生创造力和批判性思维的形成，进而提升学生的语文核心素养。

"语文学习任务群"作为课程架构的核心元素承载着课程目标有效落地的任务，它明确了在语文项目化学习中应该学习哪些内容，经过具体的语文项目化学习后应该掌握哪些核心知识和关键能力。落实语文课程标准的精神与理念，可依据"学习任务群"的要求和特点选定项目学习主题，进行项目设计与实施。普通高中语文课程由必修、选择性必修、选修三类课程构成。三类课程分别安排7~9个学习任务群，总共18个学习任务群。高中语文项目化学习的选题、设计与实施，要依据课程标准，坚持整体设计，统筹安排，体现层次结构与差异区别。

---

[1] 张学明，黑龙江省大庆实验中学教师。

二、创设学习情境，整合构建项目学习体系

1. 基于"教材"，设计学习项目

依据语文课程标准编制的高中语文统编教材于2019年秋季，在北京、上海等6省市的高中学校率先投入使用。高中语文统编教材"以人文主题和学习任务群两条线索组织单元，建设全新的教材整体框架设计体系"[2]，其在课文的设计思路和组织编排上基本遵循了"以人文主题为线索组织单元，强化立德树人教育""以学习任务群为线索组织单元，重视核心素养的养成"[3]。首先，人文主题线索围绕"理想信念""文化自信""责任担当"又分解为若干小主题。例如，高中语文统编教材必修下册分别涉及以下人文主题：中华文明之光、良知与悲悯、探索与创新、媒介素养、使命与抱负、观察与批判、不朽的红楼和责任与担当。其次，学习任务群线索则主要根据不同学习任务群的特质和要求，采取以读写为主和语文综合实践活动为主的学习形式。

高中语文统编教材的编制为语文项目化学习的设计与实施提供了可供选取的切口。在语文项目化学习的设计与实施中，教师要统观全局，厘清教材内容的素养要求，基于人文主题，依据教材单元的不同特质和要求，设计学习项目；同时亦可以根据学情和项目设计需要，整合语文教材内容，打破单元限制，进行有机组合，将教材内容真正变成学习内容。

例如，高中语文统编教材必修上册第一单元的人文主题是"青春风采"，选文有《沁园春·长沙》《立在地球边上放号》《红烛》《峨日朵雪峰之侧》《致云雀》《百合花》《哦，香雪》。本单元的课文从体裁上分为诗歌和小说，其中《沁园春·长沙》《立在地球边上放号》《红烛》《峨日朵雪峰之侧》《致云雀》是诗歌；《百合花》《哦，香雪》二文是小说，主题都涉及青春风采。根据这样的特点，学习这一单元时，我们做如下尝试。

（1）明确项目主题。综合本单元的学习内容，确定项目学习主题为"炫彩青春，梦想发声"。学习目标是在阅读诗歌、小说作品的过程中，了解小说、诗歌的基本特征和主要表现手法。通过阅读鉴赏这些诗歌、小说作品，分析形象、揣摩语言、体味主旨，探索其蕴含的富有青春意味的独特内涵。

（2）设计项目活动。学校为了给学生提供真实的学习情境，设计了学生志愿者前往乡村学校，开展一场"炫彩青春，梦想发声"的志愿宣传活动，任务要求学生必须结合本单元的学习内容，可以采取演讲、汇报、书信、课本剧等形式进行展示。

（3）整合学习资源。除了本单元涉及的7篇选文外，引入整本书阅读与

研讨的资源杨沫的小说《青春之歌》；视频资源百度总裁李彦宏的《为你读诗〈当你老了〉》；班级"黄金时代"公众号教师原创文章《520叮嘱》；2019年高考作文题及教师原创作文《铁肩担道义，青春正当时》；习近平总书记在纪念五四运动百年大会上的讲话。

2. 基于"任务"，设计学习项目

高中语文项目化学习的设计应以语文课程标准的"学习任务群"为导向设计学习任务，以任务为驱动推进语文项目学习进程。语文课程标准共设计了18个学习任务群。每个学习任务群既是课程内容，也是学习目标和学习路径。以"学习任务群5 文学阅读与写作"为例。"本任务群旨在引导学生阅读古今中外诗歌、散文、小说、剧本等不同体裁的优秀文学作品，使学生在感受形象、品味语言、体验情感的过程中提升文学欣赏能力，并尝试文学写作，撰写文学评论，借以提高审美鉴赏能力和表达交流能力。"[1]该学习任务群是高中语文重点学习内容，在项目的设计上，教师设计了请班级同学参与高中语文教材编写的任务。任务要求学生组建教材编写小组，各小组采用自主、合作、探究的方式，按照语文课程标准的要求，协助完成一个单元的语文教材编写任务。教材编写要包括单元导语、选文依据、课后习题、实施建议等，学生在实际项目推进中要充分"根据诗歌、散文、小说、剧本不同的艺术表现方式，从语言、构思、形象、意蕴、情感等多个角度欣赏作品，获得审美体验，认识作品的美学价值，发现作者独特的艺术创造"[1]。

3. 基于"学情"，设计学习项目

语文项目化学习的选题、设计与实施除了以语文学科本质、课程标准和教材内容作为依据，还需要基于学情，即以学生已有的语文水平、现阶段的思维特点、发展需要和真实语文学习问题为凭据，对学生已有的语文知识、关键能力、学科观念、生活经验、思路方法等方面进行探查、分析和诊断，并在此基础上选择、设计学习项目。

一是基于学生真实的问题设计学习项目。学生在语言文字运用的过程中，随着探究意识的不断增强，会不断发现新的问题，提出新的思考，基于学生真实的问题设计学习项目，在语文学习活动中解决问题，培养学生的语文关键能力，提升语文核心素养。基于此的语文项目化学习，项目选题必须指向语文学科的核心知识、概念，不能泛化为跨学科的知识，不能为"任务"而任务；需要在具体的言语实践活动中推进项目学习，不能虚化为无目的的活动，不能为活动而活动，而忽视了真正指向语文学科核心知识和概念的理解，忽视了学生语文核心素养的提升。

二是基于学生真实的学力设计学习项目。这要求语文教师在组织学生开展语文项目化学习时，将学生语文学习的各个阶段联系起来，从高中语文学习的全局出发，关注语文核心知识和核心概念、相关单元与学习任务群之前的内在联系，整合建构整体的语文项目化学习体系。在这样联系的、情境的、整体的学习观下，合理辨析学生在不同学段、学年和学期的语文学习中所表现出的真实学力、思维特点的差异，梳理出语文学科核心素养在不同阶段的进阶发展要求，进而设计与之相适应的语文项目化学习内容，实现高中语文学习中由"知识内容"转化成为"学习任务"，促使学生深度学习的发生。

三、优化测量评价，提升完善项目学习效度

1. 倡导多元评价主体

语文项目化学习的评价要坚持评价主体多元化，评价主体要多维度、全过程实施有效评价和测量。在具体的设计与实施中，不仅语文教与学的主体——语文教师、学生要参加到课程评价中来，同时还要适当地引导学生家长和其他学科教师以及教学管理人员、社会人员也参与到课程评价中来。

第一类评价主体是语文教师。语文教师首先要深度理解持续性评价的意义和价值，在具体的"发现问题—设计项目—操作实施—成果呈现—评价测量"的过程中实施测量评价。第二类评价主体是学生。学生在语文项目化学习中对自我和他者可以做出合理恰当的评价。一是学生可以根据自己的表现结合项目化学习的进程给予自己评价；二是学生可以根据项目化学习过程中的实际表现对团队成员进行评价。第三类评价主体是其他学科教师、家长、教学管理人员及其他相关社会人士等。如其他学科教师的评价可以从学生语文项目化学习中涉及本学科的核心知识和核心概念出发与语文教师交流、沟通，提出自己对学生在项目化学习方面存在的问题和优势的看法；家长评价可以从学生在语文项目化学习中的"公开成果"，以及过程中的态度表现等进行评价。

2. 丰富多维评价方式

语文课程标准在评价建议方面，提出"语文教师应根据实际需要，整合诊断性评价、形成性评价、终结性评价等多种评价方式，考查学生核心素养的发展情况"[1]。语文项目化学习要避免项目学习流于活动化、浅表化，实现项目学习的效度。

要注重整体性评价。这要求在项目选题中坚持诊断性评价，以学生的年龄特点、认知水平、学习兴趣和真实学力作为项目选题的考查关键。在项目

的设计和实施过程中,注重形成性评价,贯穿项目化学习的始终,"通过评价唤起学生的元认知,让学生始终记得学习的目标是什么,并自主监控学习的目标是否达成,主动反思和调控学习的进程,使学习不断深入"[4]。项目的公开成果展示,要根据成果的呈现效果形成终结性评价。

要注重真实性评价。钟启泉教授指出,"'真实性评价'着力于把握高阶认知能力的状态,因此,不仅关注最终的结果,而且关注导致最终结果的学习与思维的过程本身,还要展开多角度、多层次的探讨"[5],基于此,我们发现语文项目化学习的测评本身也是一个学习过程,它要更多地从学生实际需要、感受以及每位学生的实际收获出发,而不是仅仅从"教的效果"去考虑。基于这样的特点,要借助学生自身、团队成员、教师以及其他主体参与评价,选择汇报、分享、研讨、报告等多种成果展示方式,充分运用成长档案袋和量表等测评工具,在这个过程中实现和促进学生更有深度的学习。

3. 完善优化评价标准

测量评价标准的制订,应该从课程标准的落实、语文学科核心素养的提升、项目化学习主题目标的实现、评价指标的可操作性等维度对评价要素、评价原则、评价方式等给予关注。

一是评价标准是否有利于学习目标的实现。这些评价标准必须真实地反映学生参加项目化学习的学习过程、学习结果、学习态度、学习行为,必须符合学生真实的年龄特点、思维特点、学力水平和实际需求。

二是评价标准的内容和学习内容的契合度。评价标准应该紧紧围绕项目化学习的内容进行,能够充分调动语文教师、学生、家长等多元评价主体运用多种评价方式对项目选题、项目设计、项目实施、成果呈现进行持续性评价和真实性评价。

三是公开评价标准,倡导师生共同优化完善。评价标准的制订要公开透明,在项目开展之初,让每位学生了解,唯此,学生才能对照评价标准对自己在项目设计和实施中的表现给予自我评价,并对其他成员给予同伴评价。同时,倡导师生共同参与评价标准的优化和完善。只有真正调动学生参与到评价标准的制订和执行中来,才能有助于提升学生的评价测量和理解认知能力,有助于提升学生参与项目评价的成就感和获得感。

参考文献:

[1] 中华人民共和国教育部. 普通高中语文课程标准(2017年版)[M]. 北京:人民教育出版社,2018.

[2] 王本华. 统编高中语文教材的设计思路[J]. 人民教育,2019(20):55-57.

[3] 张晓毓. 强化立德树人教育 重视核心素养养成——统编版高中语文教材使用与教学策略建议［J］. 基础教育论坛，2019（30）：6-7.

[4] 刘月霞，郭华. 深度学习：走向核心素养（理论普及读本）［M］. 北京：教育科学出版社，2018.

[5] 钟启泉. 基于核心素养的课程发展：挑战与课题［J］. 全球教育展望，2016，45（1）：3-25.

第四章

语文学科核心素养的评与考

核心素养视域下语文考试评价内容与方式的变革

李 倩[①] 辛 涛[②]

基于核心素养的课程开发是落实课程改革理念、提升育人质量的重要环节。2014年至2016年,我国核心素养框架及各学科普通高中课程标准的修订,明确了核心素养的内涵与构成要素,并为课程开发、教学实践与考试评价指明了方向。如何在学科课程与教学过程中落实发展必备品格与关键能力的根本目标,成为课程研究领域的核心问题。而考试与评价是联结课程内容、教学过程的关键环节,是判断课程和教学计划在多大程度上实现教育目标的重要依据。有鉴于此,本文立足语文学科本质特征,从评价理念、评价内容、评价形式等方面,探讨语文教育评价变革的理念与原则;同时以中考、高考试题为例,呈现具有参考价值的实施路径与策略。

一、评价理念:秉持以评促学原则,推动教学评一体化进程

新世纪课程改革以来,语文课程的价值取向、知识观与学习观发生了根本性转变。在仅仅把培养学生扎实的语文基础知识与基本技能作为语文课程的根本目标理念下,语文学习成为学生被动接受知识并进行机械运用的过程,是否能够准确掌握语文知识成为衡量教学成果的唯一标准。与之相应,"对学

[①] 李倩,北京师范大学中国基础教育质量监测协同创新中心讲师,教育学博士。
[②] 辛涛,北京师范大学中国基础教育质量监测协同创新中心教授,博士生导师。

习的评价"（Assessment of learning）理念主导着语文教育评价实践，以"字、词、句、段、语、修、逻、文"为组织脉络的语文知识体系成为考试与评价的核心内容。

但是，值得关注的是，考试评价是对课程内容、教学过程与学习成果互动过程的检验，强调测试内容的精度是教育评价与测量的重要原则。不论何种评价方式都始终无法掩盖其内在的关注焦点，即学生的学习过程。学生的"学"是以课程内容"点"的集合与"面"的拓展为基础，对学习结果单一的量化评价方式，弱化了课程内容与学生学习过程的丰富性，而对于标准答案的精确追求使得学生对于课程知识的理解与应用自然走向狭隘和生硬死板。

根据《普通高中语文课程标准（2017年版）》的要求，学生所具备的语文核心素养主要包括"语言建构与运用""思维发展与提升""审美鉴赏与创造""文化传承与理解"。其中，语言建构与运用是发展其他语文素养的基础，学生通过积累、阅读大量的语言材料，培养对汉语言文字的感性认知，总结并运用语言的基本原则与规律，在此基础上，语言实践能力、思维品质与情感价值观得以逐渐发展。与传统语文能力观不同的是，语文核心素养的内部构成要素并非处于相互独立、截然分离的状态，而是相辅相成、互为表里的关系。具体来说，语文核心素养具有三个方面的特征。首先，整合性组织形态。汉语言文字是社会交际的重要媒介，是民族文化的关键载体，也是个体思维发展的外显形态。实际上，语言的学习是民族文化传承、言语实践表达、思维发展提升、文化审美的过程。从这个角度来看，上述四个要素是无法在言语实践活动中得到单向发展的。其次，实践性发展模式。无论是语言建构与运用，还是文化传承与理解，都不应该局限于静态语言文字材料的阅读，而是应该在相对开放的问题情境中，借助形式灵活多样的学习任务，给予学生展开思维过程的空间。最后，迁移性价值取向。核心素养借助学科学习活动得以发展，语文核心素养与其他学科核心素养是密切关联的，应该实现语文核心素养在不同情境、不同学科内容中的迁移应用。

变革考试评价制度和方案的基础与根本是教育评价理念的变革。近些年来，后现代主义教育观念不断深入，对知识的内涵与获取方式的认识发生转变。教育评价领域兴起并倡导"为学习而评价"（Assessment for learning）与"评价即学习（Assessment as learning）"的理念。结合语文核心素养的特征，语文考试与评价应秉持"评价促进学习""教学评一体"的原则，设置真实而具体的情境与学习任务，评价学生的批判性思维、问题解决等高阶认知能力。具体而言，从内涵与功能来看，考试与评价是以语文学习过程为核心，运用多种方式收集信息，并与教学、学习以及课程内容、教育政策等方面形成积极互动[1]。第一，从价值取向来看，考试评价指向语文学习过程本身，而不是对语文学习结果简单的价值判断；学生是评价的主体，评价过程亦可视作学习过程。第二，从内容层面来看，对语文课程知识的精准掌握并不是考试与评价的最终目的，而是如何在具体的情境中，运用语言学习经验解决问题，展示自身语文核心素养的发展特征。第三，从主体层面来看，评价不是教师对学生的价值判断过程，而是师生、生生在相互评价的过程中，促进学习目标的调整与实现。因此，评价的主体多元化，强调的是学习共同体的评价功能，突出评价过程的动态性与评价结果的多样化。

二、评价内容：突出汉语言文化特色，加强内容整合与融通

"通过教育考试和评价改革，促进核心素养的落地，是当前推进基于核心素养的教育改革的关键环节。"[2]在高中语文课程标准中，强调以语文学习任务为导向，采用学习项目与学习专题作为载体，"整合学习情境、学习内容、学习方法和学习资源，引导学生在运用语言的过程中提升语文素养"[3]。换言之，学习内容及其组织形态突破了传统的序列性知识体系，而这种变化也对考试与评价内容提出了新的要求。

1. 兼顾中华优秀传统的实用与文化价值

21世纪初，我国内地正式启动了第八次基础教育语文课程改革，对课程理念、课程内容、学习方式、课程评价等方面提出了新的发展要求。具体而言，语文课程关注有生成价值的经典语言材料的阅读，突出优秀诗文与经典名著作为语文学习课程内容的重要价值。这一变革趋势不仅是对语文教育传统与汉语言文字学习本质规律的回归，更是对世界母语课程发展趋势的呼应。

《普通高中语文课程标准（2017年版）》指出，"通过学习运用祖国语言文字，体会中华文化的博大精深、源远流长，体会中华文化的核心思想理念和人文精神"[3]。"从学生个体发展的角度来看，优秀诗文作为一个国家或民族文化传统的重要组成部分，在感受与学习的过程中，学生不仅在体会传统文化的魅力，还可以从中不断汲取智慧和灵感。"[4]但是，教师对于传统文化教学依旧存在不尽如人意之处。例如，单纯注重传统文化学习资源的知识性教授与思想情感主题的概括分析，严重忽视学生个体经验与传统文化学习的有机融合，忽视民族文化传统与当下现实生活的内在关联。2014年颁布的《完善中华优秀传统文化教育指导纲要》，强调"将中华优秀传统文化教育作为教育现代化监测评价指标体系的重要内容，增加中华优秀传统文化内容在中考、高考升学考试中的比重"。因此，传统文化的评价标准与指标体系的探究，能够更为有效地实践语文课程在传承民族优秀文化中的重要使命，有益于培养青少年的民族自信心与认同感。

在民族传统文化评价方面，各国均有探索，值得借鉴。以英国为例，莎士比亚文学剧作、诗歌、经典散文均为英国中学升学考试的核心模块。其实践方式为节选原著相对完整的片段，请学生结合整本书的阅读经验对典型人物、关键事件阐述个人观点，须有原文证据与推理过程。再如，北京市2017年中考语文现代文阅读试题中，一则试题为"请你从阅读过的文学作品中选择一个人物（文天祥除外），借这个人物说说你对'石可破也，而不可夺坚'的理解"。显然，这一题是将单篇阅读与整本书阅读相融合，请学生将整本书阅读感悟引入，作为阐述对文章主旨理解的重要证据，以此打破两种阅读形态之间的界限。

从上述试题能够发现，在民族文化学习过程中，语言材料是无法彼此孤立而存在的，而应结合学习者自身的背景知识、个体经验、社会情境等要素成为相互关联的内容单元。换言之，真正的学习不仅是获得知识、技能和理解，更重要的还包括行动，也就是发展学生"做事情"的综合能力；学习并不是知识或技能的层级化积累，而是意义化的连接建立和网络形成的过程，新的节点不断出现、编码并且与网络中的其他节点发生联系，从而促成学习的实现。[5]

2. 采用内容整合与能力组元的组织策略

以何种逻辑作为考试与评价内容的组织脉络，是考试评价研究领域的核心议题。20世纪80年代至今，语文考试内容遵循语言知识的逻辑，以语言研究逻辑代替语言学习逻辑，强调字、词、句、篇的知识体系，并且以此作为依据，将语文考试内容设置为语言基础知识、语言运用、优秀诗文默写、阅读理解、书面表达等若干领域。按照语言知识内容组织评价内容，这意味着语文考试评价依旧遵循着知识与能力的训练逻辑，并且强调知识点与能力训练点的相互独立。

近些年来，以统整策略来组织不同板块的评价内容，强调内容板块之间的关联，以"主题"与"问题"为组织脉络，逐渐成为语文考试与评价的发展趋势。自高中语文新课标颁布以来，借助专题与主题型学习任务群发展语文学科核心素养已成为共识。因此，运用语言本体知识的逻辑框架难以框住中、高考语文试卷，往往会出现的情况是，古诗文鉴赏融入文言文阅读，任务型写作融入现代文阅读等。而这样的变化趋势恰恰说明，语文考试评价改变细碎而全面的知识体系为问题与主题导向的整合性学习活动，注重评价内容的高度整合。以阅读理解测试为例，传统测试内容主要包括说明现代文阅读、文言文阅读、古诗词鉴赏等板块，而这种分类模式的依据是语言文体的历史发展特征。但是，越来越多的阅读理解测试突破了传统的语体与文体分类，而是采用能力组元与内容整合的组织策略。具体而言，根据不同主题与情境，选取不同阅读材料，考查不同内容领域；而能力组元策略强调以能力发展为导向，主要通过设置阅读材料，重点考查学生不同类型的认知能力，而这些能力要素并不是相互独立的线性排序，而是相互关联的。

以阅读为例，不同类型文本可以通过问题与学习任务联系在一起。文本的组合意味着信息来源的多样化，来自不同文本与非文本的信息之间所产生的关系将是学生作答的难点。这种关系可能是联系，也可能是冲突。那么，学生如何处理多元信息，如何在多元信息中根据特定的阅读目的与个人所关注的问题，恰当地运用信息解决问题，展开有效的理性思考，这可能是未来测试与评价所应该重点关注的内容。在国际阅读测试 PIRLS 中，阅读理解测试都是采用多文本组元的形式，可以围绕"太阳与星系""博物馆展览""信息技术"等不同类型的主题，在不同阅读文本之间建立逻辑关系，借助问题链考查学生不同类型的认知能力发展状况。内容整合与能力组元的评价策略会成为未来考试评价变革的必然趋势。

三、评价形式：创设真实情境与问题，关注思维过程与深度

近些年来，随着认知取向的心理学理论和建构主义教育哲学的发展，学习者自身的价值逐渐被认可。越来越多的教育评价研究者认为测试与评价存在两个方面的问题，一则为能力可分解性（decomposability），一则为脱离语境性（decontextualization）。[6]联合国教科文组织（United Nations Education, Scientific and Cultural Organization，缩写 UNESCO）专家报告指出，素养的提升离不开在特定情境和环境下的交流与学习。[7]

具体到语文学科来说，这种测试形式的价值预设为语文素养是可以肢解的，并且其考查与测评是可以脱离真实的应用情境与生活体验的。因此，基于对教育评价发展历程的回顾与反思，有些学者指出学习过程是具有情境依赖性的，应该在测试题目所设置的任务、问题中关注情境的价值。

1. 创设贴合生活实际的测试情境

近些年来，教育测试评价项目的情境化发展趋势日渐增强。例如，设置博物馆主题的综合性实践活动，让学生能够运用语文课程所学习的内容，解

决实际问题。这一测试形式的出现，也引发了诸多的讨论。有些学者认为，在考试评价中设置情境，是为了能够强化学生语言实践运用的意识，突出语文课程的实践性特征。更有学者强调，情境化的价值并非仅仅在于知识与技能的运用，其根本目的在于让教师与学生意识到语文学习发生的场所不应该局限于课堂，在真实的生活情境中，依旧存在大量的语文学习机会。大量的命题与测试实践积累，让语文学习与测试更贴近实际生活，探索语文学习的新路径。

以古诗文为例，为了增强民族传统文化的时代感，命题者往往易于借助真实的语境与现实生活中的问题，考查学生对于传统文化的感知与理解。但是，在实践的过程中，往往忽视了试题情境与核心问题之间的关系。换言之，情境设置并未发挥其根本价值，特别是在引导学生关注核心问题方面。例如，

杨绛先生走完了她一个多世纪的人生历程，安然辞世。她丰厚的文学遗产和非凡的人格魅力，将永远滋养我们的精神世界，正所谓"_____，_____"。（请选用龚自珍《己亥杂诗》中的诗句填写）

测试材料是文学家杨绛先生的人生经历描述，希望学生能够根据自己的体会，选取恰当的诗句来呈现自己对杨绛先生这一名家的理解与感悟。但是，值得关注的是，试题给出了具体的范围，其测试形式与古诗文直接默写并无差异。试题所给出的"情境"并不能抛掷出真实的问题，也并不能引发学生相对开放的思考空间。因此，情境材料并未发挥真正的引导价值。

在测试中，情境并不是为学生提供无声的背景音，而是真正地能跟问题编织在一起，能够将其作为学生解决问题所必需的参考变量。换言之，情境和问题是不能剥离开的，问题来源于真实的情境。情境之中包含了很多的要素，并且是非常重要的要素，那么这些要素都将成为学生建模、解决问题过程所必须考虑到的变量。

2. 设置带有思辨性质的开放问题

一直以来，知识取向的语文评价关注知识的确定性与准确度，并且强调答案的唯一性。以阅读为例，复杂而多样的信息之中，准确筛选出有效的信息，是当前阅读理解测试所关注的能力要素。但是，阅读理解的内涵不仅在于理解文本的表层语义信息，更重要的是能够探究文本背后的隐性信息，能够结合个体背景知识、社会现实情境对文本信息做出合理推论，甚至是运用文本信息去解决、探究一些思辨性的问题。非情境型测试题目所能够得到的结果仅是答案的正误与否，而情境化的开放试题能够了解学生的思维水平的发展状况，依托情境为学生提供富有意义的问题。学生是问题的主宰者，学

生根据给定的情境，能够感受到语言实践活动的真实感。换言之，试题作答是一个调动语言实践经验、语文积累的实践过程。而这种实践活动并非语言知识的简单复述与输出，而是针对富有价值的问题，形成个性化的解决方案与个人观点。那么，如何设置具有开放度的问题？如何为学生提供呈现个性化思维过程的空间？

从问题设置来看，应关注问题内部结构与开放程度。真正的好问题不是让学生直接输出知识本体，而是让学生能够充分调动积累、选择策略方法，对现有的问题进行解构再结构，使学生能够基于不同的视角、采用不同的方法解决问题。在理解已知信息的基础上，学生借助试题所设置的情境，"理解与问题相关的、以不同形式呈现的、相互之间有着错综关系的信息"[8]，自主建构问题模型。国际测试项目 PISA 对全球 15 岁青少年的问题解决能力进行了评估，并对不同表现水平的学生表现进行了描述。其中对解决问题能力最高水平的描述对我们设置具有思辨性质的题目有参考价值。学生解决问题的过程是"对一个系统问题建立大致的假设，对假设进行充分的测试，可以根据假设富有逻辑性地得到结论，或者认识到没有足够的信息可供得出结论。在必要的情况下，他们会在考虑了所有直接和间接的限制条件以后，调整解决问题的策略"[8]。

此外，每个人解决问题的路径是不同的，阐述思维过程的差异性较大，并且所经历的环节与顺序更是千差万别。而这些差异正是区分不同思维品质学生的重要依据。因此，在语文考试评价中，测试题目须能够给予学生足够的空间展示自身的思维过程，而这种展示的机会是均等的，不同水平的学生都能够呈现自己的思考结果。真正的丰富多彩的学生作答，并不意味着没有合理而理性的解答，而仅仅是强调并非只有绝对且唯一的答案。真正的开放是思维过程的多样化所引发的学习结果的多元，是学生思维深度的多样化所产生的认识的分歧，而并不是由内容的绝对值来决定的。

参考文献：

[1] 徐斌艳，蔡金法. 关于数学素养测评及其践行[J]. 全球教育展望，2017，46（9）：13-24.

[2] 辛涛，姜宇. 基于核心素养的基础教育评价改革[J]. 中国教育学刊，2017（4）：12-15.

[3] 中华人民共和国教育部. 普通高中语文课程标准（2017年版）[M]. 北京：人民教育出版社，2018.

[4] 郑国民，李倩. 加强优秀诗文积累：语文课程价值取向的变革[J]. 教育研究，2015，36（11）：98-102.

[5] 王志军,陈丽. 联通主义学习理论及其最新进展[J]. 开放教育研究,2014,20(5):11-28.

[6] Klassen, S. Contextual assessment in science education: Background, issues, and policy [J]. Science Education, 2006 (5): 820-851.

[7] UNESCO. Aspects of Literacy Assessment. Topics and Issues from the UNESCO Expert Meeting [R]. Paris: UNESCO, 2006.

[8] 王洁,张民选. PISA2012基于计算机的问题解决测试:框架、上海学生表现及启示[J]. 比较教育研究,2015,37(6):21-29.

整本书阅读，如何评价?

赵 霞[①]

无论是"整本书阅读与研讨"学习任务群的设置还是高考语文能力要求，整本书阅读都不能只求开卷有益，而要根据所读书籍的特点和学情，进行必要的检测验收。"简单的提倡和一般化的结果验收，无过程指导和监控，学生究竟读没读，读得怎么样，无从得知，近乎放任自流的状态"[1]是当前语文教学中整本书阅读指导的极端模式，也是阅读教学中的常见现象。针对这一现象，很多专家大力倡导阅读评价标准的具体化与可操作性。如吴欣歆教授认为："整本书阅读的评价目的为判断、推进和内化，即判断学生现有的阅读水平，借助明确清晰的评价标准推进学生阅读能力的提升，在此过程中实现评价标准的内化，让学生带着明确的标准开启未来的阅读。"[2]

整本书阅读需要科学有效、灵活多元的评价标准来衡量学生的阅读效果。既要重视评价结果，也要关注评价过程；既要进行标准化考试，也要结合表现性评价；既要有统一的评价标准，也要关注学生的层次差异；既要发挥教师评价的主导作用，也要充分发挥学生评价的主体作用、家长评价的参与作用。

一、评价维度丰富化

《普通高中语文课程标准（2017 年版）》在"整本书阅读与研讨"学习任务群中提出："本任务群旨在引导学生通过阅读整本书，拓展阅读视野，建构阅读整本书的经验，形成适合自己的读书方法，提升阅读鉴赏能力，养成良好的阅读习惯……形成正确的世界观、人生观和价值观。"整本书阅读评价应对学生全面发展起促进作用，评价维度应具有多样化特点，既要关注学生的阅读量、阅读面、阅读兴趣、阅读习惯和方法，也要关注学生对文本意义的生成和建构，实现智力与情商的双重考查。

智力方面的考查侧重知识和能力方面，既包括学生对常识性问题的了解，还要触及名著内核，考查学生对人物形象、作品主题、艺术手法、创作价值的熟悉度，并在此基础上对学生的探究创新、批判性阅读等能力进行考查。

[①] 赵霞，北京市八一学校高中语文高级教师。

情商方面的考查主要"关注'情感态度、兴趣习惯、价值取向'等因素"[3]。教师可以通过检查学生的阅读进度、阅读笔记、批注等，关注学生有没有养成良好的阅读态度和阅读习惯；通过调查问卷、现场访谈、微信交流、考试评价等多种形式，关注学生的阅读品位是否提升，在整本书阅读中获得的人文底蕴、思维方式和价值观是否对其思想产生了积极影响。

二、评价方式多样化

整本书阅读评价的目的是更好地促进阅读鉴赏，因此，在评价方式上应遵循多样化原则。表现性评价的功能比较灵活，标准化考试的功能比较科学，在评价方式上可实现表现性评价与标准化考试相结合。

（一）展示交流让阅读更主动

展示交流是整本书阅读中常见的表现性评价方式，包括读书笔记交流、主题展示、辩论会、片段表演等多种形式，既可以是利用课堂时间的展示交流，也可以是利用微信、微博等网络形式的在线交流。展示交流具有形式多样、内容活泼等特点，可以给学生提供分享阅读成果、展示才华的机会，因此深受学生喜爱。

由于名著本身的阅读难度和繁重的课业负担，很多学生的阅读惰性较大。一般到阅读后半期，阅读的持久度和认真度也大打折扣。微信是学生普遍使用的交际工具，教师可利用微信群定期让学生轮流分享阅读收获。分享内容可以是内容梗概、问题设计及答案、阅读困惑、优秀文章推荐等。这一做法的好处是不受时空限制，便于资料留存。但经过一段时间，教师们会发现，责任心强的学生能很认真地分享，但不是所有学生都在阅读，于是又改变策略，变微信分享为当堂分享。为了监督学生是否如期完成相应阅读，教师可以当堂提问或者学生互问的形式进行考查。

活动展示是一种更直观、更深入、更有效的阅读体验，话剧表演是常见的展示形式。如在推进《雷雨》《四世同堂》等多本名著的阅读过程中，学生们利用话剧节开展剧本研读、剧情改编、话剧演出等活动，将存在于文字间的情节活化为生动可感的场景、人物。整个排演过程，既包括剧本研读，又进行了剧情改编；既有海报拍摄、设计，又有现场演出。这种活动展示对学生的综合能力是一种锻炼，既提升了学生的作品阅读兴趣、文本鉴赏能力，又锻炼了学生的文字改编、情境设置、服装设计、现场表演等能力。

（二）考试评价让阅读更有效

除了读书笔记、小组展示等评价标准外，考试也是非常重要的评价手段。

"整本书阅读测评题目,应释放出积极导向,应引导学生由浅层次的信息分辨到深层次的内容和形式的理解、诠释和运用,由浅阅读到深阅读,形成读、教、考的良性互动。"[1]

测试题目既可以包括浅层次的内容梳理、信息分辨,如文学常识、故事情节等,也应该包括深层次的内容和形式的理解、诠释和运用,如人物形象与评价、主旨内涵、艺术手法等。这就要求学生既要关注重要人物、情节,也要进行个性化的鉴赏。在考试时,教师专门设计了与整本书阅读相关的题目,考查学生的读书程度。从题目来源上看,既有改造的高考题、各区县模拟题,也有教师的自创题;从难度上看,既有识记类、梳理类的基础题,也有理解类、评价类的鉴赏题;从题目类型上看,既有现代文阅读,如赏析《巴黎圣母院》中《一滴水,一滴泪》节选,"一滴眼泪表达了卡西莫多哪些复杂情感?一滴水又表现了爱斯梅拉达怎样的性格特征?""运用对比手法塑造人物、表现人性是《巴黎圣母院》的重要特点,选文中有哪几组对比?请分别列出。",又有微写作、作文等写作类题目,如"《红楼梦》《呐喊》《老人与海》三部经典名著中一定有你敬佩或哀叹的人物,请选择一个人物,结合相关情节谈谈令你佩服或哀叹的理由,不少于150字",或"请以'那曾被忽视的世界'为题,以《巴黎圣母院》或《老人与海》或《欧也妮·葛朗台》中的人物、故事为素材,写一篇记叙文,不少于700字,要求有情节,有细节,有描写"。

这些题目既考查了学生对名著的阅读程度,督促学生查漏补缺、调整下一步的阅读态度和策略,又提醒教师通过学生的答题情况,及时调整教学安排和策略。

三、评价标准层次化

整本书阅读具有内隐性特征,阅读习惯的养成、鉴赏力的提高、文学素养的提升都需要一定时间。因此,整本书阅读评价应坚持发展性评价原则,这就要求教师在进行整本书阅读评价时关注个体差异。学生的爱好、文学积淀、审美情趣、接受能力等具有差异性,教师可以根据学生个体差异制订不同的评价标准,为每个学生提出适合其发展的具体的、有针对性的建议。

为了更好地了解、评价学生的阅读情况,激发学生的阅读兴趣,教师们还依据名著内容、《普通高中语文课程标准(2017年版)》中"整本书阅读与研讨"学习任务群、学业水平标准和核心素养水平描述等,制订适合不同层次学生的评价标准。学生可以根据自己的现有水平、能力、精力等找到适合自己的层级要求，并在达成现有标准的基础上继续为更高标准而努力。以《老人与海》的整本书阅读为例，笔者根据学生学习基础和阅读素养的差异，从故事情节、人物形象、主旨内蕴、艺术手法、阅读方法、文化背景及读写结合等多个角度，制订了三个层次的评价标准，针对的分别是基础扎实且阅读素养高、基础良好且阅读素养较高、基础一般且阅读素养待提升的不同层次的学生。

如故事情节角度的三个层次的标准：（1）有浓厚的阅读兴趣，准确概括故事情节；能具体清晰地阐释重要情节的作用，明晰前后情节之间的关系。（2）有较强烈的阅读兴趣，准确概括故事情节；了解重要情节的作用，理解前后情节之间的关系。（3）有一定阅读兴趣，能阅读完整本书，概括、复述主要故事情节。

而阅读方法角度的三个层次的标准：（1）根据文本特点，掌握多种阅读鉴赏外国文学作品的方法，并能举一反三，适当迁移。（2）根据文本特点，掌握多种阅读鉴赏外国文学作品的方法。（3）根据文本特点，掌握一定的阅读鉴赏外国文学作品的方法。

读写结合角度的三个能力层级：（1）能结合作品、个人生活、社会现实进行文学创作，作品有见解，有分析，有感悟，有启发，有特点；通过读写结合的形式深化对作品的解读，丰富文学底蕴。（2）能结合作品、个人生活、社会现实进行文学创作，作品有一定见解，言之有物，言之有据。（3）能结合作品、个人生活、社会现实进行文学创作，作品言之有物。

人物形象、主旨内蕴、艺术手法、文化背景等角度均有不同层次的评价标准。

四、评价主体多元化

整本书阅读的评价力争评价主体的多元化，应发挥教师评价的主导作用、学生评价的主体作用、家长评价的参与作用，改变单一由教师评价学生的状况，使评价成为教师、学生、家长共同参与的交互活动。

教师的评价应是风向标，具有主导作用。在评价形式上既可以打分，也可以给等级、写评语等；既以鼓励、表扬等积极的评价为主，尽量从正面进行指导，也要给出具体可行的建议，帮助学生矫正偏差，找寻可提升的空间。

学生是阅读的主体，对阅读效果的评价应突出学生的主体地位。实践证明，任何评价如果没有被评价者的积极参与，就很难达到预期的目的。自我评价可以帮助学生更好地认识自己的阅读程度和可提升的空间，减少学生的挫败感。在自我评价的过程中，由于评价经验的缺乏、评价标准的个性化等问题，需要教师帮助学生制订相应评价标准以求自我评价的全面性、科学性和准确性。此外，同桌互评、小组互评、全班互评等他评也可以增加评价结构的客观性和科学性。

　　学生评价形式多样，除了借助量化表，还可以通过设计试卷、互问互答、知识竞赛等形式进行评价。在整本书阅读中，为了让学生的阅读落到实处，教师带领学生自己出卷子，互相交换，做完批改。出题人要根据答题质量给答题人打分，答题人也要根据出题质量给试卷打分。这一方式很好地发挥了学生互评的作用，调动了学生的阅读积极性，提升了阅读的认真度。由于生活经验、鉴赏能力等差异，学生在整本书阅读中常常出现浅读、误读等问题，对同一内容的阅读效果，不仅可以让多位学生评价，还可以允许一位学生多次评价，学生对文本的鉴赏也会在多次评价过程中愈发准确到位。

　　此外，在评价中，家长可以发挥参与作用。家长与学生的接触较多，对学生阅读习惯、阅读兴趣、阅读能力等方面的评价更为真实。"家长应参与到学生的学习中，与学生一起学习，一起探讨，在做出评价同时创造良好的家庭阅读环境。"[4]在阅读评价中，教师可以通过发放阅读量表、微信沟通、面谈等形式向家长了解学生在家的阅读状况。由于家长的知识背景、时间精力、文学水平等各有差异，家长评价应作为参考因素之一，教师可根据家长评价，适时调整阅读进度、策略等。

参考文献：
[1] 李卫东. 整本书阅读教学的几种偏向 [J]. 中学语文教学，2018（1）：7-10.
[2] 吴欣歆. 语文课程视野下的整本书阅读 [J]. 课程·教材·教法，2017，37（5）：22-26.
[3] 冒建锋. 改革评价机制，提升名著阅读效果 [J]. 语文学刊，2010（18）：139-140.
[4] 黄雄飞. 高中生名著阅读学业成就评价体系的建设 [J]. 文学教育（下），2016（8）：85.

高考与语文新课程改革同向同行

顾之川[①]

为深入学习贯彻习近平新时代中国特色社会主义思想、党的十九大和全国教育大会精神，落实《国务院关于深化考试招生制度改革的实施意见》（以下简称《实施意见》）、《国务院办公厅关于新时代推进普通高中育人方式改革的指导意见》（以下简称《指导意见》）要求，2020年高考致力于完善立德树人落实机制，深化考试内容改革，引领素质教育发展，助推高考综合改革稳步实施，保持与语文新课改同向同行。这无疑将对今后的语文教学产生重要而深远的影响。要研究高考，不能只盯着试卷，笔者认为首先需要厘清以下一些基本观点和认识。

一、新课改、新教材与高考的关系

新时代为教育改革提出了新的使命、任务和要求。习近平总书记在2018年全国教育大会上提出"六个下功夫"和德智体美劳"五育并举"，要求改变教育评价与之不相适应的地方；《指导意见》指出"统筹推进普通高中新课程改革和高考综合改革"。增强高考综合改革与高中新课程改革的协同性，是新时代推进普通高中育人方式改革的必然要求，是全面提高普通高中教育质量的有力举措。然而，新课改、新教材和高考三者之间既密切联系，又有着各自不同的性质、内容与应用范围，分别承担着不同的功能任务。

新课改（本文主要指新课程方案和各科课程标准）由教育部根据党和国家教育发展总目标、总任务研究制定，代表着国家的顶层设计，是学校教育教学、学业质量评价和教学管理的指导性文件，规定了学校教育教学目标、学科设置、各年级各学科每周教学时数和教学通则等。就语文学科来说，《普通高中语文课程标准（2017年版2020年修订）》明确规定了语文学科的课程性质与基本理念、学科核心素养与课程目标、课程结构、课程内容、学业质量、实施建议等，是语文教材编写、语文教学和考试评价的指导性文件。新教材是按照课程方案和课程标准编写的，是供语文教学使用的基本载体。狭义的教材就是指教科书（课本），广义的教材指课堂内外使用的所有教学材

[①] 顾之川，浙江师范大学教授，人民教育出版社编审，中国教育学会中学语文教学专业委员会原理事长。

料，如自读课本、练习册、识字卡片、教学挂图、录音录像等。高考评价体系则明确了各学科共同遵循的考查目标、考查范围、考试内容、试卷结构等，既是高考命题和评分的重要依据，也为高中学科教学效果的检测提供了基本遵循。

新课改、新教材与高考的密切联系主要表现在：第一，对国家而言，都是体现党和国家教育方针、落实立德树人根本任务的重要一环，关系到新时代普通高中育人方式改革的内容和方向，必须确保政治导向正确。第二，对学生而言，都与学生的身心发展和健康成长有着密切联系，关系到我国新一代国民的学科核心素养，如语文学科就关系到他们的语言、思维、审美和文化素质，必须符合他们的认知特点、年龄特征和身心发展实际。第三，对学科教育而言，都对高中学科教学具有很强的指导性、原则性与引领性，需要根据各自的内在规律和应用实际，增强科学性、针对性，分别规划，精准实施。

但三者又具有明显区别，主要表现在：第一，功能定位不同。课程标准对学科教学起着指导、引领改革方向的作用；教材是教师开展学科教学、引导学生学习本学科的具体材料；高考一头连着基础教育，一头承接着高等教育，体现着高校对新生学科核心素养的基本要求。课程标准虽然有"学业水平考试与高考命题建议"，也有对"学业质量水平"的分级描述，但这毕竟只是对高中学科教学效果的推测性描述。高考有其自身的规律，首先要为高校选拔合格新生服务，要求试题有效度、信度和一定的区分度。第二，考试性质不同。就考试目的而言，通常有两种考试：一种是水平考试，一种是选拔性考试。水平考试的试卷水平是绝对的，不会因为考生水平的提高或降低而变化。就教学效果而言，达到或超过试卷水平的学生越多越好。选拔性考试则不同，试卷水平对考生来说是相对的：考生的总体水平高，试卷的难度就大；反之亦然。选拔性考试的目的是"拉开距离"，以便于高校"择优录取"。课程标准对学业质量水平的分级描述属于水平考试，而高考属于选拔性考试，服务于高校选拔合格新生。第三，侧重目标不同。课程标准侧重于学科定位，明确方向，凝练学科核心素养，确定课程目标与内容，提出实施建议，是学科教学的指导思想。教材侧重于学生的学习过程与体验，强调通过丰富多样的学科综合实践活动，提升学生的学科核心素养，而且要力求使教师便教、学生乐学。高考则侧重于对学生学科学习结果的测试，是对高中学生学科核心素养发展水平的"X光扫描"或"切片式"检验。第四，适用对象不同。我国正在逐步普及高中教育，这就意味着课程标准和教材必须面向全体高中学生。高考在现阶段还是一种选拔性考试，面对的只是那些有升学愿望和水平的学生，而不是全体高中学生，一方面要考虑中学教学实际和课程标准要求，另一方面又不能局限于中学教学。高考试题必须具有一定的难度、效度和合理的区分度，才能把那些德智体美劳全面发展且具有升学愿望与发展潜力的学生选拔出来。第五，调整方式不同。课程标准和教材一旦颁布，就要保持教学秩序的相对稳定，不可能每年都进行修订。高考则可以依据测量学原理和高校对新生选拔的要求，适时进行修订调整，灵活性更强。

语文课程改革对语文高考提出新要求：一是以语文学科核心素养为考查目标，真实反映学生语文素养的发展过程与现有水平，对高中语文教学发挥积极的引领和导向作用；二是以真实、具体的语文实践活动情境为载体，以典型任务为主要内容；三是以综合考查为导向，通过阅读与鉴赏、表达与交流、梳理与探究等综合性语文实践活动，考查学生语文学科核心素养。[1]高考无疑要主动适应这种改革要求。《实施意见》明确了考试内容改革新任务，必须依据国家课程标准和高校人才选拔要求，科学设计命题内容，着重考查学生独立思考和运用所学知识分析问题、解决问题的能力；《中国高考评价体系》也提出综合测评学生的核心价值、关键能力、学科素养、必备知识，增强试题的基础性、综合性、应用性与创新性。

二、语文学科素养关键能力如何考查

以2020年高考全国卷为例，2020年高考紧贴新时代，落实立德树人根本任务，依据国家课程标准和高校人才选拔要求，依托高考评价体系，科学设计命题内容，与高中育人方式改革同向同行，助力高考综合改革平稳实施。

1. 价值导向：突出立德树人，彰显培根铸魂

全国Ⅱ卷作文题"携手同一世界，青年共创未来"，将学生的"小我"融入国家、世界的"大我"之中。"世界青年与社会发展论坛"的虚拟场景，给学生以"天将降大任于斯人""舍我其谁"的想象空间，彰显了人类命运与共、同舟共济的现实担当。"中国青年代表"的身份设定，营造出一种成人仪式感、现场亲历感和庄严神圣感，促使学生深入思考个人发展与社会进步、个人与国家、现实与未来、中国与世界等，明确作为"当代中国青年"在中华民族伟大复兴、构建人类命运共同体等"社会发展"中的责任担当，从而引导他们坚定理想信念，增长知识见识，树立国际视野，具备全球眼光。新高考Ⅰ卷（今年山东使用）作文题"疫情中的距离与联系"直面社会现实，"国家坚持人民至上，生命至上"体现了党中央"以人民为中心"的执政理

念";"果断采取防控措施"彰显着中国"集中力量办大事"的制度优势;普通民众的无私奉献,表现了勇于担当的大无畏气概和团结奋斗的爱国主义精神。北京卷作文题"每一颗都有自己的功用",以北斗三号的最后一颗卫星成功发射为切入口,引导学生思考个人在集体、社会、国家、世界发展中的责任与使命。天津卷作文题"中国面孔",从杜甫、屠呦呦、医务工作者、快递小哥以至"你和我",都是"中国面孔"的形塑者,由远及近,寓宏大于微细之中,中华传统文化的家国情怀、中国科技的世界性贡献、众志成城的民族精神、守望相助的个人担当,促使学生思考个人与社会、传统与现代、科学与人文、青年与中国的关系。全国Ⅱ卷的实用类文本阅读和北京卷的语言基础运用,都选了与国家精准扶贫有关的材料,有助于学生了解我国精准扶贫政策和2020年全面建成小康社会的历史性跨越,引导学生明确责任担当,厚植家国情怀,培养奋斗精神,坚定文化自信。

坚持德智体美劳"五育并举",高考语文把德育、智育作为考查重点,又注意破除"唯智"倾向,加强了对美育、体育和劳动教育的考查力度。比如,古代诗歌阅读考查李白、杜甫、王勃、王昌龄、陆龟蒙、王安石、陆游等的诗歌,文学类阅读选取沈从文、海明威、刘庆邦、梁衡、葛亮、于坚的小说散文,论述类阅读涉及美术的"历史物质性",语言文字运用涉及篆刻、潍坊风筝等,显然是要营造惬意愉悦的审美情境,用优美生动的文学艺术形象培育学生的审美观念与审美意识,考查学生的审美鉴赏能力,鼓励学生体验美、欣赏美、创造美。越野滑雪、有氧运动等,传达着"文明其精神,野蛮其体魄"的体育意识,引导学生增强对体育的兴趣,激发参与体育运动的热情。蒋子龙《记忆里的光》、白居易《观刈麦》等,蕴含着中华民族崇尚劳动、尊重劳动、热爱劳动的优良传统。通过具体情境设计,肯定劳动价值、倡导劳动实践、颂扬劳动精神、传播劳动文化。

2. 考查内容:立足语文学科,考查关键能力

为适应新时代对语文学科素养和关键能力的要求,试题立足语文学科特点,考查学生支撑终身发展、适应时代需要的语文关键能力,主要是阅读理解、信息处理、应用写作、语言表达、批判性思维和辩证思维等能力。这既是对高考语文传统命题经验的"守正",也有新时代语文关键能力考查的"出新"。上海卷作文题"转折"从个体、群体和人类等角度,引导学生关注发展进程中的转折,思考人在转折中发挥的重要作用,与新时代发展理念、近年来国内外形势密切相关,有利于考查学生综合运用语文知识进行独立思考的能力。浙江卷的语言文字运用题,用抗击新冠肺炎疫情的宣传海报为素材,

要求为宣传海报拟标题，并简要说明其创意，既给学生一个相对自由的发挥空间，又巧妙地考查了学生准确提炼概括的语言表达能力。

近年来高考有一个明显的倾向，就是回归课堂、回归教材，显然是为了助推高中育人方式改革，实施素质教育。比如，默写题全部直接取自教材背诵篇目，其中多是学生熟悉的课文作者，如苏轼、杜甫、王安石、陆游、海明威等。有的题则与教材有密切联系，如全国Ⅰ卷第19题涉及曹禺的《雷雨》，新高考Ⅰ卷（今年山东使用）第18题涉及孙犁的《荷花淀》。全国Ⅱ卷的语言文字运用"殷墟甲骨文"，不同版本的教材中均有与之相关的知识。有些中小学语文教材和其他读物中出现过的材料，学生熟知的内容，高考就不应回避，只要设计得当，完全可以对高中语文教学进行自然而合理的引申与拓展，这对高中语文教学能发挥积极的引领与导向作用，即在平时教学中，扎扎实实落实课程标准的要求，学好吃透教材。

3. 试题形式：加强情境设计，强调综合应用

试题注重联系社会生活实际，增强综合性、开放性、应用性、探究性，着眼于考查学生的创新能力和创新思维，促进学生养成创新人格，树立文化自信，鼓励学生勇于探索、大胆尝试、创新创造。试题要求写出对时代的深刻观察与独到见解，考查学生运用所学知识，多角度观察、思考、分析和解决问题的能力，考查在不同情境下综合利用所学知识和技能处理复杂任务的创新能力和批判性思维能力。比如，新高考Ⅱ卷（今年海南使用）作文要求以《中华地名》电视节目主持人的身份，写一篇主持词。由"读万卷书，行万里路"引出地名主题，让学生倍感亲切，并能迅速进入熟悉或深受感动的具体生活场景，从而拉近与写作任务之间的距离，调动其知识积累，唤醒其亲情感动，打开记忆的闸门。通过精心选取语料，巧妙设计试题，高考在考查学生语言表达能力和文字写作素养的同时，也考查学生的信息加工、学会学习、逻辑推理与独立思考能力。这样的题目，对于那些积极参加社会实践、研学旅行的学生来说，应该具有一定引导与激励作用。高考为适应新课改综合性、应用性和创新性的要求，加强了对学生综合应用能力的考查。在保持总体稳定、题型赋分基本不变的前提下，注重语文能力的考查，关注社会现实，强调综合应用。比如，名句名篇默写题过去一向被认为是考识记能力，近年来注重设计具体语言运用情境，要求学生根据具体情境，写出相应的名句，既考查学生对古诗文名篇的认知能力，又考查对相关名句名篇内容的理解应用，避免单纯死记硬背的知识性考查。另外，关注人类社会发展进步和科技成就，关注语文与社会生活的联系，关注语文学科对学生全面发展、推

动社会发展的价值，引导学生由语文学科走向社会，用语文知识解决生活中的问题，与新课改保持同向同行。

4. 育人导向：拓展阅读视野，引导素质教育

网络上有一种说法，高考语文试题将增加赋分，提高难度。其实这种说法既与语文考试标准相违背，也不符合高考的改革精神。高考力求用"指挥棒"引领素质教育，转变育人理念与评价机制，相信每个学生都是独一无二的。如上海卷的现代文阅读，根据一段节选自《龙文鞭影》的文字，将阅读理解、信息处理与推断结合起来对学生进行考查。从考查"一时能记得住的知识"转向考查"一生能带得走的能力"，引导高中语文教学走出"刷题赠分"的泥淖，确保德智体美劳综合素质评价的刚性要求落到实处，发挥高考对促进学生全面发展的导向作用。为此，高考语文适当降低了试题难度，拓展阅读视野，增长知识见识，实现重点突破，提高综合素质，增加语文学科核心素养的宽度与广度，为各个水平的学生搭建展示知识和素养水平的平台。

当然，高考与基础教育改革同向同行，发挥对中小学教育教学的引领作用，除深化考试内容改革外，还需要全社会共同努力、协同创新。高考毕竟只是整个教育链条中的一环，不能把社会对整个教育的要求和期待都压到高考上。教育投入不足、中西部教育发展不均衡、师资水平差异大，不仅影响着教育公平，也满足不了广大人民群众对高质量教育的期盼。这些问题显然不能指望仅靠高考改革来解决。就高考内部来说，还有很多相关环节需要协同创新。比如，在阅卷中，如何增强作文题主观性评分的精准度，提高学生在语文学习上投入与产出比。招生录取如何克服"唯分数""唯升学"的顽瘴痼疾，需要建立综合评价制度，把高考成绩、学科特长、中学学业表现、综合素质评价和面试考查等指标统筹整合，综合考量，从"单一录取"走向"综合录取"，从"选分"到"选人"。只有这样，才能从根本上发挥高考引导教学的作用，确保高考与基础教育新课改同向同行。

参考文献：

[1] 中华人民共和国教育部. 普通高中语文课程标准（2017年版2020年修订）[M]. 北京：人民教育出版社，2020.

高考文学阅读素养测评的探索
——以 2019 年高考语文全国卷小说阅读试题为讨论对象

郑桂华[①]

无论日常生活阅读还是在语文课程的学习中，文学作品多是颇受欢迎的文本类型。但是在语文测试中，它的待遇却往往相反。相对于散文而言，小说的选文、题目命制更难一些，学生作答起来也没有多少把握。与实用类、论述类文本相比，小说阅读的主观性更强、答案的不确定性也大，因此，多年来在语文高考试卷中，小说的入选概率总体不高。但近几年的高考语文全国卷保持了将小说作为文学阅读理解的测试语料。2019 年的 3 套高考语文全国卷便分别选用了一篇小说，这既展示了命题人在挑战文学阅读理解测试方面的勇气，也反映了多年来他们在小说阅读理解命题技巧上的探索和努力，非常值得肯定。

不过，由于小说自身存在相当大的复杂性，国内在小说阅读理解测试方面的理论和实践探索还不够深入，因此还有不少问题值得我们深入探讨。另外，《普通高中语文课程标准（2017 年版）》强调培养语文学科核心素养，而小说阅读理解测试如何更多地体现素养导向，也需要更多的理论和经验支撑。本文以 2019 年的 3 套高考语文全国卷为例，尝试从小说阅读状态、小说文体命题的典型价值两个角度，分析 3 套试卷在小说阅读理解测试题方面的特点并提出一些建议，供大家深入讨论。

一、测试情境：从语文阅读到生活阅读

按照教育评价原则，语文测试与语文学习应该保持较高的一致性，如此才能对后者起到引导和促进作用。就文学作品阅读理解测试而言，这种一致性不仅指阅读目的和阅读材料，也应该包括阅读过程和阅读状态。有研究者将阅读状态划分为生活阅读、语文学习阅读和工作阅读等类型。所谓生活阅读，也称语言实践活动中的自然阅读，大体包括人们在日常生活中的读书、看报、上网浏览等活动；所谓语文学习阅读，大体指学生在语文课堂里分析课文、学习语言表达规范等活动；所谓工作阅读，大体指学者们为从事专门

[①] 郑桂华，上海师范大学中文系教授，教育部普通高中语文课程标准修订组成员。

研究而进行的阅读。当然，中学生的阅读活动一般属于生活阅读和语文学习阅读范畴，本文只讨论这两种阅读状态的差异。

由于人们阅读时身份不同、目的不同，在阅读过程中的关注重点、阅读方式的选择上往往也会表现出明显的差异。以小说阅读为例，人们阅读一篇小说的行为是嵌入在日常生活环境中的，而不是从日常环境中刻意设计出来，起因常常出于偶然。不论是他随手翻到的，还是因为朋友、父母的推荐，一般都没有明确的指向文学水平鉴赏的阅读目的，而阅读过程中的语感建构和审美趣味提升等是在潜移默化中完成的，促使他阅读下去的动力，主要是看小说能不能满足他的好奇心。一般来说，人们会对自己关心的话题、喜欢的人物和曲折的故事感兴趣，而不大会去关心表现手法运用、叙述视角转换、词语推敲等内容。比如，一般读者看《红楼梦》，只会关心多情的宝哥哥跟谁好了，精明的王熙凤下场如何，浮华的贾府最后是什么结局，而不会去注意写林黛玉出场用了什么描写手法，香菱学诗对学习写作有什么借鉴意义，书名叫《红楼梦》还是叫《石头记》好，等等。可以说，在生活阅读过程中，绝大多数读者阅读小说更多的是一种感情活动，多调用自己的直觉经验，而较少会进行理性分析。语文课程中的学习阅读往往以课堂为学习环境，有确定的课程目标和课程规划，有典型的阅读材料和学科知识支撑，还有教师的专业指导，以学习阅读方式、提高学习效率为主要取向，最终指向建构起一定的语言图式。与此相应的是，对生活阅读效果的评价也是在生活中实现的，如孔子说"言而无文，行之不远""不学诗无以言"，反映的就是古人主要是通过生活实践而不是专门测试来评价语文学习效果的情况。

在漫长的古代社会，人们的生活阅读与语文学习阅读的分野并不明显，比如，《红楼梦》里香菱跟林黛玉学诗的情境就与她们的生活环境几乎完全融为一体。只是到了现代分科制产生以后，语文学习中的传统阅读模式才渐渐被打破，具体表现为语文课程结构的学科化、学习内容的知识化、学习空间的课堂化、学习时间的分课时化等，这使得语文学习在相当大的程度上脱离了生活阅读的一端，而渐渐偏向语文学习阅读这一端。这种学习偏向自然也深深影响了语文测试尤其是高考这种大规模终结性测试。受考场环境和书面测试形式等限制，高考试卷的阅读理解题目，往往是将一篇文字作为孤立的阅读对象，要学生回答的问题缺乏真实的情境，对文本做局部分析多而整体把握少；零碎的语言品味多而整体的情感和人生体验少；指向文本理解的多而指向反思自我和联系社会生活的少。不少小说阅读题目对为什么要学生去读这篇文章、读这篇文章为什么要思考这个问题等，没有做必要的思考和设计,测试内容与言语实践缺少联系。比如,阅读材料的题目是《鞋》,仍旧设计"小说以'鞋'为中心叙事写人,这样处理有什么好处"的试题;又如,材料中已经告诉学生某段文字是小说的"后记",考题却还要学生回答"文末'后记'是独立于小说外的写作说明,还是属于小说的有机组成部分"……这种为考试而出的考题,往往会为那些无多大价值的套路化应试技巧留下空间,不利于落实语文学科核心素养的培养。

为了纠正这类测试偏差,将语文测试导向言语实践活动和核心素养的培养,《普通高中语文课程标准(2017年版)》在高考命题建议部分专门强调,"考试、测评题目应以具体的情境为载体,以典型任务为主要内容",让学生在具体、真实、典型的语文实践活动中表现自己的语言水平和学科素养[1]。但要把课标的测试理念落实到一份试卷中,尚需解决好这样两个问题:(1)怎样把"具体的情境""真实""典型任务"等测试理念和要求转化为具体的测试题目?(2)如何理解和处理语文课程学习阅读与生活阅读的关系?

把原本抽象的试题与具体、真实的语言实践活动关联起来,用通俗的话说就是让学生在做语文测试题目时觉得像自己平时在社会生活中参与言语实践活动的样子。以小说阅读为例,在社会生活中,人们选择一篇(本)小说去阅读,通常会思考怎样一些问题,或者说经历怎样的过程——据此可形成一份关于测试题目情境真实性的检核表。

(1)有阅读理由,如进入最新排行榜、他人推荐、社会热点、巨量商业广告,当然也可以是精美包装或作者轶事吸引人等。

(2)有基本内容梳理,即故事的大体情节、人物的悲欢离合、作者的情感倾向。

(3)有真实问题讨论,即聚焦一个自己感受最深、兴趣最浓的问题,如对主要人物的生死、爱恨、美丑、离合、成败、命运等问题深入思考。

(4)有人生体验与可能性收获:学习中可能会引起哪些联想、获得什么启示,如个体的感情困惑、当下的现实焦虑等。

用这份检核表来衡量2019年的3套高考语文全国卷的小说阅读题,可以得出这样一些基本判断:从测试内容看,在小说阅读理解题目中,3套试卷第一题(试卷第7小题)考查的主要是对小说基本内容的理解,比较接近上述真实情境的第二点;全国Ⅰ卷《理水》和全国Ⅱ卷《小步舞》的第二题(试卷第8小题)、全国Ⅲ卷《到梨花屯去》的第三题(试卷第9小题)均涉及小说的核心问题:如何对小说中相对复杂的人物形象做情感判断、社会价值判断、哲学文化判断以及审美判断。比如,通过鲁迅的《理水》理解大禹作为"中国脊梁"的形象、对莫泊桑的《小步舞》中两位舞蹈师形象的判断，与生活阅读情境和真实问题的重合度颇高，比较接近上述第三点。当然，这几题都偏向人物形象塑造手法的鉴赏，如果先理解形象再就形象的塑造手法进行分析鉴赏，就更接近生活阅读的状态。

相对而言，这3套试卷中的小说阅读理解题，在第四点即在社会现实考察和人生体验方面，指向不够突出。如果通过一定的题目，引导读者反观社会和自身，则更接近小说阅读的指归。另外，试题在第一点上也有讨论空间。以《理水》为例，可以在小说之前加上如下的阅读理由或提供一点简单的阅读背景，以在一定程度上抵消考场效应、提高阅读任务的真实性。叶丽新也指出，"材料加任务，激发思考，营造一种体验、认知情境"[2]，是一种构筑情境的方式。上面的试题可以拟成下面的表达：

有人说，即使鲁迅没有其他创作，单凭《故事新编》，就足够列入伟大作家的行列，从《理水》一篇来看，这一说法能得到认可吗？

或者：某校将鲁迅的《故事新编》列为高中生必读书目，《理水》是其中一篇，想必不少人都读过。如果再读一遍，你会有哪些新感受呢？

有了阅读理解情境以后，最好后面的试题还能与之关联起来，如写人物小传、推荐理由、再版广告词等。当然，这些题目都应基于对文本的阅读理解，而不是凭空创作。其实，这种增加引导性阅读情境的做法，在高考语文试卷的综合性试题中已经比较普遍。至于在文学作品阅读试题中值不值得采用、需要不需要普遍采用，以及将这样的引导语置于选文前还是放在第一道题目中，则需要进一步讨论。

那么，提高测试题目的情境性，让语文测试中的小说阅读向生活阅读状态倾斜，是不是越接近生活阅读越好呢？当然不是。课程标准之所以强调前者，是针对长期以来语文学习和语文测试过于脱离言语实践的状况而言的。一般来说，生活阅读状态利于激发阅读兴趣、获得语感、感悟社会人生，语文学习阅读状态偏重表达技巧和策略学习、把握规律，指向学习效率，两者互有侧重，但同时也是互相促进，并非互相排斥的关系。从实际运用顺序来看，如果从生活情境进入初始阅读状态，再借助知识和阅读策略把握规律，会有利于开展更高效的阅读。当然，提高效率的最终目的仍然是回到语文生活中，帮助学生完善语感建构，改善人生境界和生活状态，这也是强调文学阅读素养培养的意义所在。

二、典型性：从"这一类"到"这一篇"

小说阅读理解的命题难点之一在选择合适的文本，其中要满足的一条选文标准是典型性。不过，在语文命题话语系统中，"典型性"有多个层面的含义，如何理解其不同含义在一定程度上决定着小说阅读理解的命题导向和质量。

在现实主义文学的相关理论中，人们常用典型性来衡量一部小说或文学作品，它指的是小说所反映的社会内容能高度概括当时的社会现实，或其中的社会场景、人物形象以及反映的矛盾具有代表性。比如，认为巴尔扎克的《人间喜剧》是18世纪法国社会生活的百科全书，祥林嫂是清末民初中国底层女性悲惨命运的缩影，都是肯定它们在反映社会生活上具有很高的典型性。我们不妨将其称为选文的"社会认知价值"。

按上文所说的第一重典型意义来考察2019年的3套高考语文全国卷，可以看出三篇小说都具有较强的社会认知价值，如全国Ⅰ卷鲁迅的《理水》以大禹治水为历史背景，影射了20世纪30年代国内各色人等对待连年灾荒和民间疾苦的不同态度和行为，该卷第8题就是引导学生通过分析大禹的苦干、实干派形象来理解这篇小说的主旨；全国Ⅱ卷莫泊桑的《小步舞》描写了一对老年舞者辉煌的过去和后来的无奈，可帮助人们反思人生的多重境遇，该卷第9题便要求学生结合对卢森堡公园苗圃的描写，鉴赏其对故事情节发展和深化小说内涵方面所起的作用；全国Ⅲ卷何士光的《到梨花屯去》描写了我国改革开放前后社会观念和中国农村精神面貌的变化，这是一份了解转型期中国社会生活的生动案例，该卷第9题要求分析小说的开头与结尾描写两个乘客沉默的原因，引导学生考察小说反映的历史事件及针对个体责任进行的反思。相对而言，三篇选文中尤以《理水》的选择和节选处理得最具眼光和格局。

有命题经验的人都知道，一篇好的小说具有丰富的社会认知价值，但这只是它能够作为语文试卷阅读材料的必要条件，并不是充分条件，还有一个条件也不可缺少，即它必须具备一般小说的文体特征，如相对完整的故事情节、鲜明生动的人物形象、具体可感的场景描写、比较容易辨识的表现手法等。这类信息的背后，是一套关于小说文体的基本知识，也是通往小说社会认知价值的一扇扇窗口。借助这些知识，命题人能比较方便地命制出若干有关小说阅读的试题，从而测试出平时小说阅读教学的状况和学生的理解水平。比如，学生能从人物形象塑造的角度分析《项链》《祝福》；从人称选择的角度分析《凡卡》《孔乙己》；从对比手法运用的角度分析《变色龙》《故乡》，不仅使得小说的社会认知价值变得明确可靠，在此基础上，教师也能比较容易看出平时教学中学生在小说阅读方面的水平。这是典型性的第二重含义，可以称之为小说阅读考察视角的价值。从小说特征来考察，这三篇小说都够得上典型，如《理水》中的人物形象塑造、《小步舞》中的环境描写、《到梨花屯去》中的前后照应都很容易辨识，而且这3套试卷也分别有相应的题目指向其文体特征。

不过，本文所说的典型性，除了小说的社会认知价值、小说阅读考察视角的价值以外，还有第三重含义，即小说所体现的独特风格等文学价值，它是小说家整体创作风格的典型性。

读出一篇小说的独到内涵和风格而不是所有小说的共同特征，是读懂一篇小说的根本标志，也是区分小说阅读理解水平的主要依据。就一篇通常意义上的小说来看，理解其社会认知价值并不难，因为我们若假定高考试卷中所选的小说都是优秀的作品，那么小说的社会认知价值在很大程度上是由其题材或创作时代所决定的。比如，《理水》中涉及的大禹治水和鲁迅创作年代这两项信息在小说中是显性的，而泛泛地指出小说的表达特点也不算难，试卷中通常都会给出一定的提示，如全国Ⅰ卷《理水》第8题"请谈谈本文是如何具体塑造这样的'中国的脊梁'的"就明示从人物形象塑造手法的角度回答问题。按照常识，凡是比较典型的现实主义小说几乎都有鲜明的人物形象，而塑造人物形象，也跳不出"环境衬托""对比手法""肖像、语言、行动、细节描写"这一套。被选入高考试卷中的小说多是大家之作，至少是优秀作品，对语文高考命题来说，如果试题仅仅要求考生指出小说的一般特征，即属于小说类型的共有特征，则显得不够，还需要进一步考虑"这一篇"的特点在哪里。以鲁迅的小说《理水》为例，命题之前，可能需要先考虑鲁迅创作的大致风格，再厘清《故事新编》的一般特征，进而明确《理水》一文的主要特点，然后在命题中凸显其测试价值。

（1）鲁迅具有强烈的现实关怀，有迫切揭露社会弊端、疗救国民的使命感。

（2）鲁迅对社会现实不满，但也常有对猛士的期待。

（3）鲁迅的写作活动常处于比较险恶的文化环境中，不易直白表达观点。

（4）鲁迅的作品多含对现实人物的影射和社会问题的隐喻，文风常用隐语。

（5）鲁迅的《故事新编》类似借古喻今的寓言体小说。

（6）鲁迅的《理水》写于内忧外患频发、灾荒人祸连年的20世纪30年代。

基于以上分析可知，如果考试题目仅仅要求指出小说塑造大禹形象采用了哪些手法，学生只要套用大多数小说中塑造人物形象的手法来回答就可以了，不容易读出文本背后的意蕴、测试出阅读《理水》的独特收获，当然也不容易对学生的理解水平做出细致区分，但若是题目要求学生紧扣《理水》的内容并结合鲁迅的表达风格，回答《理水》中描写形形色色的人物影射了当时社会哪些人群、哪些现实问题，可能更利于考查学生在小说阅读上独特的理解能力和鉴赏水平。或者从《理水》为大禹设置的社会环境，并据鲁迅对当时中国国民性的基本判断来推测大禹治水能否成功，则更能体现阅读鲁迅作品的价值，也会更明确地指向语文阅读素养的考查，而不是单纯对语文知识表达技巧的掌握。

此外，关于小说阅读理解题的命制还有不少影响因素和考察视角，如小说阅读理解题的能力类型和层级问题，小说阅读在文学阅读乃至在整个语文水平测试框架中的地位问题，小说阅读理解测试答案的主观性与客观性、开放性与规范性等关系问题。本文仅从两个角度讨论了小说阅读理解测试的命题，所提的建议也只是希望在命题思路上能够增加一些多样性、可能性，并不是要以此取代原来的命题思路，在这个话题上，希望有更多有价值的讨论和实践探索，以提高小说乃至整个高考语文命题的科学性。

参考文献：

[1] 中华人民共和国教育部. 普通高中语文课程标准（2017年版）［M］. 北京：人民教育出版社，2018.

[2] 叶丽新. "情境"的理解维度与"情境化试题"的设计框架——以语文学科为例［J］. 课程·教材·教法，2019，39（5）：107-113.

语言文字运用在高考试卷中的考查研究
——基于 2018 年、2019 年高考语文全国卷六套试题的分析

吴 璇[①]　孔凡哲[②]

高考是普通高中教育教学的风向标，当前教育界对高考语文试卷的探讨多集中于阅读和作文模块，对语言文字运用模块少有分析。"语言文字运用"是高中语文课程的重要内容，也是实现语言建构与运用等语文学科核心素养的主要载体。语言文字运用模块占高考语文总分的 13%，研究《普通高中语文课程标准（2017 年版）》（以下简称"2017 年版课程标准"）颁布实施之后的 2018 年、2019 年高考语文试题，特别是语言文字运用模块的内容，具有重要的现实意义。

一、对语言文字运用模块的要求与考查

《2019 年普通高等学校招生全国统一考试大纲》（以下简称"考试大纲"）指出，"高考语文科要求考查考生识记、理解、分析综合、鉴赏评价、表达应用和探究六种能力，表现为六个层级"[1]。对比 2018 年与 2019 年颁布的考试大纲，我们发现，语言文字运用模块的能力要求与具体内容变化不大，目的是考查考生是否能够正确、熟练、有效地使用语言文字。

本研究分别使用 A 至 F 六个字母表示识记、理解等六种关键能力成分，因考试大纲规定，语言文字运用模块主要考查识记与表达运用能力，故仅使用 A 与 E 进行编码，并在此基础上对每一能力层级的具体内容进行二次编码（表 1）。

表 1　考试大纲对语言文字运用模块的要求

能力层级	编码	具体内容	编码
识记	A	识记现代汉语普通话常用字的字音	A1
		识记并正确书写现代常用规范汉字	A2

[①] 吴璇，中南民族大学教育学院博士研究生。
[②] 孔凡哲，中南民族大学教育学院副院长、博士生导师。

（续表）

能力层级	编码	具体内容	编码
表达应用	E	正确使用词语（包括熟语）	E1
		辨析并修改病句	E2
		选用、仿用、变换句式，扩展语句，压缩语段	E3
		正确使用常见的修辞手法	E4
		语言表达简明、连贯、得体，准确、鲜明、生动	E5
		正确使用标点符号	E6

  在把握了考试大纲对语言文字运用模块的考核目标与要求之后，我们对语言文字运用模块（本模块由三道客观题与两道主观题构成）进行了分析。2019年高考语文全国卷第17～19题延续了2018年全国卷Ⅰ的形式，以"三合一"的形式考查病句和选择句子填入以承接上下文，以及选择合适的词语填入文中。换言之，即使用同一段语言材料，在其中设置三道选择题综合考查考生的语言理解与运用能力，因而，在此将其视为一个整体进行分析。

  在材料主题方面，六套试题的材料充分体现了高考命题的人文性和时代性特点。戏曲、古琴、中国画等传统艺术形式出现在试题中，向考生展示了中国古代优秀的文化成果；"大洋一号"与"嫦娥四号"等科学技术新成果，彰显了我国在新时代取得的重大科技进步。特别是六套试卷中第17～19题的语言材料，更加强调对祖国优秀传统文化的弘扬，凸显对文化传承与理解这一语文学科核心素养的考查。

  在六套试卷中，修改语病成为出现频率最高的考点类型（表2），可见，2018年、2019年高考尤其注重考查考生发现并解决语言表达问题的能力。

表2 2018年、2019年高考语文全国卷第17～19题考点类型汇总

	材料主题	第17题		第18题		第19题	
		考点类型	能力层级	考点类型	能力层级	考点类型	能力层级
2018年卷Ⅰ	"大洋一号"科考船	修改病句	E2	补写语句	E4、E5	四字成语	E1
2018年卷Ⅱ	戏曲艺术	补写语句	E3、E5	四字成语	E1	修改病句	E2
2018年卷Ⅲ	动物迁徙	四字成语	E1	修改病句	E2	补写语句	E3、E5
2019年卷Ⅰ	中国古琴艺术	二、三四字词语	E1	语句衔接	E5	修改病句	E2
2019年卷Ⅱ	中国画	语句衔接	E5	符号使用	E6	修改病句	E2
2019年卷Ⅲ	"嫦娥四号"探测器	二、四字词语	E1	语句衔接	E5	修改病句	E2

正确使用词语（熟语）的表达运用能力也是高考命题着力考查的内容，从四字成语转向既有二字、三字也有四字的词语，具有一定的灵活性，不仅需要辨析不同词语本身的细微差别，更需要将其放入具体的语境中，体会词语在所给语段中的特殊内涵。如 2019 年卷Ⅰ第 17 题（图 1）的选项中，既出现了"制约"与"约束"，也有"边缘化"与"私人化"及"放松身心"与"修身养性"等词语，只有在全面了解词语本身含义的基础上，将其放入语段中揣摩与比较，才能选择出正确的答案。

> 17. 依次填入文中横线上的词语，全都恰当的一项是（3 分）
> A. 边缘化　　获得　　制约　　放松身心
> B. 私人化　　获得　　制约　　修身养性
> C. 私人化　　焕发　　约束　　放松身心
> D. 边缘化　　焕发　　约束　　修身养性

图 1　2019 年高考语文全国卷Ⅰ第 17 题

补写语句的题型在 2018 年的三套试卷中均有设置，主要考查考生在特定语境中根据理解选用适宜语句使语言表达适切连贯的能力，所给选项中还涉及考查考生变换句式、使用修辞手法等能力。但在 2019 年全国卷Ⅲ中，此种试题类型转变为语句衔接和标点符号的使用两种类型，除了同样考查对语句内容的理解，更强调对语言表达连贯与准确能力的把握。

二、对相关语言文字运用部分考查的分析

许多一线教师将第 20、21 题视为新高考语文学科改革的"试验田"。这两道题的命题形式，不仅反映了高考语文的新变化，从中更能窥探出高中语文改革发展的新动向。

如表 3 所示，第 20、21 题的分值在两年中稍有变化，但两题的总分仍然保持在 11 分，占语言文字运用模块分值的 55%。2018 年全国卷Ⅲ第 20 题采用应用文体，即启事与书信，考查考生能否依据具体的情境需要，综合特定的时间、场合、对象、目的等因素，发现应用文体中语言表达存在的不当之处并加以修改的能力。

表3 2018至2019年高考语文全国卷20～21题汇总

		2018年卷Ⅰ	2018年卷Ⅱ	2018年卷Ⅲ	2019年卷Ⅰ	2019年卷Ⅱ	2019年卷Ⅲ
分值	第20题	5	5	5	6	6	6
	第21题	6	6	6	5	5	5
所给材料	第20题	启事	启事	书信	语段	语段	语段
	第21题	流程图	二、四、六字词语	框架图	语段	新闻报道	新闻报道
具体情境	第20题	有	有	有	有	有	有
	第21题	有	有	有	有	有	有
考点类型	第20题	修改语言表达	修改语言表达	修改语言表达	补写语句	补写语句	补写语句
	第21题	文字转述	仿写、续写	文字转述	压缩语段	压缩语段	压缩语段
具体要求	第20题	找出并做修改	找出并做修改,要求语意准确,语体风格一致	找出并做修改	语意完整连贯,内容贴切,逻辑严密,每处不超过12个字	语意完整连贯,内容贴切,逻辑严密,每处不超过12个字	语意完整连贯,内容贴切,逻辑严密,每处不超过12个字
	第21题	内容完整,表述准确,语言连贯,不超过90个字	内容贴切,句式与所给示例相同	内容完整,表述准确,语言连贯,不超过100字	保留关键信息,句子简洁流畅,不超过50个字	保留关键信息,句子简洁流畅,不超过60个字	保留关键信息,句子简洁流畅,不超过65个字
能力层级	第20题	E2	E2、E5	E2	E5	E5	E5
	第21题	E5	E3	E5	E3	E3、E5	E3、E5

相比2018年全国卷Ⅰ与卷Ⅲ,2018年全国卷Ⅱ第20题(图2)所提出的要求更多、更具体,考查的能力覆盖点也更广。

> 20. 下面是某报社一则启事初稿的片段,其中有五处词语使用不当,请找出并作修改。要求修改后语意准确,语体风格一致。(5分)
>   如果您是重大事件的参加者,事故现场的目击者,业界内幕的打探者,社会热点的关爱者……请与我报"社会深度"栏目联系。本栏目长期公开征询有价值的新闻线索,等着您的支持。

图2 2018年高考语文全国卷Ⅱ第20题

2019年全国卷Ⅲ第20题（图3）属于历年高考语文的经典题型——补写语句，要求根据语段中的内在联系与具体情境，按照语意连贯、内容贴切、逻辑严密、限定字数的要求补写出恰当的语句，主要考查考生语言表达的能力，尤其是语言表达是否简明、连贯、准确等。无论是何种材料、何种题型，六套试卷第20题的命制都强调设置具体的情境。如2018年全国卷Ⅰ第20题的特定情境是"某校就暑期宿舍施工一事向全体学生说明"，运用启事这一应用文体向全校学生传递宿舍施工的信息。考生不仅需要熟知这一文体的特点，更需要明晰口语语体与书面语体的区别，才能快速找出不当之处并加以修改。

20. 在下面一段文字横线处补写恰当的语句，使整段文字语意完整连贯，内容贴切，逻辑严密，每处不超过12个字。（6分）

　　人体内有两种生物酶同酒精代谢相关，一种叫乙醇脱氢酶，能使酒精转化为乙醛；____①____，能使乙醛转化为乙酸，最终分解为水和二氧化碳，排出体外，决定人的酒量大小的是乙醛脱氢酶。如果一个人的乙醛脱氢酶活性较低，____②____乙醛容易蓄积在体内，少量饮酒就会出现脸红、心跳加速等现象。而那些酒量大的人，____③____，能迅速将乙醛代谢。他们少量饮酒后，脸色并无变化；但若过量饮酒，脸色会发青，身体也会受到很大伤害。

图3　2019年高考语文全国卷Ⅲ第20题

第21题是近年高考语文的新题型和亮点。2019年全国卷Ⅰ、Ⅱ、Ⅲ第21题有许多相同的地方，如三道题均为压缩语段题，所给的三段材料中有两段明确使用了新闻体裁，一方面考查考生对关键信息的准确提取能力，另一方面考查考生运用适当的文字对所提取的信息进行归纳的能力，以形成既保留关键信息又简洁流畅的目标语句。相比之下，2018年全国卷Ⅰ、Ⅱ、Ⅲ第21题（图4）更具有灵活性与多样性的特点。

21. 下面是某校为教师编写个人专业发展规划而提供的流程图，请把这个图撰写成一段文字介绍，要求内容完整，表述准确，语言连贯，不超过90个字。（6分）

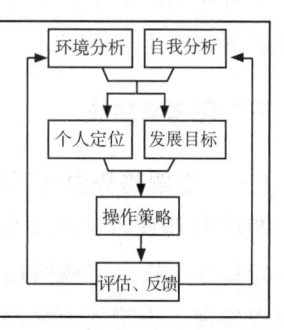

环境分析　自我分析
　　↓　　　↓
个人定位　发展目标
　　↓　　　↓
　　操作策略
　　　↓
　　评估、反馈

21. 仿照下面的示例，利用所给材料续写三句话，要求内容贴切，句式与所给示例相同。(6分)
诸子争鸣、造纸印刷、筑长城开运河，中国人民具有伟大的创造精神。
材料：
奋斗　　团结　　梦想
建强国谋复兴　　御外侮卫家园　　脱贫困奔小康
垦田拓海　　开天辟地　　守望相助　　抗灾治水　　逐日奔月　　同舟共济

21. 某同学拟了一个被拒绝后常见的四种反应及应对方式的构思框架，请把这个构思框架写成一段话，要求内容完整，表述准确，语言连贯，不超过100字。(6分)

拒绝
- "算了"　结束　换想法
- "好吧"　郁闷　挫败
- "凭什么"　怀疑　批判
- "为什么"　分析　再尝试

图4　2018年高考语文全国卷Ⅰ、Ⅱ、Ⅲ第21题

其一，题目所给的材料更为灵活多样，既有言简意赅的流程图与框架图，也有字数不同的词语与结构不同的句式，给考生提供了更多的写作空间。其二，所设计的问题情境也更灵活多样，既有某校为教师编写的个人专业发展规划，也有我国发展历程中的伟大历史成就，还有某同学对被拒绝后常见四种反应及应对方式的构思。其三，考点类型同样灵活多样，既有对图表的文字转述题，也有对词语材料的仿写、续写题，不同的考点类型所要考查的能力有所区别，其作答要求虽不尽相同，但都十分明确具体。

总之，2018年、2019年高考语文全国卷Ⅰ、Ⅱ、Ⅲ第20、21题，凸显出一个鲜明的趋势——高考语文命题以素养取向完全取代知识取向，即考查考生的语言文字运用能力及语文学科核心素养而非语文学科知识点。

三、思考与建议

（一）命题趋势由知识考查为主全面转向核心素养考查为主

2017年版课程标准不仅为新时期普通高中语文课程改革指明了方向，也在一定程度上推动了现阶段的高考改革。综合比较2018年、2019年的考试大纲可以发现，识记能力是高考语文所考查的六种能力的基础，与在识记能力基础上发展而来的理解能力又与分析综合能力一起，构成其他方面能力的前

提条件。根据对近两年考试大纲的研读，将高中语文学科所考查的能力绘制成图5，其中，表达运用能力处于第五层级，是需要在表达方面发展的能力，也是语言文字运用模块着重考查的能力。

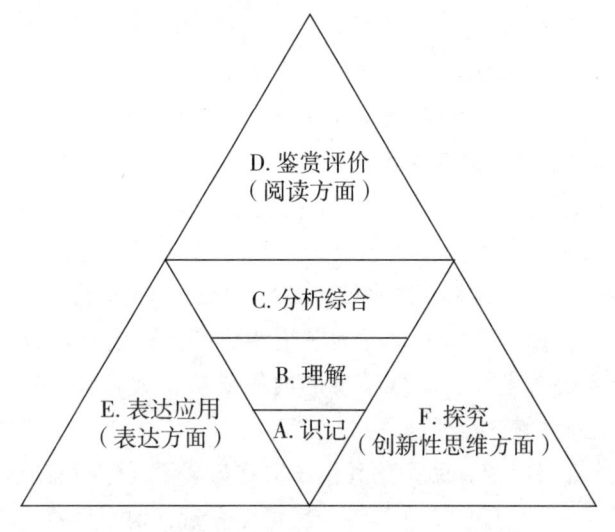

```
                    D. 鉴赏评价
                    （阅读方面）

                    C. 分析综合

                    B. 理解
   E. 表达应用                    F. 探究
   （表达方面）   A. 识记    （创新性思维方面）
```

图5　考试大纲要求考查的能力层级

在"语言建构与运用""思维发展与提升""审美鉴赏与创造""文化传承与理解"四大语文学科素养中，语言建构与运用素养是其他三项素养的基础，要求考生"逐步掌握祖国语言文字特点及其运用规律，形成个体言语经验，发展在具体语言情境中正确有效地运用祖国语言文字进行交流沟通的能力"[2]。考试大纲对表达运用能力的要求与此一致[1]。在六套试卷中，2018年全国卷Ⅰ第18题（图6）是成功考查核心素养的一道试题，学生不仅需要掌握比喻等修辞手法的基本知识，更需要正确地运用修辞手法，并在此基础上联系上下文，选择正确的语句补充空缺。

> 18. 下列在文中括号内补写的语句，最恰当的一项是（3分）
>   A．"大洋一号"的实验室很多，就像迷宫一样
>   B．"大洋一号"有十几个像迷宫一样的实验室
>   C．走进"大洋一号"，犹如进入了一座迷宫
>   D．进入迷宫一样的"大洋一号"，会分辨不出方向

图6　2018年高考语文全国卷Ⅰ第18题

将2018年、2019年高考语文全国卷与此前的全国卷进行比较可以发现，高考语文正在由考查考生的知识掌握能力转向考查考生的语文学科核心素养，

过去死记硬背的方法已不足以应对高考对语文学科核心素养的考查。

（二）注重具体情境的设计

2017年版课程标准指出，测评与考试"应真实反映学生语文学科核心素养的发展过程与现有水平"，"考试、测评题目应以具体情境为载体，以典型任务为主要内容"。就2018年、2019年高考语文全国卷的六套试卷而言，试题的情境性凸显了出来。其中，第17~19题属于组合命题（一段材料出三道题），无论是补写语句等考点类型的内在要求，还是最佳选项的选择，都没有脱离材料中的具体语境。如2019年高考语文全国卷Ⅰ沿用2018年组合题的形式，除了对病句、句子衔接、语言表达得体等知识点进行强化外，更注意组合题目的情境特点。而六套试卷的第20、21题，每道题都有自己独立的情境材料，无论是题目中给出的显性问题情境，还是词语材料背后暗含的隐性问题情境，都需要考生体会问题情境的内在要求，进而有针对性地完成，而非凌驾在题目之上，就所给问题独立作答。

（三）关注社会热点，弘扬优秀传统文化与展示现代科技成就

通过对语言文字运用模块的具体分析可以发现，对祖国优秀传统文化的弘扬与现代科技成就的展示成为近两年高考语文全国卷的亮点，表2所列举的材料主题就能够一一体现。不仅如此，社会热点也一次次进入语文试卷，成为语言文字运用试题编制的重要素材，六套试卷的第20、21题的材料内容都与社会热点息息相关。如2019年全国卷Ⅱ第21题是对一段新闻报道进行压缩，而这段新闻报道介绍了永定河生态补水工程，这是我国河道整治与生态环境治理取得的新进展；2019年全国卷Ⅲ第21题要求考生压缩的新闻报道材料是我国乒乓球队员在第55届世界乒乓球锦标赛中的赛况，试题引导考生关注奥运、关注体育，考查考生的人文底蕴和科学精神。为此，在日常的教育教学工作中，教师要引导学生关注我国科技发展的新成果，鼓励学生通过多种形式了解社会热点，积累热点事件素材，并对事件及其背后的缘由进行批判性思考，提升自身的思想品质，逐步形成语文学科思维品质，提升语文学科核心素养。

参考文献：

[1] 教育部考试中心. 2019年普通高等学校招生全国统一考试大纲[EB/OL]. http://www.neea.edu.cn/html1/report/19012/153-1.htm, 2019-01-31.

[2] 中华人民共和国教育部. 普通高中语文课程标准（2017年版）[M]. 北京：人民教育出版社，2018.

如何在真实语境中考查学生的语用能力

张 芮①

2018年高考语文试题,坚持"立德树人、服务选才、引导教学"的核心功能,增强考试内容的基础性、综合性、应用性、创新性,注重从必备知识、关键能力、学科素养、核心价值等角度全面考查高中毕业生的文化素质,对语文教学做出了具有思想性、时代性的科学示范。

以全国卷三套试题为例,从内容上看,人物涉及汉代名臣王涣、晋代名臣鲁芝、宋代名臣范纯礼,以及抗日英雄赵一曼等;话题涉及精卫填海、造纸印刷、筑长城开运河、历史视域中的诸子学、北京奥运会、"天宫一号"、中国政府支持量子通信研究、中国第一艘现代化的综合性远洋科学考察船"大洋一号"、超过全球平均水平的互联网普及率、全国知识产权宣传、《中华人民共和国促进科技成果转化法》、戏曲的传承与创新,等等。充分体现出高考着力弘扬社会主义核心价值观、中华优秀传统文化和在立德树人方面的引领作用。

同时,试卷尽量避免偏题怪题,考查学生的基础知识和关键能力,引导教学要注重对学生语文核心素养的培养。通过题目设置,着重考查高中毕业生对所学知识的灵活运用。如通过对原文理解、概括是否正确的判断,考查学生阅读、整理、分析、整合的能力;通过补写、修改、仿写的形式,考查学生语言辨析和表达的各种能力;通过考查学生对社会热点、社会发展的观察和思考,检验学生将阅读信息与社会实际有机结合的能力;通过"你是否同意"的问法允许学生结合文本进行多元化解答,体现试题的开放性等。这些都是可圈可点的亮点,除此以外,笔者认为还有两点值得关注。

一、在真实的情境中培养真实的语言运用能力

《普通高中语文课程标准(2017年版)》强调语文课程应引导学生在真实的语言运用情境中,通过自主的语言实践活动,积累言语经验,把握祖国语言文字的特点和运用规律,加深对祖国语言文字的理解与热爱。如何在真实的语言运用情境中培养学生的语言文字运用能力?2018年高考语文北京卷中,

---

① 张芮,北京市东城区教师研修中心教师培训部课程室主任。

有一道试题做出了尝试。

【例1】2018年高考语文北京卷第17题。

17. 在横线处填写作品原句。

④你所在的中学举办隆重的校庆典礼，邀请了很多校友、家长参加。你作为学生代表向来宾致欢迎辞，其中要引用两句古代诗文。请填写恰当的句子。

金秋十月，天高云淡，今天大家齐聚一堂，真可谓"＿＿＿＿＿＿，＿＿＿＿＿＿"。请允许我代表全体在校同学，对各位嘉宾的到来表示热烈的欢迎！

这道题设置了校庆典礼的真实情境，结合很多校友、家长参加的隆重场面，要求考生答出恰当的古诗文，将以往常见的语言知识运用题和理解性背诵默写题合二为一。

与常见的理解性背诵不同的是，本题没有列出语句的出处，这就意味着答题具有灵活性。学生的思考范围可以由一篇扩充到所有作品，难度大大提升。但是，由于没有诗文题目出处，少了限制，只要能够贴合情境要求就可以得分，难度又大大下降了。同时，作为在全体来宾面前的学生代表致辞，又有语言得体的要求，且必须用古诗文回答，也考查了学生的文化功底。

另外，认真读题，可以发现这道题中有很多细节辅助思考。

1. 先抓语言标志"真可谓"，基本相当于"约等于"，横线上的话应该与"真可谓"之前的部分意思基本一致。

2. "真可谓"之前有"金秋十月，天高云淡，今天大家齐聚一堂"，分别从季节、时间、天气、日期、人员、状态方面交代了基本情境，信息量很大，补充的部分包含前面的内容当然是越多越好，不过即使只和距离最近的"齐聚一堂"联系，也还说得通。

3. 继续往前推，可知校庆活动邀请了很多的校友、家长参加。也就是说，除了在校学生以外，还有这些应该是前辈、长辈的嘉宾。既然老的老小的小，其实这时候"少长咸集"就已经呼之欲出了。如果由"许多校友"联想到他们会从外地甚至外国远道而来，那么，由"不远万里"而想到"千里逢迎"，也同样是轻而易举的事情。

4. 填写的必须是两句古诗文，有数量限制。

当然，考场之上，考生不一定有时间想这么多内容，但是，这确实是命题人的匠心所在。无论是设置真实情境，减轻心理压力，还是创设充分语境，搭好台阶，合理控制题目难度，都在100多个字里呈现出来。

这道题答案虽然不唯一，但是在规定的背诵默写篇目中就可以找到答案，注重了基础性；答对问题，要考虑情境、考虑文句的意思，还要考虑得体，体现了综合性；有人物有任务，有现场有情境，同时也关注了应用性；把两种题型做了加法，对于高考这么重大的考试，体现了一定的创新性。答案的开放性以及主题内容本身，也表现出了浓浓的人文关怀。

二、图文转换考查语文综合素养

在实用性阅读中，图形和表格由于其直观、形象的"可视化"特点，越来越多地出现在不同媒介上。图文题这一题型能很好地体现语文学科工具性与人文性统一的要求，通过考查学生分析图表、图文转化等能力，可以评估语文学科核心素养的落实情况。

【例2】2018年高考语文全国卷Ⅰ第21题。

21. 下面是某校为教师编写个人专业发展规划而提供的流程图，请把这个图撰写成一段文字介绍，要求内容完整，表述准确，语言连贯，不超过90个字。（6分）

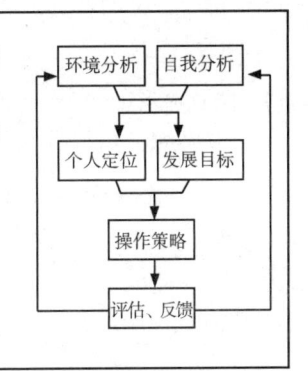

```
环境分析  自我分析
    ↓       ↓
  个人定位  发展目标
       ↓
     操作策略
       ↓
     评估、反馈
```

从形式上看，本题考查的是图文转换的能力。学生如果没有细致观察，发现不了箭头的走向，就无从发现各流程之间的关系；如果没有精确的语言表达能力，就不能用规定字数把内容说得清楚完整。

从内容看，本题似乎只是讲教师的个人发展规划。事实上，教师的个人发展规划也是对学生进行人生规划的教育和示范。流程图是抽离了人物身份的，也就具有了普遍意义：每一个人的生涯发展都需要在对内的自我分析和对外的环境分析后，确定个人的定位和发展目标，从而确定为之努力的操作策略，再经过评估和反馈，周而复始，不断修订、调整，螺旋式上升，更好地实现个人价值。这道题考的是图文转换，实际也暗含着对学生人生成长和价值观的引领。

【例3】 2018年高考语文全国卷Ⅱ现代文阅读题。

材料二：

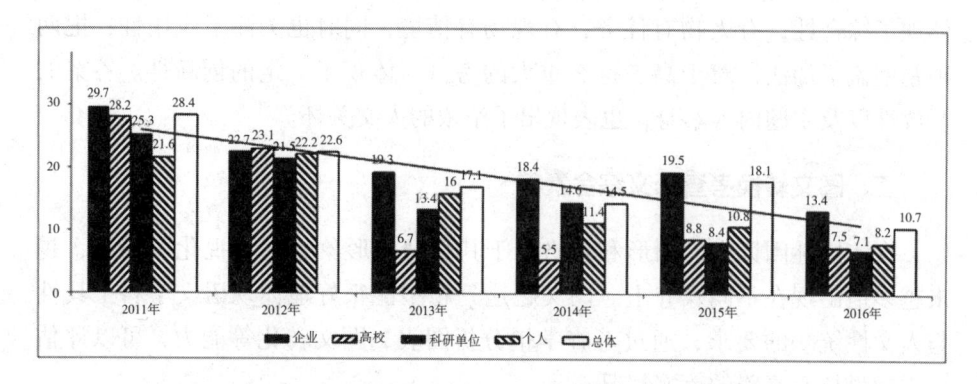

2011—2016年遭遇过专利侵权的比例（单位:%）

（摘编自：国家知识产权局知识产权发展研究中心《2017年中国专利调查报告》）

7. 下列对材料二相关内容的理解和分析，不正确的一项是（3分）

A. 2011到2013年，科研单位遭遇侵权的比例由25.3%下降到13.4%，降幅较为明显，但2014年有微小回升，2015年则回落至8.4%。

B. 2015年企业和高校遭遇侵权的比例较之以往四年有所提高，总体侵权比例也略有反弹；而2016年各项侵权比例均呈下降态势，总体遭遇侵权比例为10.7%。

C. 2012至2016年间，比例一直下降的仅有个人遭遇侵权这一项，企业、高校、科研单位以及总体这四项数据，均有回升的现象发生。

D. 专利侵权总体比例的下降，一定程度上体现了我国知识产权保护工作所取得的成效，当然，我国专利数量的快速增长也可能在一定程度上拉低专利侵权的比例。

从选材上看，此题延续了2017年以图表作为阅读材料的思路。依据实际生活中往往需要直接面对图表、对图表进行阅读和分析的特点，该题的提问直接对图表提出理解分析，是和社会生活实际接轨的表现。选项A重在考查描述和概括，选项B、C重在考查项目对比，选项D重在考查分析能力，四个选项各有侧重。此题既体现了实用性，符合学生未来生活和发展的需要，又有一定的区分度，符合选拔的需要。相信今后此类试题会越来越被重视，也将对教学产生很好的引导作用。

逻辑思维能力的考查与应对

马绪霞①

"逻辑"是个多义词，它至少有几个义项：①客观事物的规律，如"我们要研究市场经济的逻辑"；②思维的规律，如"写文章要讲究逻辑""演说要有逻辑力量"；③研究思维形式及其规律的科学，如"我们应当普及逻辑"；④某种理论、观点，如"把侵略说成友谊，这是强盗逻辑"。语言是思维的物质外壳，逻辑是我们正确思维和表达的必然工具，于我们的日常生活与学习中无处不在。本文以近年高考语文试卷中对逻辑思维能力的考查为例，提出相应的逻辑能力培养教学策略。

一、高考试卷中对逻辑的考查

《普通高中语文课程标准（2017年版）》提出运用基本的语言规律和逻辑规律，判别语言运用的正误，准确、生动、有逻辑地表达自己的认识[1]，2020年发布的《中国高考评价体系》提出采用严谨求真的、实证性的逻辑思维方式应对各种问题[2]。无论是课程标准还是高考评价体系都提到了"逻辑"，高考语文试题也从2017年以来进一步加强了对"逻辑性"的考查，以引导教学中对逻辑思维能力培养的重视。

（一）语言运用中对逻辑思维的考查

近几年，高考语文语言运用题的考查形式在不断改革变化，然而考查内容都加强了对学生逻辑思维能力的考查。例如，2017年的高考语文全国三套卷在语言运用题中无一例外地都设置了逻辑推断题；2017年的高考浙江卷试题提出了"归谬法"的概念，提供一个例句，让考生仿照例句写一句话，并要符合归谬逻辑。在2020年高考语文试卷中，也不乏对逻辑思维能力的考查，下面以天津卷第22题为例进行分析。

【例1】2020年高考语文天津卷。

22. 为使文段语意连贯，逻辑严密，请选择最恰当选项，填写在序号处的横线上。（4分）

"天河一号"超级计算机落户天津，命名为"天河"，取天津与"银河团

---

① 马绪霞，安徽省临泉第二中学教师。

队"合作发展之意。如今,新一代百亿亿次超级计算机"天河三号"已进入开放应用阶段。近年来,创新团队在"卡脖子"处下功夫,在关键处尽全力应对:

身处世界前所未有的大变局时代——_____①_____;
身处全球新一轮科技革命前夜——_____②_____;
身处国家民族决战决胜时期——_____③_____;
身处随时竞争的拼杀时刻——_____④_____。

(取材于:余艳《大国引擎》)

A. 以我为主,在战略必争领域强势崛起

B. 全方位研判,高标准筹划,破解突出矛盾

C. 创新驱动,以崭新的"中国速度"冲锋

D. 聚焦前沿,瞄准核心技术制高点和突破口

分析:"逻辑严密",指文意符合事物发展认识的规律;概念前后保持一致,适用范围明确,不会出现同一个概念指代两个不同事物的情况;推理过程没有疏漏,没有跳跃。这道题目中,第①句中的关键词是"大变局",修饰词为"前所未有",该如何应对"大变局",要有全局观,要精心筹划,所以这里应该选择 B 项;第②句中的核心词为"科技革命",修饰词为"新一轮",只有聚焦前沿,掌握核心技术,才能应对这一轮科技革命,所以这里应该选择 D 项。第③句中的核心词为"决战决胜",从国家大局出发,要在战略上引领到位,"以我为主""强势崛起",所以这个选 A 项。第④句中的中心词为"拼杀",修饰词为"随时竞争",拼杀时刻,需要"冲锋",选 C 项。通过以上分析可以看出,这四个句子提供的都是"关键"时刻,但是语境差异不大。因此,解答这个题目需要找出每个时刻的关键词,然后从认识事物的内在逻辑做出选择与判断。

(二) 作文中对逻辑思维的考查

通过作文考查学生的逻辑思维能力,既可以从表达的角度,也可以从审题的角度。如果从审题的角度考查,则需要考生用逻辑的知识来阅读材料。

【例2】2018 年高考语文全国 II 卷。

22. 阅读下面的材料,根据要求写作。(60分)

"二战"期间,为了加强对战机的防护,英美军方调查了作战后幸存飞机上弹痕的分布,决定哪里弹痕多就加强哪里。然而统计学家沃德力排众议,指出更应该注意弹痕少的部位。因为这些部位受到重创的战机,很难有机会返航,而这部分数据被忽略了。事实证明,沃德是正确的。

要求:综合材料内容及含意,选好角度,确定立意,明确文体,自拟标

题，不要套作，不得抄袭，不少于800字。

分析：在这个材料中，英美军方认为弹痕多，就是炮击多的地方，应该加强弹痕多的地方以使飞机更加坚固；但是统计学家沃德认为应该加强弹痕少的部位，为何呢？加强飞机坚固性的前提是：飞机的幸存。无论弹痕多的部位还是弹痕少的部位，它们受炮击轰炸的概率是一样的，受到严重的炮击还能幸存飞回来，说明弹痕多的部位已经足够抵抗炮击，而那些没有返航的飞机已经被击落，所以沃德得出要加强弹痕少的部位的结论。沃德的这个逻辑推理，抓住了问题的关键与实质。考生如果不能从逻辑推理中提炼出沃德做法的精髓，就可能导致审题不清，或者把握不住材料的实质。

（三）阅读中对逻辑思维的考查

阅读离不开逻辑。近年来，通过阅读试题考查学生的逻辑思维能力，高考语文命题者做了很多的探索。比如，近三年全国卷每套试题均在论述类文本阅读中设置了对论证结构、论证形式等进行分析的题点，以考查学生的逻辑思维能力。上海卷近三年来在阅读试题中设置了逻辑推理，把逻辑推理和阅读较好地融合在一起，以考查学生的逻辑推理能力和阅读理解能力。2020年的新高考Ⅰ卷（今年山东使用，以下简称"新高考Ⅰ卷"）第4题也在现代文阅读题中就如何渗透逻辑思维能力的考查进行了探索。

【例3】2020年新高考Ⅰ卷。

材料一：

……但是沿革地理并不等于历史地理学，二者不仅有量的不同，而且有质的区别。……就研究的性质而言，前者一般只是对现象的描述和复原，很少涉及变化的原因，后者则不仅要复原各种以往的地理现象，而且要寻找它们变化发展的原因，探索背后的规律。……历史地理学则有自己独立的学科体系和理论，是现代地理学的一部分。……

（摘编自：葛剑雄《中国历史地理学的发展基础和前景》）

材料二：

……历史地理学把空间和时间结合起来的特征，体现了发生学原理的应用，意味着对地理事物和地理现象的空间关系的研究，要从产生、形成、演变的过程来探寻其规律，这是近现代科学的重要特征。……

（摘编自：刘盛佳《历史地理学的研究对象》）

4. 请结合材料内容，给历史地理学下一个简要定义。（4分）

分析：此题主要考查学生对学科本质的认识和理解，同时更考查学生的表达能力。就表达能力来说，考生首先要知道什么是"下定义"，了解下定义的要求。定义就是要用简明扼要的语句把概念所反映的事物的本质属性高度概括地揭示出来。首先，下定义时，定义项和被定义项在外延上必须相同，而且定义项不能直接或间接地包含被定义项，定义还要清楚确切。其次，结合本体材料内容提取并筛选能体现该概念的本质属性的信息：材料一介绍了历史地理学的研究对象、起源、变化发展、与现代地理学的关系及背后的规律；材料二介绍了历史地理学的特点、体现及规律探寻。最后，整合信息，用"……是……"的句式作答。参考答案可为：历史地理学是以自然和人文地理现象的产生、形成及其演化的过程为研究对象，探寻这些现象产生、形成及其演化背后的原因和规律，具有时空结合特征的现代地理学的分支学科。

二、如何培养与提高学生的逻辑思维能力

（一）学会概念界定

逻辑的三要素是概念、判断与推理，概念是反映对象本质属性的思维形式。概念界定清晰，就有利于内容表述，也提高了文章的表现力和说服力。

那么，如何做概念界定呢？比较常用的方法是通过一个概念明确另一个概念内容的逻辑方法，比如，"人是能制造和使用生产工具的动物"。

在写作教学中，教学生确定核心概念并以核心概念贯穿文章始终，既可以防止作文跑题、偏题，也可以提高学生的逻辑思维能力。什么是文章的核心概念？一篇文章的主要观点中往往有一两个词语对全文的思路起统领作用，这一两个词语就是文章的"核心概念"[3]。

在界定核心概念时，要注意以下问题。

第一，概念的具象性意义和抽象性的象征义。如2020年高考语文全国Ⅲ卷中的作文主题是"如何为自己画好像"，本来"像"是具体可感的，但是这里已经抽象为某种行为、某种精神、某种品格，行文中要通过概念阐释转换到对自己的审视、反思等精神层面上。

第二，概念的本义与深层义。比如，2019年高考语文北京卷作文题"请以'文明的韧性'为题，写一篇议论文"。"韧性"本义是指"物体柔软坚实、不易折断破裂的性质"，深层义是指"顽强持久的精神，坚忍不拔的意志"。在行文中，考生显然要用深层义，那么在概念界定时，要由概念的本义过渡到深层意义，行文中的论述也要围绕深层意义展开。

第三，概念的多义。比如，2020年新高考Ⅰ卷作文中要求"'以疫情中的距离与联系'为主题，写一篇文章"。这里的"距离"是个多义词，可以指"在空间或时间上相隔"，也可以指"在空间或时间上相隔的长度"，还可

以指"认识、感情等方面的差距"。考生在行文时,要明确自己使用哪个义项,才能避免概念的含糊不清。

(二)了解逻辑规律

阅读与写作、日常的表达与交流,都需要遵守一定的逻辑规律,违反了逻辑规律,思维和论证就会含糊不清。我们在语文学习中,需要掌握四个基本的逻辑规律。

第一,同一律。是指在同一思维过程中,每一个概念、命题和其他思维形式,与其自身同一。简单地说,就是某个概念在这个语言环境和另一个语言环境的内涵必须相同,否则就是混淆或者偷换概念或者偷换论题。例如,"以人为本。我是人。所以,以我为本",这句话中,第一个"人"是总概念,第二个"人"是属概念,两者内涵不同。

第二,矛盾律。在同一思维过程中,两个互相矛盾和反对的命题,不能同时为真或者同时为假。[4]矛盾律是保持思维一贯性的一条规律,遵守矛盾律是正确思维和表达的必要条件。但是要注意,在同一时间,同一关系下,对同一对象的认识不能自相矛盾。

但如果是在不同的时间,或者不同的方面,对同一对象做出两个相互矛盾的判断,并不违反矛盾律。[4]例如,"有的人死了,他还活着;有的人活着,他已经死了。"这里的"死了"与"活着"是对同一对象从精神和肉体两方面讲的,从逻辑的角度来说,"精神"和"肉体"不在同一关系下,所以这句话没有违反矛盾律,反而对比鲜明,增强了感染力。

第三,排中律。互相矛盾的命题中,不能同时否定,必要肯定其中之一。[4]

例如,这次的预测,是一次例行的科学预测,这样的预测,我们以前做过很多,既不能算成功,也不能算不成功。

本例中,针对预测没有明确的表明结果,违反了排中律。排中律的主要作用是保证思想的明确性,对于二者必居其一的论断应该旗帜鲜明,不能在"是"与"非"之间模糊不清,否则就会产生错误的逻辑思维。

同时排中律的使用是有条件的,不能要求任何人在任何时候对任何矛盾的论断都必须肯定其中的一个。只有属于应表态、能表态而不表态的情况,才算是违反排中律。如果人们因为不了解情况,或者事物尚在发展阶段不能做出结论,以及其他原因而不能或不便明确表示赞成哪个、反对哪个,就不算违反排中律。同时,在外交场合,由于保密和斗争策略的需要,不少外交辞令是含糊的、模棱两可的,这不应看作违反排中律。

第四，充足理由律。在论证中，论题的成立必须有充足理由，即论据真实，并且从论据能推出论题。[4] 充足理由律的主要作用是保证思维的论证性。论证性的思维，要求摆事实、讲道理、言之成理，以理服人。否则，就违背了充足理由律，就缺乏论证性和说服力。违背充足理由律的逻辑错误主要有毫无理由、理由虚假、论证错误。

例如，鲁四老爷知道祥林嫂的死讯后说："不早不迟，偏偏要在这时候，——这就可见是一个谬种！"

鲁四老爷的推断是荒谬的，理由和推断之间毫无逻辑联系，难以做到以理服人。同时，通过这句话，也可以看到鲁四老爷的冷酷。

（三）用逻辑完善论证

在表达交流中，需要用"论证"让别人认同某个观点，或者否定某个观点。论证是根据已知的论据来确定所需要证明观点的真实性。要证明观点真实，就得寻找真实的依据，然后用论证来证明论题与论据之间的逻辑联系。在论证过程中，可以用逻辑完善论证。

第一，论题要明确。论题不清，就会含混，就不可能找到适当的论据并通过正确的论证方式去推断它的真实性。论题不清的原因，往往是论证中使用了含糊不清的概念。为了避免论题不清的错误，应当选用意义明确的语词，对于论题中关键性的概念，还应尽可能加以扼要的说明。例如，蔡元培在《就任北京大学校长之演说》中论证求学"宗旨之正大与否"时，阐释了"大学"的概念，概念清晰，为下文论证张本。

第二，论题要同一。论证的过程中，所展开的证明要始终围绕着同一论题进行，也就是逻辑规律中的"同一律"，违反了这一规律，就是"转移话题""跑题""偷换论题"。例如，

孟子谓齐宣王曰："王之臣，有托其妻子于其友而之楚游者。比其反也，则冻馁其妻子，则如之何？"

王曰："弃之。"

曰："士师不能治士，则如之何？"

王曰："已之。"

曰："四境之内不治，则如之何？"

王顾左右而言他。

在这个对话的过程中，孟子围绕着同一个论题，采用层层推进的论证法，从生活中的事情入手，推论到执行法纪、掌管刑罚的长官的行为，再推论到君王的身上，使得君王无法自圆其说，似乎想要寻找新的话题，只有"顾左

右而言他"。

第三，论据要真实。证明的目的，就是由论据的真实，得出论题的真实。只有引用真实的论据，议论才有论证性和说服力。如果论据虚假，那么论题就得不到证明，就没有说服力。

例如，《谈爱国》中的一段话："天下兴亡，匹夫有责"，这是爱国诗人屈原的誓言，屈原以他的爱国行动实践了他的誓言，临死时还高喊着"还我河山"的口号。古人的爱国精神值得我们学习，今人的爱国精神更令人敬仰，如伟人毛泽东少年读书时就说过："为中华之崛起而读书。"（选自自媒体某公众号）

这个论据张冠李戴，引用名言时，把顾炎武及岳飞的名言说成是屈原的，把周恩来的话放在了毛泽东身上，论据严重失实，背离了真实可靠的原则。

第四，论据和论题必须有推断关系。如果论据和论题没有推断关系，就违反了充足理由律，就无法用论据来证明论题。充足理由律的客观基础是，同一时间，同一条件下，客观的事物存在着确定的原因与结果[4]，存在着必然的因果联系。例如，

六国破灭，非兵不利，战不善，弊在赂秦。赂秦而力亏，破灭之道也。或曰：六国互丧，率赂秦耶？曰：不赂者以赂者丧。盖失强援，不能独完。故曰：弊在赂秦也。

这篇文章的开头提出论点"弊在赂秦"，然后从两个方面说明"赂秦"的危害，得出结论"弊在赂秦"，这两个方面的理由不仅真实，而且由这个理由的真，能必然推出论断真，题目是充足理由的。

总之，逻辑渗透在我们生活的每个角落，培养和考查学生的逻辑思维能力，也是当前语文教学和考试改革的方向。在语文教学过程中，我们要注意培养学生掌握逻辑规律，用逻辑知识完善学习，提高学生的核心素养。

参考文献：

[1] 中华人民共和国教育部. 普通高中语文课程标准（2017年版）[M]. 北京：人民教育出版社，2018.

[2] 教育部考试中心. 中国高考评价体系 [M]. 北京：人民教育出版社，2019.

[3] 郑桂华. 议论文写作中核心概念的"展开" [J]. 中学语文教学，2014（7）：29-33.

[4] 姜全吉. 逻辑学（修订版）[M]. 北京：高等教育出版社，1988.